生活環境学ライブラリー

5 調理科学概論

丸山悦子
山本友江 編著

朝倉書店

執筆者

※

丸　子　よ代子	奈良女子大学・名誉教授
山　田　悦美	三重大学教育学部・教授
勝　田　啓子	元奈良女子大学生活環境学部・助教授
森　下　比出子	和歌山大学・名誉教授
渕　上　倫知江	岡山県立大学保健福祉学部・教授
髙　村　仁子	奈良女子大学生活環境学部・助教授
山　本　友温子	大阪成蹊短期大学総合生活学科・教授
肥　後　祥子	文教大学女子短期大学部健康栄養学科・教授
大喜多　ますみ	大谷女子大学短期大学部生活創造学科・教授
池　内　テル子	奈良佐保短期大学生活科学学科・教授
安　部　由美子	大分大学教育福祉科学部・教授
渡　部　知子	大阪信愛女学院短期大学人間環境学科・教授
伊　藤　育恵	大阪国際大学人間科学部・助教授
名　倉　和恵	大阪樟蔭女子大学学芸学部・助教授
小　倉　薫	鈴鹿医療科学大学保健衛生学部・教授
坂　本　真里子	賢明女子学院短期大学生活学科・教授
真　部	同志社女子大学生活科学部・助教授

(執筆順)

はしがき

　21世紀を迎え，社会の変容はめざましく，私たちの食生活にも大きな変貌がみられ，食の簡便化，外部化，社会化の影響を受けて，食を楽しみの場とするとともに，多種多様な食生活が展開されている．調理は楽しい食事を食卓にのせ，おいしさや嗜好性を満足させることに主眼がおかれるが，究極的には人間の生命，健康に及ぶ学問分野である．調理科学は人類の幸福に寄与するための農学，化学，生物学，物理学，心理学，生理学など広範囲にわたる応用科学でもある．食品産業の発達につれて，現代ではいろいろな調理加工食品が工業的につくられ，伝統的な調理文化に，科学がますます重要な役割を果たしていることが再認識されている．

　食物の機能には第一次機能（栄養），第二次機能（嗜好），第三次機能（生体調節作用）があげられるが，調理科学はこれらの機能を融合させるものでなくてはならない．

　本書はこのような視点に立って，調理科学の概念，調理による食品成分の変化と栄養，調理科学で用いる主な基礎用語，おいしさの評価，環境・調理と文化，食べ物と健康などに重点をおき，さらに調理に関する事象を広範囲に包含し，調理で起こる現象の科学的理解を容易にしている．

　本書は管理栄養士のための新ガイドライン（平成14年改訂）にも合わせてある．生活環境系・家政系の大学・短期大学の学生ならびに管理栄養士（栄養士），フードスペシャリスト養成課程のテキストとして，また，参考書にお使いいただければ幸いである．家庭科の教員免許状にも有効なテキストである．

　本書を刊行するにあたり多くの貴重な資料，文献を引用させていただいた関係各位に深甚の謝意を表するとともに，出版に際し，多大な御尽力を下さった朝倉書店編集部の方々に，心からお礼を申し上げる．

2005年3月

編著者を代表して　　丸山悦子

目　　次

1. 調理科学の定義〈丸山悦子〉――――――――――――――――――― 1

2. 食物のおいしさと調理〈成田美代・丸山悦子〉―――――――――― 3
   2.1 食物と味覚　3
       食物の味とその種類　3／味覚の生理　4／味覚の変動性　6／
       味覚の学習　8
   2.2 食物のおいしさ　8
       おいしさとは何か　8／食物の特性に関する要因　9／嗜好要因
       10／おいしさの評価　11

3. 官能検査〈勝田啓子〉――――――――――――――――――――― 13
   3.1 官能検査とは　13
       官能検査の手順　13
   3.2 代表的な官能検査手法　15
       二項型試験法　15／順位法　15／評定尺度法　16／SD法
       16

4. 調理科学の基礎〈丸山悦子・森下比出子・渕上倫子・髙村仁知〉――― 18
   4.1 基礎の単位　18
   4.2 溶液と溶解度　20
       溶液　20／溶解度　20
   4.3 pHと等電点　21
       pH　21／等電点　22
   4.4 拡散と浸透・浸透圧　22

　　　　拡散　22／浸透・浸透圧　24
　4.5　酵　素　25
　　　　酵素の基質特異性　25／酵素の最適温度と最適 pH　26／酵素の
　　　　阻害作用　26／酵素の命名と分類　27
　4.6　分散と乳化　28
　4.7　食品コロイド　30
　　　　コロイドとは　30／コロイドの代表的な性質　30／コロイドの種
　　　　類　30
　4.8　テクスチャー　32
　4.9　レオロジー　34
　　　　粘性　34／弾性　35／塑性　35／粘弾性　35／破断特性
　　　　36
　4.10　組　織　37
　4.11　微生物　39
　　　　微生物の種類　39／微生物と調理　40
　4.12　食品成分表の見方　41
　4.13　統計・検定　42

5. 調理操作・調理機器〈山本友江・肥後温子・大喜多祥子〉————44
　5.1　非加熱調理　44
　　　　計量　44／洗浄　45／浸漬　47／切断　49／混合・攪拌
　　　　50／磨砕　51／ろ過　52／成形　52／凍結・解凍　53
　5.2　非加熱調理器具　56
　　　　食器洗い乾燥機　56／計量器　57／包丁・まな板・はさみ
　　　　59／フードプロセッサー　63／冷凍冷蔵庫　63
　5.3　加熱調理　64
　　　　水系加熱　67／油系加熱　71／空気加熱　74／誘電・誘導加
　　　　熱　80
　5.4　エネルギー源・加熱調理機器　83
　　　　ガスこんろと気体燃料　83／電気こんろ　84／誘導加熱方式と電
　　　　磁調理器　85／電子レンジ　86／オーブン　89／鍋　90／

炊飯器　93

6. 調味料と香辛料〈池内ますみ・安部テル子〉——————95
6.1　調味料　95
塩味料　95／酸味料　97／甘味料　99／うま味料　101
6.2　香辛料・香草　101
香辛料（スパイス）　102／香草（ハーブ）　108
6.3　調　味　109

7. 炭水化物性食品の調理特性〈丸山悦子・大喜多祥子〉——————112
7.1　炭水化物の分類と性質　112
7.2　穀　類　114
米　114／小麦粉　123
7.3　いも類　128
ジャガイモ　129／サツマイモ　130／ヤマノイモ　130／サトイモ　130／その他のいも類　131
7.4　その他の炭水化物性食品　131

8. タンパク質性食品の調理特性〈渡部由美・伊藤知子〉——————132
8.1　タンパク質の種類と性質　132
8.2　タンパク質の変性　132
加熱による変性　134／酸, アルカリによる変性　134／塩による変性　134／表面張力による変性　134／凍結による変性　135／酵素による変性　135／乾燥による変性　135
8.3　鳥獣肉類　135
種類と特徴　135／食肉の成分　137／食肉の熟成　137／食肉の調理性　138
8.4　魚介類　139
構造と特徴　139／成分と旬　140／死後硬直と鮮度　140／生魚の調理　141／塩じめと酢じめ　142／加熱調理　142／冷凍魚の解凍　142

8.5 牛乳・乳製品　143
　　牛乳の成分　143／牛乳・乳製品の調理性　143
8.6 卵　類　146
　　卵の構造　146／卵の成分　146／卵の鮮度　147／卵の調理性　147
8.7 豆　類　150
　　大豆　150

9. 油脂・油脂性食品の調理特性〈渡部由美〉　154
9.1 油脂の種類　154
9.2 高温加熱（揚げ物）　155
9.3 クリーミング性とショートニング性　155
9.4 疎水性　155
9.5 乳化性　156

10. ビタミン・無機質性食品の調理特性〈渕上倫子〉　157
10.1 ビタミンの分類と性質　158
10.2 無機質の分類と調理　159
10.3 色・香り・あく・酵素的褐変　159
　　野菜の色　159／野菜の香りと調理　162／あくとその取り扱い　162／酵素的褐変と調理　163
10.4 野菜類　163
　　種類　163／成分　164／調理性　164
10.5 野菜の生食調理　165
　　漬物　166
10.6 野菜の加熱調理　167
10.7 果実類　168
　　種類　168／成分　169／ペクチンのゼリー化　169／調理性　169
10.8 藻　類　171
　　種類　171／成分　171／調理性　172

10.9 きのこ類　173
　　種類　173／成分　173／調理性　173

11. 成分抽出素材の調理特性〈丸山悦子・渕上倫子〉———— 174
11.1 デンプン　174
　　デンプンの種類と構造　174／デンプンの調理性　176／デンプンの主な調理　178
11.2 寒天　179
　　膨潤，溶解，凝固，離漿　180／添加物の影響　180
11.3 ゼラチン　181
　　膨潤，溶解，凝固，付着性　181／添加物の影響　182
11.4 カラギーナン（カラゲナン）　182
11.5 食品タンパク質素材　184
　　大豆タンパク質　185／小麦タンパク質　186

12. 嗜好飲料の調理特性〈名倉育子〉———— 187
12.1 茶　187
　　緑茶　187／紅茶　190／ウーロン茶　191
12.2 コーヒー　191
12.3 ココア　192
12.4 アルコール飲料　192
12.5 その他の飲料　193

13. 人間の環境と調理文化〈小倉和恵・坂本　薫・真部真里子〉———— 194
13.1 日本の調理の発展と世界の料理　196
　　日本の調理の発展　196／世界の料理　198
13.2 食事計画・献立作成　202
　　食事計画　202／食事の種類　202／献立作成　204
13.3 供食・食卓構成　206
　　供食　206／食卓構成　206
13.4 食生活の変化と食の形態　208

　　　　食の形態（外食，中食，内食）　208／食の外部化と加工食品　209
13.5　健康とライフステージ，ライフスタイル　210
　　　　健康とライフステージ　210／ライフスタイル　212
13.6　エコ・クッキング　213
13.7　環境と調理　214
13.8　調理と健康　215

文　献 ──────────────────────── 216
索　引 ──────────────────────── 218

1. 調理科学の定義

　食品を食物に変えることを狭義の調理といい，戦前までは割烹・料理という食物の分量をはかり，おさめる意味の言葉が使われていたが，第二次世界大戦後，新制大学が発足した頃に教育の場に調理学がおかれ，料理から調理（調え，理める）に名称が改められた．

　かつて人類の生存のために栄養素に主眼がおかれた時代には，食物摂取は生命維持のためのものであったが，昭和40～50年代の飽食の時代を経て，現代では食に楽しみや団らんの意義をもつことを認識し，色，味，香りなどの食物の基本的特性に嗜好的要素が加わり，調理の範囲は拡大されてきている．広義の調理は調理過程の理論化の必要性から調理科学へと発展した．調理科学は食品材料の入手から，安全で栄養価を満たし，美味な食物に調え，食卓に供するまでのすべての過程を包含する．調理科学は基礎科学に実学を伴う応用科学であるが，これらの分野に食文化などの人文科学や社会科学などの多岐にわたる領域が連繋した学問でもある．

　一方では食品加工技術の向上に伴い，調理加工食品が各家庭に入り，食品の客観的評価が求められている．このような社会の変容に伴い，食物と人間のつながりに関する分野は広範囲に及び，現代では調理科学は理論的，普

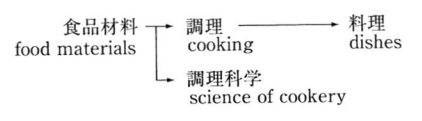

図1.1　調理科学と料理の関係

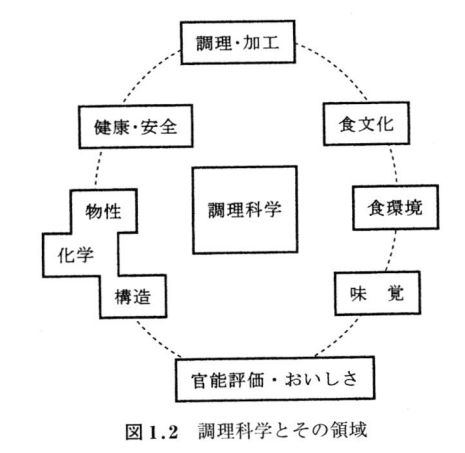

図1.2　調理科学とその領域

遍的要素に重点がおかれているが，集団に対応した大量調理なども取り入れられている．

近年では調理操作が家庭から工場に移るなど調理のシステム化が進み，調理の社会化がみられる中で，食の二極分化現象が進んでいるが，調理の高級化と簡便化は次元を異にするものではない．

ブリア・サヴァラン（Brillat-Savarin；1775～1826年）の名著『美味礼賛』の中に，「新しい料理の発見は新しい天体の発見以上に人類の幸福に寄与する」とある．おいしいものを食することは，いつの時代においても幸福なことである．

2. 食物のおいしさと調理

2.1 食物と味覚

a. 食物の味とその種類

食物に含まれる味には,表2.1に示すように基本味と特殊味がある.

1) 基本味

1916年にドイツのヘニング(Henning)は,甘味・塩味・酸味・苦味を四原味と提唱し,世界的に認められてきた.

一方,1906年に日本の池田菊苗がコンブの煮出し汁のうま味の主成分はグルタミン酸であること,1913年に小玉新太郎がかつお節のそれはイノシン酸であることを,さらに1960年に国中明がシイタケのそれはグアニル酸であることを

表2.1 味の種類

	味の種類	味物質(化学成分)例	主な食品
基本味	甘味	ショ糖	砂糖
		デンプン	穀類,いも類,小豆など
		アミノ酸(グリシン,アラニンなど)	うに,えびなど
	塩味	塩化ナトリウム	食塩
	酸味	酢酸	食酢
		クエン酸	柑橘類
	苦味	アルカロイド(カフェイン)	コーヒー
		テルペン類(リモネン)	柑橘類の果皮
	うま味	アミノ酸系(グルタミン酸ナトリウム)	コンブ
		核酸系(イノシン酸ナトリウム)	かつお節
		(グアニル酸ナトリウム)	シイタケ
特殊味	辛味	カプサイシン	トウガラシ
		ジンゲロン	ショウガ
	渋味	タンニン	柿の渋
	えぐ味	ホモゲンチジン酸	タケノコ

明らかにした．これらは四原味から独立した基本味として，近年うま味と総称されている．うま味は昔から水田稲作文化圏で認知されており，中国においてもこのうま味と同じ意味をもつ「鮮味」という言葉がある．

2）特殊味

辛味・渋味・えぐ味のほかに，金属味・アルカリ味などがある．

これらは基本味の感じ方とは異なり，口中の皮膚刺激や物理的刺激などの総合的な感覚で，嗜好も千差万別である．

3）極味

極味とは「こく」のことである．中国では穀物の熟したことを表す深みのある濃い味わいを意味する．この本体については十分に解明されていないが，緩衝能によって説明できる．

緩衝能とは，酸またはアルカリを加えても，pHを急激に変化させない能力をいい，調味料などの各種水溶液の緩衝能を調べると，味噌・醬油にその力が大きい．緩衝能を高める成分はアミノ酸やリン酸，有機酸である．

b. 味覚の生理

食物のもつ味を，食べる側の感じ方について，人側から理解しよう．

1）味覚器官

舌の表面の茸状乳頭，舌縁部の葉状乳頭，舌根部の有郭乳頭，軟口蓋や咽頭・喉頭粘膜の中に味蕾が存在する．味蕾には味を感じ取る味細胞があり，その先端が微絨毛で覆われ，微絨毛膜に味物質を受け取る受容体（レセプター）がある．レセプターは水溶性成分を感知し，電気信号に変換してシナプスを経て，味覚神経・延髄・脳幹・大脳へと伝える．

したがって，味を感知しやすくするためには，よく噛んで食物の細胞を破壊し，唾液とよく混和させて水溶性成分の溶出を図ることが必要である．

なお，味蕾数は加齢とともに減少するので，味の感受性も低下する．そのために濃い味を好むようになるが，調味の際はうす味を心がけることが大切である．

2）閾値

閾値とは境となる値または「しきい」という意味であり，味覚の閾値には味覚の有無の境界（これ以下の濃度では感じ取ることができない最低の濃度）を示す感覚閾値（または刺激閾値）と，2つの濃度に差があると感じる弁別閾値（また

表 2.2 味の閾値[1]

味	物 質	閾 値(%)
塩味	食 塩	0.2
甘味	砂 糖	0.5
酸味	酢 酸	0.012
	塩 酸	0.007
	酒石酸	0.0015
	クエン酸	0.0019
苦味	硫酸キニーネ	0.00005
	カフェイン	0.006
うま味	L-グルタミン酸ナトリウム	0.03
	5′-イノシン酸ナトリウム	0.025
	5′-グアニル酸ナトリウム	0.0125

は識別閾値)の2種類がある．閾値は表2.2のように，味の種類によって異なり，また個人差もあるが，訓練した人や興味のある人では鋭敏になる．

また調味上望ましい濃度も味の種類により異なる．

3) 味覚の疲労と順応

味見するとき，はじめは塩辛く感じても，2・3度繰り返すとちょうどよいと感じるようになる．また，はじめは感じていても，しばらくすると感じなくなる．このように，刺激を継続すると感覚が減弱することを味覚の順応といい，甘味・苦味・塩味・酸味の順に順応しやすい．また，強い味刺激が長期続いた後に同種の刺激に反応しなくなることを，味覚の疲労という．

4) 味の生理学的意味

甘味を乳児に与えると微笑するといわれるように，甘味は口を介して人に心地よさを与えるが，これはエネルギー源として生命維持のための基本成分であることを認知する信号を人に与えている．うま味はアミノ酸がタンパク質栄養を満たすため，塩味は体液バランスを保つための信号を与える．一方，苦味は有毒成分であるものに多く，口中でしびれや収斂をもたらすので，忌避するための信号である．酸味は腐敗の結果を連想させ，乳幼児には好まれない．このように，人が好ましいと反応する味成分（おいしい食物）は人体の恒常性を保つ役割をもつが，好ましくない味成分は人体に入るのを阻止するべきものというサインである．

さらにおいしい食物は，味を知覚した後には消化・吸収のための消化液や代謝

調節のホルモン分泌，消化管の運動反射などの生理作用を活発にすることも知られ，味のよさは健康を保つ上でも重要である．

c. 味覚の変動性
1) 味覚の相互作用
　食物の味は単一の呈味物質から成るのではなく，多くの味が相互に影響し合って，おいしさを醸し出している．とくに代表的な2種類の味を用いるとき，それぞれを単独で味わうのとは異なる味わいを示すことがある．これを味覚の相互作用という．表2.3に示すようなものがあり，これらは調味の際に活用される．

2) 味覚の変化
　同じ濃度であっても，摂取する温度の違いによって，味覚が異なる．酸味は温度によってほとんど変わらない．塩味と苦味は温度が上がると感度が低下する．味噌汁が冷めると塩辛く感じるのはこのためである．甘味は34〜37℃で最も強

表2.3　味覚の相互作用

種類		内容	混合する味	事例
対比効果	同時対比	2種類の呈味物質を同時に与えたとき，一方の強い味を他方の弱い味が増強する現象	塩味と甘味	汁粉に少量の食塩を加えると甘味が強くなる．スイカに塩
			苦味と甘味	コーヒーの苦味が砂糖の甘味を増強
			塩味とうま味	うま味に少しの食塩でうま味を増強
	継続対比	2種類の呈味物質を継続的に与えたとき，一方の味が他方の味を増強する現象	甘味と塩味	甘味を味わった後の塩味は辛く感じる
			甘味と酸味	お菓子を食べてミカンを食べると酸っぱい
			苦味と甘味	苦味の後の甘味はより強く感じる
抑制効果（相殺）		2種類の呈味物質を同時に与えたとき，一方の味が他方の味を弱める現象	甘味と苦味	砂糖はコーヒーの苦味を緩和する
			甘味と酸味	砂糖は柑橘類の酸味を緩和する
			酸味と塩味	酸味は塩味を緩和する（塩梅）
			甘味と塩味	甘味は塩味を緩和する
			塩味と酸味	すし酢の酸味は塩で緩和される
相乗効果		2種類の呈味物質を同時に与えたとき，単独の味の和より強い味を呈する現象	2種のうま味	グルタミン酸Naのうま味をイノシンNaが増強する（コンブとかつお節）
			2種の甘味	砂糖にサッカリンを加えると甘味が強くなる
変調効果		2種類の呈味物質を継続的に与えたとき，前の味の影響で後の味が変化する現象	塩味と無味	強い塩味の後の水は甘い
			苦味と酸味	するめを食べた後のミカンは苦い
			味覚変革物質	ミラクルフルーツで酸味が甘味に

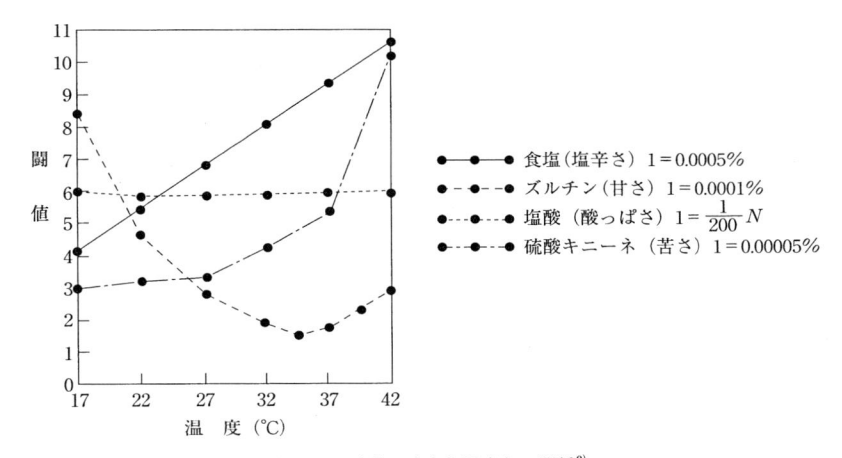

図 2.1 味覚の感度と温度との関係[2)]

凡例:
- ●——● 食塩（塩辛さ）1 = 0.0005%
- ●--● ズルチン（甘さ）1 = 0.0001%
- ●-·-● 塩酸（酸っぱさ）1 = $\frac{1}{200}N$
- ●-··-● 硫酸キニーネ（苦さ）1 = 0.00005%

縦軸：閾値　横軸：温度（℃）

く感じる．味の種類別に図2.1に示す．

　状態の違いによっても味覚が異なる．すなわち溶媒の濃度が増してゾルやゲルになると，同じ濃度でも薄く感じる．呈味物質は水溶性の状態で味細胞に接するときに感じるが，ゾルやゲルの状態では，まず咀嚼して呈味物質を溶かし出さねばならないためである．

　同じ濃度であっても，添加されている物質や状態によって感じ方が異なる例としては，脂肪分の添加と乳化状態がある．酢に油が入るドレッシングは酢よりも酸味が少し抑えられるが，乳化させたマヨネーズではさらに丸くなめらかになる．

　調味の際，隠し味として酢を用いたり，揚げ物にレモンをかけたりするのは，pHを下げることでおいしく感じられるからである．

　また，アルコール飲料などは長期間保存することにより，熟成によって味がまろやかになり，またこくが出る．これは貯蔵によりアルコールと水の分子会合が進み，誘電率が減少することによると考えられる．

3）味覚修飾物質

　ギムネマ酸（ギムネマ・シルベスタの成分）は小腸からの糖類吸収を阻害するとともに，口腔内で甘味を感じなくさせる．これは口腔内味細胞の甘味受容部位

に結合して糖類との結合を阻害するためである．

またミラクルフルーツのミラクリンやクルクリゴの実のクルクリンは，あらかじめ口に入れておくと，その後に食べたものの酸味を感じなくなり，甘味を感じる．

d. 味覚の学習

食物の本来の味を体験し学習することは，人体にとって必要なものか否か（栄養源か有害物か）を判断することである．初めての食物に対しては警戒してなかなか箸が進まない（新奇恐怖）し，ましてその後気分が悪くなったりすると，味と為害性との因果関係を学習し（味覚嫌悪学習），以後忌避する．逆に悪かった体調が好転したら好んで摂取する（味覚嗜好学習）．こうして好き嫌いができてくるが，よく噛んで食物の本来の味を体験し，食べる習慣をつけることは，健康的な食生活の基礎である．

2.2 食物のおいしさ

a. おいしさとは何か

「おいしさ」とは人が食物を摂取することにより感知する感覚であり，心身ともに満足した味である．「おいしい」は「味がよい，うまい」の意味で，「美し」の丁寧語である．ここでは「おいしい」は「美味である」の意味で用いるが，おいしさにも個々の食物による独特な味わいがあり，表現法にも微妙な違いがみられる．「おいしさ」は広く食物の美味さを表現する言葉であり，一般に食物に対する主観的な正の評価を表す言葉である．食物のおいしさが世界に共通の感覚であるのかどうかは議論の分かれるところであるが，かつて人類が食物摂取を狩猟から農耕に求めた時代には，食物はおいしさより栄養の供給に主眼がおかれていた．生命や健康維持などの基本的欲求は人種や民族に関係なく，世界共通であるが，調理は世界の国々それぞれの文化の中で発達した．おいしさの直接要因は食物の物理的・化学的特性であるが，間接要因として食事の環境，明るさ，温度と湿度などが影響する．「おいしさ」を構成している要素は，視覚・嗅覚・触覚・味覚・聴覚などの五感および生理状態，心理状態，嗜好などであり，これらが総合され，食物に対する主観的評価となるが，これに環境や外界情報など多くの先天的・後天的要因が関与している．おいしさの構成要素を図2.2に示した．

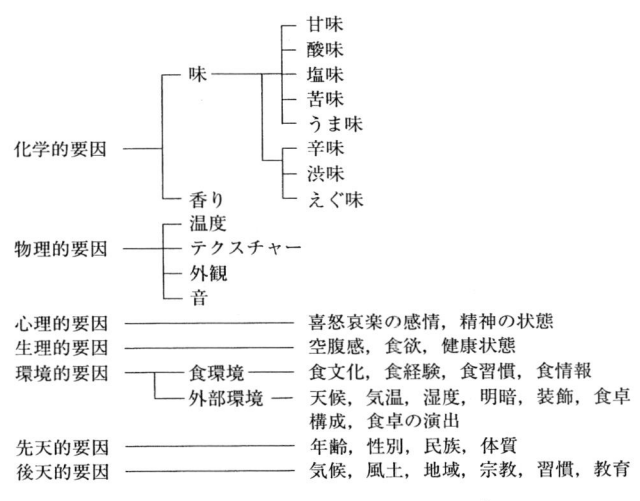

```
化学的要因 ─┬─ 味 ─┬─ 甘味
            │      ├─ 酸味
            │      ├─ 塩味
            │      ├─ 苦味
            │      ├─ うま味
            │      ├─ 辛味
            │      ├─ 渋味
            │      └─ えぐ味
            └─ 香り

物理的要因 ─┬─ 温度
            ├─ テクスチャー
            ├─ 外観
            └─ 音

心理的要因 ──── 喜怒哀楽の感情,精神の状態
生理的要因 ──── 空腹感,食欲,健康状態
環境的要因 ─┬─ 食環境 ── 食文化,食経験,食習慣,食情報
            └─ 外部環境 ── 天候,気温,湿度,明暗,装飾,食卓
                           構成,食卓の演出
先天的要因 ──── 年齢,性別,民族,体質
後天的要因 ──── 気候,風土,地域,宗教,習慣,教育
```

図 2.2 食べ物のおいしさの構成要因[1]

このようにおいしさは毎日の食事に楽しさや満足感を付与してくれる重要な要因であるが,食品材料から調理法,盛り付けなどの調理のすべてがおいしさを創造するための総合科学であるといえる.

b. 食物の特性に関する要因

おいしさに関わる食物の特性については,表 2.4 に示したように,味・香りなどの化学的要因と外観・テクスチャーなどの物理的要因に分けて考えられている.松本と松元は 16 種類の料理のおいしさの評価要因をアンケート調査で質問し,集計した結果,液体状の食品には化学的な味,固体状の食品には物理的な味の寄与率が高いという結果を得ている[3].化学的な味とは,主に化学物質の種類と濃度に左右され,味覚,嗅覚によって判定される狭義の味である.

食物の味を構成する成分には甘味物

表 2.4 食物の「おいしさ」に関与する特性要因

呈味物質	……	味	……	味覚
香気物質	……	香り	……	嗅覚
色素物質	……	外観	……	視覚
タンパク質	┐	外観	┐	視覚
糖質	│ ……	形状	│ ……	聴覚
脂質	│	大きさ	┘	触覚
水	┘	テクスチャー		

質，酸味物質，塩味物質，苦味物質，うま味物質，辛味物質，渋味物質などがある．食物の色を構成する成分には，赤色色素（カロテノイド系のβ-カロテン，アントシアン，ヘムタンパク質），緑色色素（クロロフィルa，b，c），黄色色素（フラボノイド，カロテノイド系のルテイン，ゼアキサンチン）などがあるが，色素の色彩，色調，明度も無視できない食物のおいしさの構成因子である．食物は水を分散媒とした多成分の分散系であり，食物の構成成分の存在状態によって物理的性質が変化する．食物の温度も物理的性質に大きく関与し，基本味に対する閾値も調理温度により変わり，一般に温度が低いと閾値は大きい．

c． 嗜好要因

　全国16都市の12歳以上の男女5000人を対象に145種類の食品について，嗜好調査を行ったある企業の報告によると，食物の好き・嫌いに影響を与えている要因は年齢，地域，性別，職業の順であった．食の嗜好はいくつかの要因が複合されたものであるが，人生の分岐点で嗜好が変化することがある．過去の経験など何らかの理由で定着した食嗜好は「おいしい」「まずい」の判断に影響を与える．このように嗜好は食経験による快・不快の記憶に根ざした感覚である．幼児期の食習慣やあるいは宗教が影響することもあるが，10歳代にいつ，どこでどのように過ごしたかが，嗜好や感覚表現全般に大きな影響を与えるといわれる．嗜好性は個人的要因が影響するために多くの要素があり，1人1人の環境要因によっておいしさの感じ方は異なる．また，食物のおいしさの中で，人の五感を通じて伝達できるものを嗜好性要因と呼び，これには食物の外観，匂い，音，温度，味などがある．人の食物に対する嗜好性を決定づける中心的役割を担うのは味覚であり，味に対する嗜好性，たとえば甘，旨，酸，苦，塩などの基本味における嗜好は世界で共通しているが，テクスチャーに対する嗜好性は国々で共通とはいえない．米飯では日本人は粘りのある飯を好むが，諸外国ではパラパラした米飯を好み，気候風土に合う食感が好まれている．また，日本ではこしの強い手打ちうどん，かまぼこやこんにゃくのような弾力性のある食品が好まれるが，諸外国では異なる．嗜好性はこのように人種，民族，性別，体質の違いというよりは風土，地域，宗教，周囲の環境のような後天的に形成された要素である．食物の嗜好性を決定する要素を図2.3に示した．

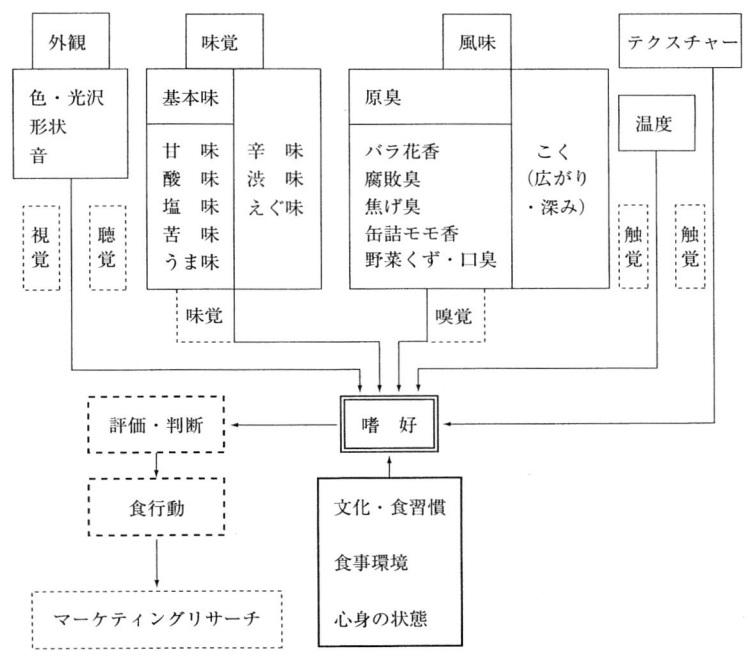

図2.3 食嗜好の多層構造と食行動概念図

d. おいしさの評価

おいしさを評価する方法には人の五感による評価があげられるが，官能評価のみではなく，正確な評価基準が必要であるのはいうまでもない．理化学的評価方法については，食品の種類により評価の対象となる物質が異なるので，個別の方法がとられるが，一般に食物の成分や物性を種々の機器を使用して測定することにより，おいしさの評価を定量化することができる．香気成分，呈味成分，その他の微量成分，あるいは高分子物質の測定には高速液体クロマトグラフィ，ガスクロマトグラフィなどが広く使用されている．化学的性質については近年，舌における味物質の受容と電気信号への変換を模倣して，人工脂質膜を使用し，5つの基本味の代表的な呈味物質それぞれを敏感に感知する脂質を8種類選んでつくられたマルチチャンネル味覚センサーが使用されている．匂いセンサーはガスもれ警報機に使われている金属酸化物半導体型センサーが主流である．物理的性質については，流動測定器や粘弾性特性値，破断特性値などを測定できる機器が汎

表 2.5 理化学的検査と官能検査の特徴

	理化学的検査	官能検査
測定の手段	理化学的機器	人間（パネル）
測定の過程	物理的，化学的	生理的，心理的
出力	数値または図形など	言葉
測定器または検査員間の差	管理により小さく保つことが可能	個人差は大きい
校正	容易	難易は場合による
感度	物質により限度あり	理化学的検査よりはるかに優れている場合がある
再現性	高い	低い
疲労と順応	小さい	大きい
訓練効果	小さい	大きい
環境の影響	一般に小さい	大きいが設備の充実とパネルの訓練で小さくできる
実施しやすさ	機器が必要：取り扱いが面倒	機器は不要：簡便，迅速
測定可能領域	測る物に制限：嗜好などは測れない	嗜好などの測定が可能
総合判定	やりにくい	やりやすい

用されている．テクスチュロメーター（テクスチャー測定機器）では硬さや付着性など咀嚼に代わる数値が記録される．食品の力学的性質としては粘り，伸張，弾性，歯ごたえなどが測定される．色の測定には標準色表や光学的測定を用いる場合がある．組織学的評価では食物の構造や組織，個々の成分や存在状態を肉眼で評価するが，光学顕微鏡，走査型電子顕微鏡，透過型電子顕微鏡など高性能の顕微鏡を使用すると微細構造が観察できる．各種の理化学的評価と官能評価の特徴についてあげた（表 2.5）．

3. 官能検査

3.1 官能検査とは

「人間の感覚を用いて品質特性を評価し，判定基準と照合して判定を下す検査」が官能検査である．しかし，最近では，単に品質を検査するという目的だけでなく，対象とする物質の感覚的性質（感覚特性）を明らかにすること全般に用いられており，「官能評価」といわれるようになっている．食物の感覚特性は，人間の感覚器官を通して感知される性質であり，たとえば機器測定で得られる「硬さ」と，感覚で感知される「硬さ」は同じではない．機器測定値と官能評価との相関がないからという理由で，その機器測定法を疑問視するのは間違っており，逆に相関があるからというだけで，その機器測定が正しいというわけではない．機器で測定しているのは，その食物の力学的性質（力学特性）であり，官能評価では，そういう力学特性をもった食物に対して人間が「どう感じているか」をみているのである．したがって，機器をはじめとする客観的測定と感覚的な官能評価との優劣や適否を議論することには意味がない．ただし，人間が「硬い」と感じるある食物が，どのような力学的あるいは物理的性質をもっているのか，物理的性質が変化すると人間はどのように感じるようになるのかということを明らかにするためには，客観的測定も官能評価もともに重要である．

a. 官能検査の手順

官能検査（官能評価試験）の一般的な手順は，以下の通りである．

① 検査（試験）の目的の設定： 何を明らかにしたいのか，何のために行うのかを設定する．

② 検査対象の範囲の決定： 目的遂行のために，評価の対象としてどのような感覚特性を選ぶか，そのためにどのような感覚用語を用いればよいかを決定す

る．重要なことは，選定した特性（項目）がその食品の品質や評価したいと思っている性質をきちんと表していること，特性の表す内容を全員のパネルが同じ解釈で判定できていることである．日本語のテクスチャー表現用語に関しては，吉川らの研究が参考になる[4,5]．またテクスチャー表現用語の国際的標準化も進んでいるが[6,7,8]，必ずしも完全ではないので，事前に十分検討する必要がある．

③ 検査の型の決定： 目的に応じた官能検査の型とそれに応じたパネルおよびその人数を選定する．官能評価を行う際の判定者の集団をパネルというが，大別して，分析型パネルと嗜好調査型パネルがある．検査（実験）の目的に合わせて，適切なパネルを選ぶ必要がある．分析型パネルは，対象物に対する知識が十分あり，評価対象項目の微妙な差などを識別しうるための教育，訓練を受けた，厳選されたパネルで，嗜好調査型パネルは，一般消費者の代表とでもいうべきパネルである．対象とする食物を識別し，再現性のよい判定を得るためには分析型パネルを選ばなければならない．このパネルの選別の仕方で，官能検査の型，つまり分析型か嗜好型かに分けられる．

官能検査の手法，そして，試料の個数や提示の仕方（順序を変えて繰り返す）などを適切に選定し，人間のそのときどきの生理的な条件や，心理的な要因の影響を極力排除するような工夫を施し，適当な基準を設け，その基準を満たすパネルを選定するようにすれば，必ずしも分析型パネルでなくとも，分析型試験を行うことが可能な場合が多い．ただし，官能検査（評価）も，機器測定と同様，実験手段の1つであり，環境や実験の条件を標準化しておく必要がある．

対象物を1級とか2級などの等級に分類評価する（たとえば，きき酒や淘茶など）場合，格付型検査になる．この場合とくに，対象物に対する高い専門知識をもち，かつ感覚が鋭敏なパネルであることが求められる．

④ 検査手法の決定： 官能検査の型に応じて，後述する検査手法から適切な手法を選ぶ．手法が決まれば，解析（検定）法が同時に決まる．

⑤ 実験計画の立案： 検査用質問用紙を作成し，実験環境の整備の仕方，試料提供の際の試料名の選別や配置の方法など，具体的な実験手順を計画する．

⑥（予備検査の実施）： 場合によれば，官能検査の型やパネルの人数，質問項目や用語の適切さを予備検査しておく必要がある．

⑦（本）検査の実施

⑧ データの集計，解析： 手法に応じた解析を行う．

3.2 代表的な官能検査手法

官能検査には種々の手法が用いられている．以下で，その中の代表的なものを取り上げる．

a. 二項型試験法

① 3点試験法： 2種の試料A, Bを識別するために，(A, A, B) または (A, B, B) のように3個の試料を一組にして同時に与え，異なる試料はどれかを選別させる方法．

② 1：2点試験法： 基準試料Sを用意し，A, BどちらかをSと同じにし，どちらが基準と同じかを選別させる方法．

③ 2点試験法： 客観的に差のある2種の試料の差の強い方（もしくは弱い方）を選ばせる方法．客観的に差のない2種の嗜好をみる場合にも利用される．

b. 順位法

複数の試料 t ($t \geq 3$) を同時に提示し，指定された特性の強度の順位を判定させる方法で，解析／検定にはいくつかの方法がある．

1) スピアマン（Spearman）の順位相関係数 γ_S

客観的に順位が決まっている試料についてパネルの識別能力を検定する場合に用いられる．

2) ケンドール（Kendall）の一致性の係数 W

客観的に順位はつけられていないが，品質の異なる試料をパネルに与えて品質順位（あるいは嗜好順位）をつけさせる方法．

t 個の食品について n 人のパネルがある特性（硬軟，色の濃淡等）について順位をつけた場合，このパネル（集団として）に一致性があるか否かをテストする．一致性があれば，その合計点の順位により，特性の傾向をみることができる．

3) 順位合計検定表を用いる方法

順位合計 T_i をもとに試料間の差を検定する方法．

① クレーマー（Kramer）の検定

② ニューエル-マックファーレイン（Newell-MacFarlane）の検定

c. 評定尺度法（評点法）

応用範囲が非常に広く，いろいろな適用ができる．絶対評価か比較評価かによって用いる尺度が異なるが，評定尺度はカテゴリー尺度とグラフ尺度に大別できる．カテゴリー尺度は，下の例（絶対評価）のようにすべてを定義する場合や，最も悪い0点と最もよい10点だけ（あるいはそのどちらかのみ）を決めておくというように一部を定義する場合があるが，通常，カテゴリーとカテゴリーの中間は認めない．

+3	非常に強い		
+2	かなり強い	+2	よい
+1	やや強い	+1	ややよい
0	普通	0	普通
−1	やや弱い	−1	やや悪い
−2	かなり弱い	−2	悪い
−3	非常に弱い		

相対評価の場合は，たとえばA, B 2つの試料の比較でAの方がどのカテゴリーになるかを判定する（0は差がないというカテゴリーになる）．

カテゴリーをまったく定義しない場合，あるいは一部定義しカテゴリーの中間も認めるような尺度の場合，グラフ尺度になる．また，基準試料を提示し，特性の強さの尺度を決め，判定すべき資料が基準の何倍かという回答を要求する場合，マグニチュード推定法になる．

解析法は，絶対評価の場合は試料が1，相対評価の場合は試料が2（1つが基準の場合も含む）のとき，平均値の差の検定（t検定）を，試料がこれら以上になった場合，分散分析を行う．t検定も分散分析も一般的な統計解析で実験データなどに適用されるが，官能検査の成書に評点法として取り上げられている．

比較評価で試料数 $t \geq 3$ になった場合，2試料ずつ提示して $t(t-1)/2$ 対の比較を行う場合があり，この例としてのシェッフェ（Sheffe）の対比較は，主効果だけでなく，組み合わせ効果，順序効果も加味された方法である．図3.1にその解析結果をあげた．

d. SD (sematic differential) 法

上記はいずれも1特性について（複数の特性の場合も個々の特性について）解析を行う．しかし，試料がどのような感覚特性をもっているかの全体的な把握の

```
     B       A      O          C
─────┼───────┼──────┼──────────┼─────
   -2.22  -1.02              2.01
              └──────────*──────────┘
     └─────────────*──────────────┘
```

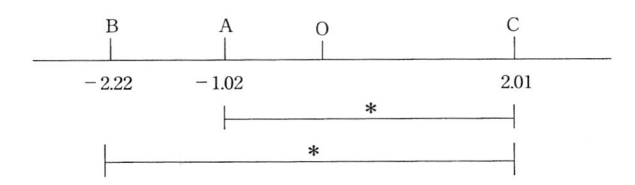

図 3.1 評定尺度による結果の表示例
A, B, C のサンプルのある特性の結果，図中の数値は評定尺度の平均値．＊（アスタリスクマーク）の付してあるサンプルには有意差があることを示す．通常＊は危険率 5％．

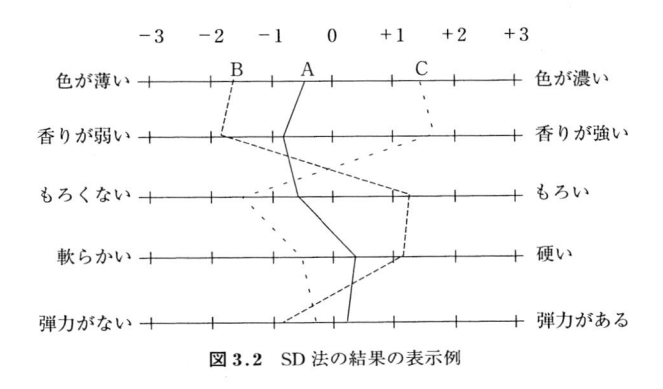

```
              -3  -2  -1   0  +1  +2  +3
                         B  A      C
色が薄い    ┼───┼───┼───┼───┼───┼───┼    色が濃い
香りが弱い  ┼───┼───┼───┼───┼───┼───┼    香りが強い
もろくない  ┼───┼───┼───┼───┼───┼───┼    もろい
軟らかい    ┼───┼───┼───┼───┼───┼───┼    硬い
弾力がない  ┼───┼───┼───┼───┼───┼───┼    弾力がある
```

図 3.2 SD 法の結果の表示例

ためには，対象とする試料（食品）の性質を表すと思える特性をできる限り多く収集し，各々の評価尺度の平均値を結び，各試料のプロファイルを描く（図 3.2）．解析には，主成分分析のような多変量解析を用い，基本的な特性を抽出してみるとよい．

　判定の順序はその特性が知覚される順序にすべきである．たとえば，外観・匂い・味・フレーバー・テクスチャーなどすべての特性をみようとするような場合，味やテクスチャーを判定させた後に，外観や色，匂いを判定させるのはナンセンスである．また，嗜好調査で「総合」評価を判定させる場合，どの特性がどの程度総合評価に寄与しているか，主成分分析の参考になるような設問（たとえば，「総合判定するにあたり，どの特性をどの程度の割合にして評価したか」）も用意すべきであろう．

4. 調理科学の基礎

調理で起こる事象の解明には生物，化学，物理のような基礎科学の知識が基盤となる．食品は動物・植物などの組織をもつ生体であり，調理によってさまざまな物理化学的変化がみられる．ここでは調理科学の基礎となるいくつかの用語について解説する．

4.1 基礎の単位

調理科学の実験・実習や栄養・食物科学に関する計量に，実際に用いられている基礎の単位について述べる．

日本で使われている度量衡単位はSI単位であるメートル法である．メートル法では基本単位の長さをメートル（m），質量をキログラム（kg）など十進法で表している．メートルおよびキログラムを基本に10の倍数または分数として基本単位を増減し，10の倍数ごとにデカ（10），ヘクト（100），キロ（1000），また1/10ごとにデシ（1/10），センチ（1/100），ミリ（1/1000）などと，単位記号に接頭語をつけて用いる（表4.1）．

SI単位とは現在世界共通の単位として推奨されている国際単位系（Systèm International d'Unités）の略語である．SI基本単位は6つの基本の単位がそれぞれ異なる物理量の測定に用いられている（表4.2）．またSI単位から誘導した組立（誘導）単位のほか，一般的に使用されている圧力など，これに関連した単位をあげた（表4.3）．圧力は単位あたりにかかる力であるからN/m^2で表し，これをPa（パスカル）という．物性で扱う力は質量m×加速度αから$f=m\alpha$で，$kg \cdot m/s^2$となるが，これを簡略にしてN（ニュートン）の単位記号が用いられる．

密度は体積と質量から，密度＝質量÷体積の式で計算される．密度は立方メートルあたりのキログラム（kg/m^3）である．水の密度は$1.0\ g/cm^3$であるから，

表 4.1　SI 単位の接頭語

倍　数	接頭語	記　号	分　数	接頭語	記　号
10 (10)	デカ-	da	10^{-1} (1/10)	デシ-	d
10^2 (100)	ヘクト-	h	10^{-2} (1/100)	センチ-	c
10^3 (1000)	キロ-	k	10^{-3} (1/1000)	ミリ-	m
10^6 (1000000)	メガ-	M	10^{-6} (1/1000000)	マイクロ-	μ
			10^{-9} (1/1000000000)	ナノ-	n

表 4.2　SI 基本単位

物理量	単位の名称	記　号
長さ	メートル	m
質量	キログラム	kg
時間	秒	s
電流	アンペア	A
熱力学温度	ケルビン	K
光度	カンデラ	cd

表 4.3　SI 組立単位（誘導単位）

物理量	単位の名称	記　号
熱量	ジュール	J
温度	度（摂氏）	℃
面積	平方メートル	m^2
体積	立方メートル	m^3
密度	キログラム／立方メートル	kg/m^3
力	ニュートン	N
圧力	パスカル	Pa
容積	リットル	l

比重＝（物質の密度）÷（水の密度）となる．比重とはある物質が同じ体積の水に対して何倍の重さであるかを示すもので，密度は溶液の濃度によって変化する．溶液に砂糖や食塩が溶けている場合は，一般に密度が増加するが，油脂やアルコールでは密度が小さくなる．食品の溶液の密度は比重計で測定されるが，比重計には種々のものがあり，砂糖の濃度の測定に使用される糖度計や食塩水の濃度を測定する塩分計など，用途により異なる．食物・栄養の分野ではエネルギー量の測定が行われるが，食品のエネルギー（熱量）は酸素中で食品を燃焼し，生成した熱エネルギー量を測定し算出する．エネルギーに用いる SI 単位はジュール（J）であるが，栄養学ではキロカロリー（kcal）が用いられている．カロリーはエネルギーを表す単位で，1 kcal は 1 l の水の温度を 14.5℃ から 15.5℃ へ上昇させるのに必要な熱量である．最近は食品のエネルギー単位に SI 単位のキロジュール（kJ）が使用されている．ジュールとカロリーとの関係は温度を指定しないときは 1 kcal＝4.18 kJ で，15℃ の水の比熱を用いている．温度は熱力学温度 K（ケルビン）ではなく，C（摂氏）温度がよく使われている．摂氏（℃）では氷の融点は 0℃，水の沸点は 100℃ であるが，華氏（°F）では氷の融点が 32°F，水の沸点が 212°F でその間を 180°F に目盛ってある．

4.2 溶液と溶解度

a. 溶　液

水に少量の食塩を入れて放置すると，やがて食塩の固体はなくなり水と食塩の均一な混合物になる．このように2つの物質が分子的に均一に混合することを溶けるまたは溶解するという．水のようにほかの物質を溶かすものを溶媒，食塩のように溶けるものを溶質といい，溶解によってできる均一な混合物を溶液という．

溶媒としては水が最も普通で，水溶液のことを単に溶液という．溶媒としては水のほかにアルコールやエーテルなどの有機物も用いられる．

溶質は，固体，液体，気体，いずれの場合もある．これらの溶質がある溶媒に溶けるとき，一定量の溶媒に溶ける溶質の量にはある限界がある．その限界は，温度，圧力によって決まる．溶解がその限度に達すると溶質が溶液より分離して存在するようになる．このような溶液を飽和溶液という．

b. 溶 解 度

物質の溶解度とは，その物質の飽和溶液の中に溶けている物質（溶質）の濃度のことである．通常，溶液100g中に溶けている溶質の量（g数）で表す．あるいは溶媒100g中の溶質の量（g数）で表すこともある．溶解度は，溶媒，溶質，温度（ときには圧力）によって変わる．

砂糖や食塩などの調味料は，加熱して温度を高くすると溶けやすいと思われているようであるが，食塩に関してはこのことは当てはまらない．溶け方には，物質によって差がある．表4.4に砂糖と食塩の水に対する溶解度を示した．砂糖では，温度が高くなるに従って溶解度が増していく．100gの水に対し20℃では203.9g，100℃では487.2gの砂糖が溶ける．これに対し，食塩の温度による溶解度の変化は小さい．20℃では36.0g，100℃でも39.8gしか溶けない．塩味は，

表4.4 砂糖と食塩の水に対する溶解度[9]

温度（℃）	0	20	40	60	80	100
砂糖（g）	179.2	203.9	238.1	287.3	362.1	487.2
食塩（g）	35.7	36.0	36.6	37.8	38.4	39.8

よく撹拌してから味をみるとよい．

　高温で飽和状態にした砂糖液を冷やすと過飽和の状態になる．このとき刺激を与えると細かい砂糖の結晶が析出する．洋菓子の飾りに使われるフォンダンはこれを利用したものである．他方，ようかんなどの場合は，砂糖の結晶が析出するのは好まれない．

　気体の溶解度は，一般にあまり大きくない．一定量の液体に対する気体の溶解度は，温度が一定のときは圧力に比例し，その体積は圧力に関係なく一定である（ヘンリー（Henry）の法則）．ビール，発泡酒，炭酸飲料などでは，栓を開けると圧力が常圧に戻り，炭酸ガスの溶解度が低下しガスが抜けていく．開栓後はなるべく早く飲むことである．水に対する気体の溶解度は，一般に温度の上昇につれて減少する．サイダーかんをつくるとき，寒天液を冷やしてからサイダーを加えるのは，炭酸ガスの溶解度を高く保つためである．

4.3　pHと等電点

a. pH

　pHは溶液の酸性あるいはアルカリ性（塩基性）を表す記号であるが，溶液中の水素イオン濃度を示している．

$$pH = \log_{10} \frac{1}{[H^+]} \qquad [H^+] = 水素イオン濃度$$

$$0 \xleftarrow{\text{酸性}} 7 \xrightarrow{\text{アルカリ性}} 14$$
中性

　pHの正確な測定にはpHメーターを用いるが，簡単には指示薬やpH試験紙を用いる．試料のpHがちょうど変色域にあたるような指示薬を加えれば，その色調からpHを求めることができる．指示薬をろ紙にしみこませたものがpH試験紙であって，pHを測定するには便利である．試験紙の色調は標準変色表と比較する．実用的で便利なものが市販されている．

　一般に，食物のpHが酸性のときにはおいしく，アルカリ性のときにはまずく感じる．野菜や果物に含まれる色素は，pHにより変色する．アントシアン系の色素は，アルカリ性で青色，中性で紫色，酸性で赤色を呈する．梅干しのしそ漬けは，この現象を利用したものである．フラボノイド系の色素は，微酸性では白色であるが，アルカリ性では黄色を呈する．中華めんの黄色は，製めん工程で添加したかん水がアルカリ性であるため，小麦粉に含まれているフラボノイドが呈

色したものである．葉緑素（クロロフィル）は，アルカリ性では鮮やかな緑色を呈しているが，酸性では退色して褐色になる．ワラビのあく抜きに重曹（炭酸水素ナトリウム）を使用すると，鮮やかな緑色に発色する．

　pHを調節して肉を軟らかくすることができる．生肉のpHは約4.5～6.2であるが，このpHを酸性側あるいはアルカリ性側にすると生肉は軟らかくなる．それは，肉中の硬タンパク質の一種であるコラーゲンが，酸性およびアルカリ性で分解するからである．したがって，肉に酢またはレモン汁をふりかけてから加熱すると軟らかく仕上げることができる．

b. 等 電 点

　アミノ酸は，酸性のカルボキシル基とアルカリ性のアミノ基をもつ両性電解質である．アミノ酸の重合物であるタンパク質も両性電解質に属する化合物である．このような両性電解質が，溶液の中で塩基ならびに酸として解離しているとき，両方の電離度が等しくなるような状態を等電点といい，このときの溶液のpHで表す．

　通常の食品に含まれているタンパク質の等電点は，中性に近いpH 5.0前後のものが多い．等電点では，タンパク質の荷電はみかけ上，互いに打ち消し合ってゼロということになる．そのためにタンパク質は，安定性を失い，溶けた状態で存在できなくなって沈殿する．これを等電点沈殿という．牛乳に酢を加えpHを4.6にすると沈殿が生じてくる．これは牛乳のタンパク質の主成分であるカゼインの等電点がpH 4.6であるからである．ヨーグルトやチーズの製造は，カゼインのこの性質を利用したものである．卵白のタンパク質の70％を占めるアルブミンの等電点は，pH 4.8にあり，タンパク質のコロイド粒子が液面に凝集しやすく，さらに薄膜の形成が容易になる．レモン汁をわずかに滴下すると粘度が下がり，起泡性が大きくなるのはこの理由による．

4.4　拡散と浸透・浸透圧

a. 拡　　散

　カップの水に砂糖を入れたとき，最初は溶けた砂糖がカップの底に滞留して濃厚な溶液となっていて，上層に行くに従って希薄溶液ないしは水となっている．けれども，時間が経つにつれて部分的な濃度差は解消され，ついには全体が均一

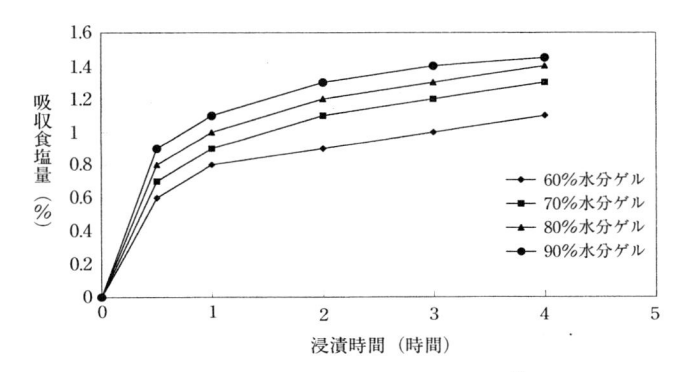

図 4.1 小麦デンプンゲルの吸収食塩量[10]

　な濃度になる．このように溶質が，ブラウン（Brown）運動によって濃厚な部分から希薄な部分へ移動することを拡散という．溶質の拡散する速度（$dm/d\theta$）は，濃度勾配（dc/dz）に比例する（フィック（Fick）の法則）．

$$dm/d\theta = D \times dc/dz$$

　Dは拡散係数と呼ばれ，溶質粒子の大きさや形，溶媒の種類，温度，溶液の粘度によって支配される定数である．溶質の粒子が大きいほど，拡散係数は小さい値をとる．また，温度が高くなると粒子の運動が活発になるので，拡散係数は大きくなる．

　拡散は，調味料が食品に浸透するときの原動力の1つである．図4.1は，小麦デンプンを用いて含水量60，70，80，および90％のゲルを調製し，その2.5 gの試料2個を200 mlの2％食塩水に浸漬して，ゲル中に吸収された食塩の量を時間とともに追跡した結果である．食塩の拡散は，ゲルと外液との濃度差が大きい浸漬直後が大きく，浸漬時間の経過とともにゲルと外液との濃度差が小さくなるにつれて緩慢になり，やがてゲルの内外の濃度差がゼロになると停止している．

　デンプンゲルの実験では，全体が均質で流動しないモデル食品における食塩の拡散が示されているが，実際の食品では細胞膜が調味料の通過に影響を与え，調味料は細胞膜を通って細胞内に浸入した後，拡散によって移動することになる．細胞膜は，食品が生の間は調味料の拡散に対して障壁となっているが，加熱されるとバリヤーとしての機能を失い，調味料は自由に拡散できるようになる．その

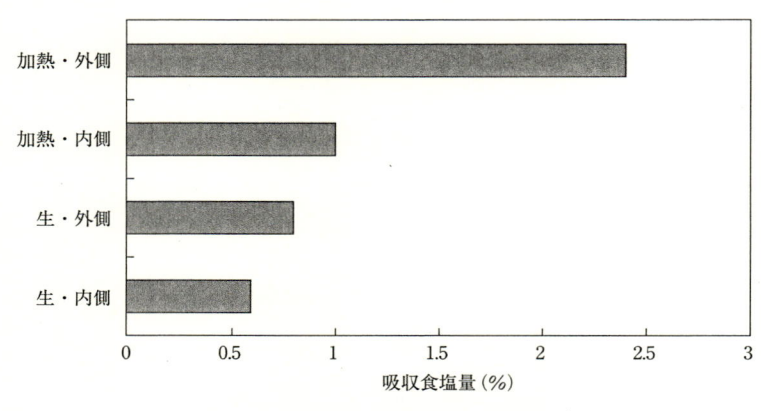

図 4.2　ジャガイモの吸収食塩量（4 時間）[10]

一例を図 4.2 に示す．生のジャガイモと加熱したジャガイモを 5% の食塩水に 4 時間浸し，それぞれに吸収された食塩量を測定した結果である．加熱いもの方が，多くの食塩を吸収している．加熱いもは細胞膜の半透性が失われているから，細胞内まで短時間で食塩が拡散するのに対し，生いもは細胞膜の半透性が失われていないから，細胞内への食塩の浸入が困難なためと思われる．

b.　浸透・浸透圧

「青菜に塩」といわれるように，キャベツやキュウリに塩をすると，しんなりとし，水分が外に吸い出されてくる．これは浸透圧の作用による脱水現象が起こったためである．浸透圧とは，わかりやすくいえば，細胞から水分がしみ出る力のことである．細胞膜は，水はよく通すが，水よりも大きい分子は通さないという性質をもっている．このような膜を半透膜という．半透膜の外側に食塩水があると，食塩は拡散して細胞の外側と内側で同じ濃度になろうとする．しかし，食塩は半透膜を通ることができない．そこで，膜の内側にある水が，食塩水の方へ強い力で移動する．今，これを図 4.3 のような装置で実験すると，半透膜を通って水が溶液の方へ移動し，その結果，溶液の液面が上昇する．しかし，このとき液面に圧力をかけると上昇を抑えることができる．この圧力に相当する力が浸透圧である．浸透圧は次のように表される．

$$浸透圧（\pi） = CRT$$

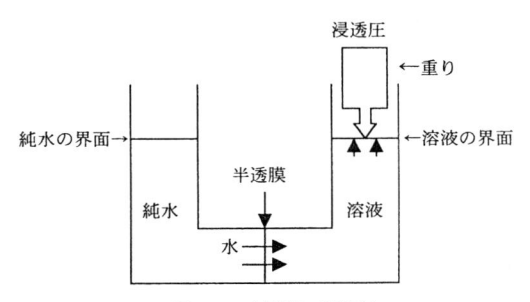

図 4.3 半透膜の浸透圧

Cは溶液のモル濃度，Rは比例定数，Tは絶対温度である．すなわち，モル濃度が同じであれば，どんな物質が水に溶けている場合でも浸透圧は同じである．また，浸透圧は，温度に比例して高くなる．ただし，濃度がある程度以上に高くなると，この式のようには濃度，温度に比例しなくなる．一般に高濃度になると，濃度が高いほど浸透圧の増加の割合が大きくなる傾向がある．

浸透圧の作用は，野菜や魚に塩をしたり，漬物を漬けたりなど広く利用されている．また，市販の脱水シートは，食品の水分を浸透圧を利用して脱水し，食品の水っぽさを除くとともに腐敗の予防に利用できる．

4.5 酵素

酵素は，生体内で起こる合成，分解，酸化，還元など種々の化学反応を触媒する機能をもったタンパク質である．生体内で起こるこれらの反応を試験管内で行おうとすると，高温，高圧，強酸性，強アルカリ性などの条件が必要である．しかし，生体内では常温，常圧，中性付近の生理的条件下できわめてなめらかに反応が進む．これはすべて酵素の存在によるものである．生体内で起こる個々の化学反応は，別々の酵素で触媒されている．そのために非常に多くの異なった酵素が存在し，各々が特定の化学反応の触媒作用に関わっている．

a. 酵素の基質特異性

酵素の作用を受けて化学反応を起こす物質を基質という．1つの酵素はある特定の基質にのみ作用する．これを酵素の基質特異性という．たとえば，デンプンを加水分解して麦芽糖を生成する酵素であるアミラーゼは，デンプンにのみ作用

し,同じ炭水化物のセルロースを基質とすることはない.このような酵素と基質の関係は,鍵と鍵穴の関係にたとえることができる.すなわち,酵素の活性部位といわれる特定の部位(鍵穴)と基質(鍵)が結合して酵素-基質複合体を形成する.酵素-基質複合体が形成されると触媒作用が起こり,基質を変化させた後,反応生成物が遊離する.したがって,酵素自体に変化はなく,再び基質と作用して反応を繰り返す.

一般に酵素には,単純なタンパク質だけでその働きをもつものと,ある特定の低分子化合物と結合して初めて作用を示す複合タンパク質とがある.後者の場合,不活性な酵素タンパク質をアポ酵素,結合する比較的低分子の化合物を補酵素といい,両方が結合して初めて活性を示す酵素をホロ酵素という.また酵素の活性部がアポ酵素の構造中に入りこんで固く結合している場合がある.この場合,この活性部を補欠分子族という.これに対して比較的ゆるい結合の場合を補酵素と呼ぶことが多い.

b. 酵素の最適温度と最適 pH

化学反応は高温になるほど反応速度が速くなる.タンパク質は高温になるほど速く変性し,触媒反応は温度が高いほど盛んになる.この両者の温度効果が総合されたものが最適温度である.酵素作用は一般に 40℃ 前後が最適で 60℃ 以上,または 0℃ 以下ではその作用を失うものが多い.それはタンパク質である酵素が加熱による熱変性で触媒活性を失うからである.

また酵素作用は媒質の pH によって影響を受ける.すべての酵素はその活性が最高になるような pH をもっており,それを最適 pH といい酵素の種類によって異なる.酵素反応の最適 pH は通常,中性付近である.しかし,酸性プロテアーゼのように酸性(pH 2〜3)になると活性が高くなるものや,アルカリ性フォスファターゼのようにアルカリ性(pH 10)になる方が活性の高くなるものもある.

c. 酵素の阻害作用

水銀,鉛,銅のような重金属のイオンは,非常に低い濃度でも,ある種の酵素の活性を強く阻害する.このような物質を酵素活性の阻害剤と呼ぶ.阻害作用は,不可逆的または可逆的である.不可逆的阻害剤は,酵素の特異的な官能基と結合(共有結合)してその酵素の触媒作用を阻害する.不可逆的阻害剤を酵素分子か

ら除去することはできない．他方，可逆的阻害剤は可逆的に酵素と結合（非共有結合）しているので，酵素分子から除去すれば活性は戻る．種々の阻害剤の影響を調べることは，酵素と基質の結合様式や活性部の化学構造を知るのに有力な手がかりとなる．

d. 酵素の命名と分類

酵素の命名は最近までは酵素作用を受ける基質名か，その反応形式を表す述語の語尾に"-ase"（アーゼ）をつける習慣であった（例：アミラーゼ，プロテアーゼ）．しかし，これまでに知られている酵素の種類は2000以上にも及び，その化学構造も未知なものが多いので，すべての酵素にこうした分類は困難である．そこで国際酵素委員会（ICE）では酵素をその反応形式によって分類する方式を提案した．それによると表4.5に示すように6つの主群に大別され，すべての

表4.5 酵素の種類

主群番号	酵素の主群名	酵素例（触媒作用）
1	酸化還元酵素	アルコール脱水酵素（水素転移） 乳酸脱水素酵素（水素転移） シトクロムCオキシダーゼ（電子転移） カタラーゼ（電子転移） 硝酸還元酵素（電子転移）
2	転移酵素	トランスメチラーゼ（メチル基転移） トランスアミナーゼ（アミノ基転移） ヘキソキナーゼ（リン酸基転移）
3	加水分解酵素	ペプシン（タンパク質分解） トリプシン（タンパク質分解） アミラーゼ（デンプン分解） マルターゼ（麦芽糖分解） ラクターゼ（乳糖分解） リパーゼ（脂肪分解）
4	除去酵素	デヒドラーゼ（脱水） デカルボキシラーゼ（脱炭酸） アコニターゼ（クエン酸→アコニチン酸） フマラーゼ（フマール酸→リンゴ酸）
5	異性化酵素	ヘキソイソメラーゼ（ブドウ糖→果糖） アラニンラセマーゼ（D-アラニン→L-アラニン）
6	合成酵素	アセチルCoA：CO_2リガーゼ（脂肪酸の生合成）

酵素が新しく定められた酵素番号（EC）と系統名によって整理される．系統名は2つの部分からなり，はじめに基質，次に反応を表し，その後に主群名をつける．この名称は酵素の営む触媒作用がわかるようにつけられているが，一般に長い酵素名となるため従来の酵素名を常用名として使用する場合も多い．

　野菜や果物の調理では，酵素によるビタミンCの酸化分解やポリフェノール類の酸化重合による褐変などが起こる．加熱して酵素タンパク質を変性させたり，酢を用いてpHを変えるなどの方法は，酵素の特徴をよく理解した対応策である．ネギやタマネギ，ニンニクなどを細切すると，酵素の作用で香りが生成する．これは，匂いの前駆物質である含硫化合物が酵素によって分解され，数段階の変化を経て，ネギ類の特徴的な匂い成分に変化することによる．カラシを温水で練ると，ミロシナーゼという酵素が活発に作用して辛味物質の生成が促進される．肉類の調理では，パパイアに含まれているタンパク質分解酵素を利用して，肉質を軟らかくする工夫がなされている．

4.6　分散と乳化

　乳化とは水と油のように互いに溶け合わない2種の液体を混合・攪拌すると，一方の液体（分散相）が他方の液体（分散媒）にかなり大きな粒子（0.2 μm）となって分散する現象をいい，その状態を乳濁液（エマルジョン）という．乳化には攪拌法，振とう法，超音波法などがあるが，乳化剤が用いられることが多い．水と油をかき混ぜると，水の中に油が液滴となって分散するが，静置すると，2層に分かれて水層の上に油層が分離した状態となる．一般に水と油は混じり合わないので，その間に界面（液-液体面）ができる．界面ができると内部の分子間の引き合う力は平衡な状態にあるが，内部に入り込んで界面を小さくしようとする．この界面積を小さくしようとする力が界面張力である．乳濁液を放置しておくと，界面積が大きく不安定なため，もとの状態に戻ろうとする性質がある．

　エマルジョンには2種類あり，水に油の粒子が分散している水中油滴型（oil in water：O/W）の場合は水の性質を反映するが，油に水の粒子が分散している油中水滴型（water in oil：W/O）は水中に広がらず油滴のように分散する（図4.4）．O/W型エマルジョンの代表的な例にはマヨネーズのほか，ミルク，生クリームなどがあり，W/O型の例にはバター，マーガリンなどがあげられる（表4.6）．乳化剤は水に親和性をもつ親水基（-OH，-COOH，-SO$_3$H）と油に親和

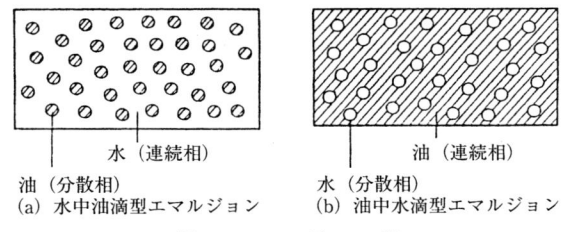

図 4.4 エマルジョンの型

(a) 水中油滴型エマルジョン — 水(連続相), 油(分散相)
(b) 油中水滴型エマルジョン — 油(連続相), 水(分散相)

表 4.6 食品にみられるエマルジョン

エマルジョンの型	食品
水中油滴型	ミルク, 生クリーム, マヨネーズ, ドレッシング, グレーヴィーソース, アイスクリーム, 卵黄
油中水滴型	バター, マーガリン

表 4.7 乳化剤の種類

分類	乳化剤
天然物	卵黄, 大豆のリン脂質 (レシチン) 乳タンパク質のカゼイン 粉末からし*
化学合成品	ショ糖脂肪酸エステル グリセロール脂肪酸エステル ソルビタン脂肪酸エステル プロピレングリコール脂肪酸エステル

* 粉末からしは, 水にも油にもぬれる性質をもっている.

性をもつ疎水基 ($-CH_2$, $-CH_2$) の両性基から成るが, 親水基と親油基の相対的バランス (HLB：hydrophile‐lipophile balance) が異なるために, 水と油の界面張力を低下させて, 分散しやすく, 安定なエマルジョンを形成する役割をもっている. HLB は乳化剤の親和力を表しているが, この数値が大きい (8～18) と O/W 型となり, 小さい (4～6) 乳化剤では W/O 型となる. マヨネーズでは卵黄の約 30% を占めるレシチンが乳化力をもつが, バターではリン脂質やモノステアリン酸のようなモノグリセリドの乳化力を利用している. 乳化剤の種類を表 4.7 にあげた.

4.7 食品コロイド

a. コロイドとは

味噌汁は濁っているが，静置すると，比較的大きい粒は沈み，小さい粒は浮いたままである．粒の大きさが直径数 μm 以下になると粒が沈みにくく，空気中や水中に浮遊する．浮遊している粒のことをコロイド粒子（分散相），コロイド粒子を取り巻いている気体，液体や固体のことを分散媒（連続相）といい，コロイド粒子と分散媒を含めてコロイドという．粒子が分散している系を分散系という．直径 1〜100 nm のコロイド分散系（コロイド溶液）は分散媒中のイオンを吸着することで，または粒子表面の電荷による静電的作用によって安定化している．

b. コロイドの代表的な性質

コロイドの代表的な性質として，① 半透性（セロファン，透析膜などの半透膜を透過しない），② チンダル現象（光を散乱するので濁ってみえる．牛乳が白くみえるのはカゼインや脂肪球などのコロイド粒子が光を散乱するためである），③ ブラウン運動（コロイド粒子は液体分子の熱運動による不規則な衝突を受けて不規則な運動をして沈まない），④ 吸着現象（コロイド粒子は比表面積が大きく低分子物質を吸着するので脱臭や脱色に利用できる），⑤ 凝析（電解質を加えるとコロイド粒子が沈殿），⑥ 電気泳動（コロイド粒子は電荷をもっているため電気泳動する），⑦ ぬれ，⑧ 凝集，⑨ 粘度増加，⑩ 酸化されやすいなどの性質がある．

c. コロイドの種類

食品コロイドを分散媒とコロイド粒子の状態によって分類すると表 4.8 のようになる．コロイド粒子は個々に分散している場合も凝集体を形成している場合もある．分散状態は粒子間や粒子と分散媒間の相互作用，粒子の形や大きさに依存し，それらが食品の物性に影響を及ぼしている．

1) サスペンジョン（懸濁液）

味噌汁のように固体のコロイド粒子が液体の分散媒に分散したコロイドをサスペンジョン（懸濁コロイド）といい，コロイドにはサスペンジョンが多い．

表4.8 コロイドの種類

分散媒 (連続相)	コロイド粒子 (分散相)	例	一般名 (分散系)
気体	液体	香りづけのスモーク，噴霧中の液体(霧，雲，煙，スプレー製品)	エアロゾル
	固体	小麦粉，粉ミルク，粉砂糖，ココア	粉末
液体	気体	ビール，炭酸飲料，ホイップクリーム，アイスクリーム	泡
	液体	生クリーム，マヨネーズ，バター，牛乳中の脂肪球	エマルジョン
	固体	味噌汁，スープ，ジュース，牛乳中のカゼインミセル ソース，デンプンペースト，ポタージュ ゼリー，水ようかん，ババロア，チョコレート	サスペンジョン ゾル ゲル
固体	気体	パン，クッキー，スポンジケーキ，マシュマロ，各種乾燥食品	固体泡
	液体	吸水膨潤した乾燥食品（凍り豆腐，寒天），煮物，生体組織	固体ゲル
	固体	冷凍食品，砂糖菓子（薬の錠剤，色のついたガラスや宝石）	固体コロイド

2) ゾルとゲル

　分散系で流動性のあるものをゾルという．ゾルは立体的保護作用あるいは静電気的反発により安定した分散状態を保っている場合が多く，これらの安定化要因を除くと粒子は沈降・凝集しクリーム状，ゲル状になる．また，ゾルは温度，pH，圧力などの条件が変わるとゲルになることがある．ゾルが流動性を失った状態，あるいは多量の溶媒を含んだままで固まった状態をゲルという．ゾルがゲルになることをゲル化という．糸状高分子が絡み合ったり，分子間架橋などにより網目構造をつくりゲル化する．**熱可逆性ゲル（寒天，ゼラチンなど）と不可逆性ゲル（豆腐，卵豆腐など）がある．**ゲルを放置すると網目が収縮し，水が押し出される現象を離漿という．棒寒天，凍り豆腐，板ゼラチンなどのようにゲル中に存在する水を凍結乾燥などで除いたものをキセロゲル（乾燥ゲル）という．「キセロ」は「乾いた」という意味のギリシャ語に由来する．

3) 泡

　ビール，炭酸飲料，メレンゲ，ホイップクリーム，アイスクリーム，ケーキなどの泡（液体または固体の分散媒中に粗く分散した気泡）は食品にソフトで口どけのよい独特の物性を与える．液膜が丈夫なら，気泡間に凝集，合一が起きにくく泡の寿命が長くなる．泡が安定であるためには液の表面張力を低下させる必要がある．

4.8 テクスチャー

食品のテクスチャー (texture) とは食品の物理的性質で，触覚，聴覚によって識別できる力学的感覚である．テクスチャーとは本来ラテン語で，織物や織り方，風合いのようなきめ細かい手ざわりを指している．アメリカのゼネラルフーズのツェスニアク (Szczesniak) は，1963年に男女100名を対象とし，74種類の食品名を示して連想語を収集して，食品の品質を左右する要素を分析し，食物に対する主観的要素の中でテクスチャーの要素が大きなウエイトを占めることを報告した．ツェスニアクは人間の咀嚼を模した装置であるテクスチュロメーターを開発し，テクスチャーに関する官能評価と力学パラメーターの数値には高い相関が得られることを明らかにした．この機器はプランジャーを2回往復させ，試料を変形，破壊し，図4.5のような記録曲線を求める．力と時間の関係を描いた咀嚼曲線から硬さ，付着性，凝集性，弾性，もろさ，ガム性，咀嚼性などのパラメーターを求めている．テクスチャープロファイルは力学的特性，幾何学的特性，その他に分類され（表4.9），力学的特性である硬さは一定の変形をさせるのに必要な力，つまり食品を形づくっている内部結合力，粘性はサラサラ，油っこいなど流動する度合いを単位あたりで示し，付着性はネバネバ，ベタベタのように表面と舌，歯，口蓋の間の引力に打ち勝つのに要する力，凝集性はボロボロ，ガリガリのような組織の壊れやすさに起因する性質をいう．幾何学的特性は砂状，

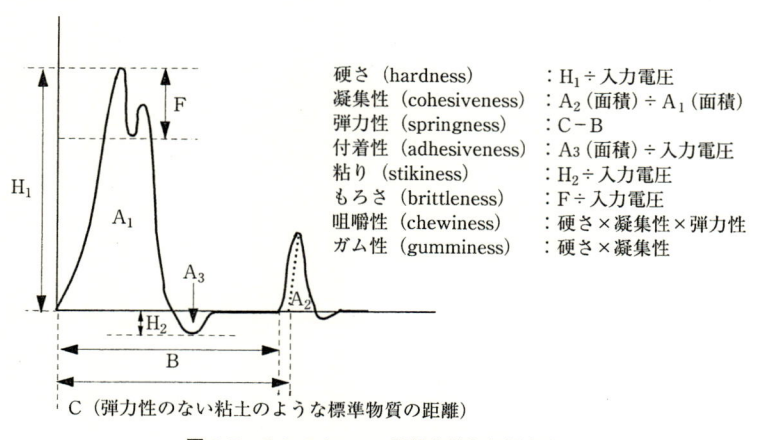

硬さ (hardness)	: $H_1 \div$ 入力電圧
凝集性 (cohesiveness)	: A_2 (面積) $\div A_1$ (面積)
弾力性 (springness)	: $C - B$
付着性 (adhesiveness)	: A_3 (面積) $\div$ 入力電圧
粘り (stikiness)	: $H_2 \div$ 入力電圧
もろさ (brittleness)	: $F \div$ 入力電圧
咀嚼性 (chewiness)	: 硬さ×凝集性×弾力性
ガム性 (gumminess)	: 硬さ×凝集性

図4.5 テクスチャーの記録曲線と解析方法

表4.9 ツェスニアクのテクスチャープロファイル

特性	一次特性	二次特性	一般用語	特性の内容（定義）
力学的特性	硬さ		軟らかい―歯ごたえのある―硬い	一定の変形をさせるのに必要な力，食品を形づくっている内部結合力
	凝集性	もろさ	ボロボロの―ガリガリの―もろい	食品を破砕するときの力，硬さと凝集性に関係
		咀嚼性	軟らかい―強靱な	固形食品を飲み込める状態にまで咀嚼するのに要するエネルギー，硬さ，凝集性，弾力性に関係
		ガム性	くずれやすい―粉状―糊状―ゴム状	半固形状食品を飲み込める状態にまで砕くのに必要なエネルギー，硬さ，凝集性に関係
	粘性		サラサラした―粘っこい	単位の力で流動する度合い
	弾力性		塑性のある―弾力のある	外力による変形が，力を取り去ったときに戻る割合
	付着性		ネバネバする―粘着性―ベタベタする	食品の表面と他のもの（舌，歯，口蓋など）との間の引力に打ち勝つのに要する力
幾何学的特性	粒子の大きさと形		砂状，粒状，粗粒状	
	粒子の形と方向性		繊維状，細胞状，結晶状	
その他の特性	水分含量		乾いた―湿った―水気のある―水気の多い	
	脂肪含量	油状	油っこい	
		グリース状	脂っこい	

Szczesniak, A. S.: *J.Food Sci.*, **28**, 385, 1963

粒状，繊維状，細胞状，結晶状など，大きさと形と方向性のような食品の組織形態に由来し，その他の特性は水分含量，脂肪含量による分析特性に由来するといわれる．さらにテクスチャー特性を正確に識別できない場合は3回咀嚼を行い，型を分類する咀嚼曲線の型分類なども検討されている．テクスチュロメーター・クリープメーターやテキソメーターなどは圧縮回復試験によって，力学的測定値を数値化したものであるが，食物のテクスチャーを客観的に評価する方法については多くの研究が行われているので，図4.6にまとめた．現在では多種多様な評価が行われており，実際的には研究の目的に応じて，いずれかを選択する必要がある．テクスチャーの表現には測定機器による数値と人間の官能による数値との対応が行われているが，人間の感覚により感知される評価に比べ，鋭敏に評価できる場合が多い．

```
テクスチャー評価 ─┬─ 機 器 測 定 ─┬─ 微小変形領域の測定
                 │              └─ 大変形領域の測定
                 ├─ 組織構造の観察 ─┬─ 顕微鏡観察
                 │                └─ 画像解析
                 ├─ 官 能 評 価 ─┬─ 言葉と尺度によるテクスチャー測定
                 │              └─ 咀嚼・嚥下機能の測定
                 ├─ 知 覚・認 識 ─┬─ 核磁気共鳴画像化装置など物理化学的測定
                 │               └─ 医学・生理学・心理学・哲学的評価
                 └─ 化 学 的 評 価 ─┬─ 化学的成分の定性・定量
                                  └─ 分子論的研究
```

図 4.6 テクスチャーの評価

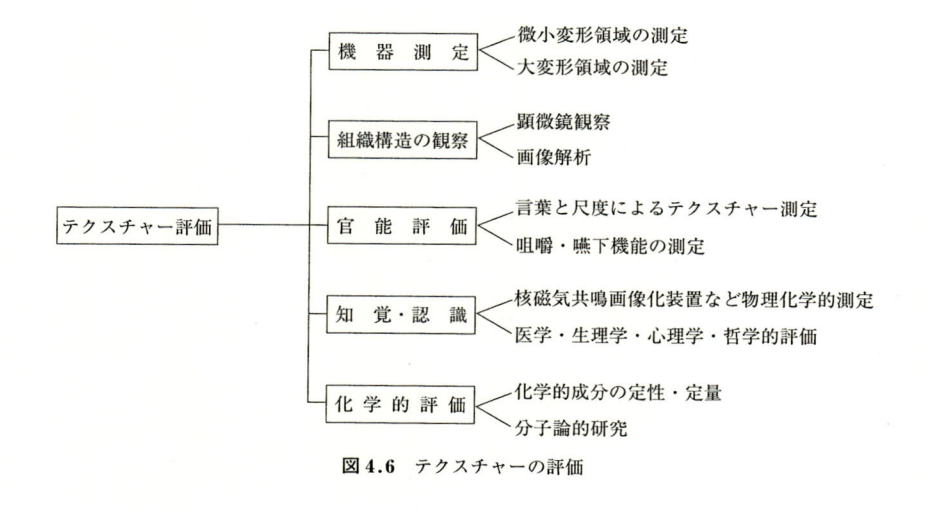

4.9 レオロジー

　レオロジーとはギリシャ語のレオ（rheo；流れ）を語源とした「変形と流動に関する科学」である．液体でも固体でも力を加えると変形したり流動したりするが，レオロジーは液体とも固体ともつかない物質（多くの食品はこれに相当する）の変形や流動性について物理的に研究する学問とされている．多成分系である食品はその性質，組織構造が各々異なるため，口ざわり，歯ごたえも多様である．すなわち，力を加えたときの物理的挙動が大きく異なる．テクスチャーを言葉で表現するだけでは客観性に乏しいため，食品のもつ物理的な性質（食品の物性）を粘性，弾性，塑性，粘弾性などの力学的性質を測定し数値で表現する方法が用いられる．

a. 粘　　性

　液体が水のように流れやすいか，水あめや蜂蜜のように流れにくいかを表す性質が粘性である．流れに抵抗する性質（流体の内部に生ずる摩擦抵抗）を粘性といい，粘性の程度は粘度，粘性率，粘性係数などで表される．

b. 弾　性

　ゴムひもやバネは引っぱった後，手を放すと瞬時にもとの形に戻る．このように，物体に外力を加えるとその力に比例して変形し，外力を除くと再びもとの形に戻る性質を弾性といい，この性質をもつ物体を弾性体という．こんにゃくは指で軽く押さえるとへこみ，離すと戻る．このように外力による変形に対し，もとに戻ろうとする物体内部の力を内部応力という．変形が小さければ完全にもとに戻るが，変形が限界（弾性限界）を超えるともとの状態まで戻らない（図4.7）．また，降伏点を過ぎると外力を除いても変形は戻らない．ある範囲（線形性領域）において，加えた力と変形量は比例する（フックの法則）．

　　　フックの法則：加えた力（応力）＝弾性率×変形量（ひずみ）

c. 塑　性

　外力によって物質が変形しても，もとに戻らない性質を塑性という．すなわち，外力を加えたとき，個体の破壊を起こすことなしに連続的に変形を起こし，しかもその変形が永久に保たれる性質のことで，可塑性ともいう．ぎょうざやパン（粘土細工用粘土）などのようにさまざまな形をつくることのできる性質のことである．マーガリンやショートニングは可塑性油脂である．

d. 粘弾性

　多くの食品は粘性と弾性の性質を併せもっている．この性質を粘弾性という．食品の粘弾性の様子を明らかにするためには，粘性と弾性の力学的模型を使い，

図4.7　応力-ひずみ曲線

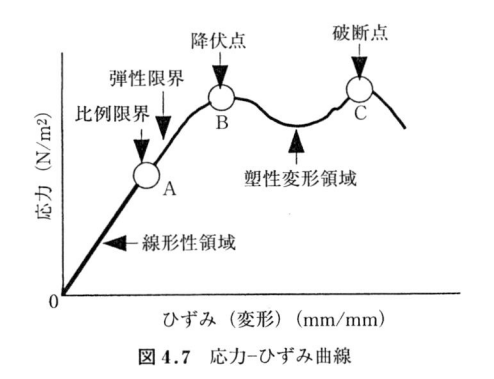

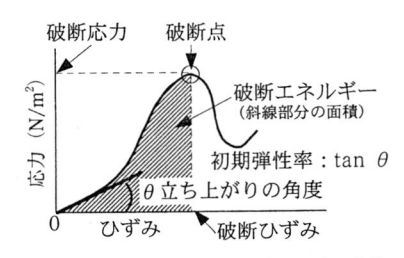

図4.8　脆性破断のときの応力-ひずみ曲線

その組み合わせで表現すると便利である．すなわち，弾性はバネで，粘性はピストン（ダッシュポット）の粘性抵抗で表現し，これを並列に組み合わせたり（フォークト模型またはケルビン模型という），直列に組み合わせたり（マックスウェル模型）して粘弾性を解析する（図4.9）．実際の食品はもっと複雑なため，これらを組み合わせた3要素模型，4要素模型，多要素模型などで解析する（クリープ試験）．

e. 破 断 特 性

食品の粘弾性は微小変形領域で測定されるが，食品に力を加えて変形させ続けると（食品を圧縮したり，引っ張ったり，ねじったり，曲げたり，切ったり，噛んだりすると），食品の変形は微小変形から大変形となり，ついに破断する現象がみられ，この現象を破断（2つ以上に分離すること）という．咀嚼は大変形を伴う．

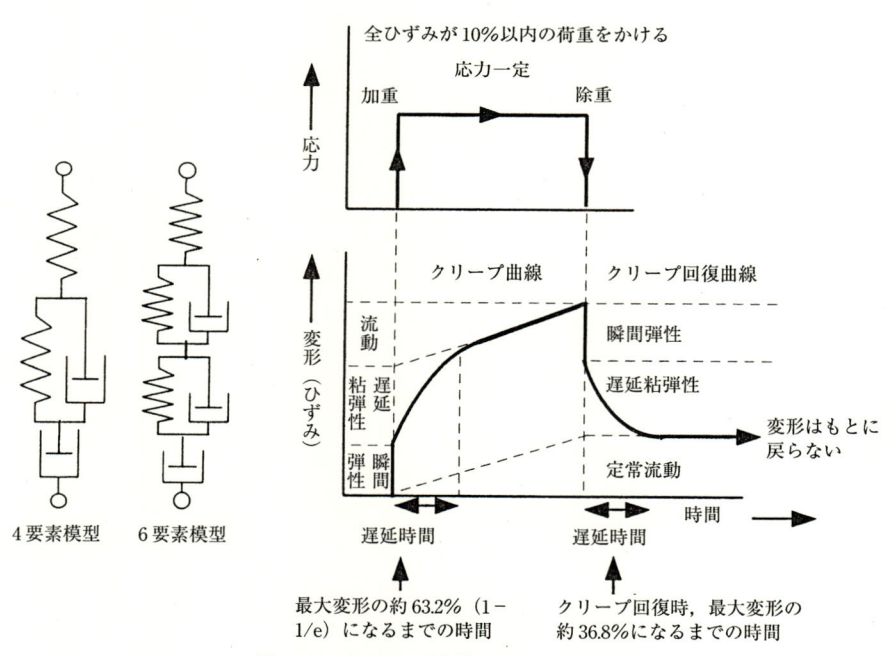

図 4.9 4および6要素模型とクリープ曲線

食品を破断するまでの過程（食品を噛み切るまでの過程）を応力-ひずみ曲線として図4.7，図4.8に示した．すなわち，食品に一定速度で圧縮または伸長などの変形を与えると，座標の原点からA点までは応力とひずみが直線関係にある線形性領域（弾性部），続いて応力の増加に伴ってひずみが増加する領域（A-B），降伏点（B点）を過ぎると応力が増えないのにひずみが増加する塑性変形領域（B-C）になり，ついに破断する．C点を破断点という．

　大変形を伴う破断現象は食品の構造，組織などに影響されるため，不均質な食品は測定時のばらつきが大きい．そのため，試料の形，大きさ，厚み，圧縮速度，プランジャーの形，サイズ，測定温度などを一定にして繰り返し測定する必要がある．

　破断様式は脆性破断と延性破断の2つに大別できる．
① 脆性破断：　降伏点と破断点が一致しているもの．クッキー，せんべい，寒天ゼリーなどは脆性破断する．破断応力（破断に対する抵抗力），破断ひずみ，破断エネルギー（単位体積あたりの破断に要する仕事量で食品の強靱さを表す），初期弾性率（線形性領域の直線の立ち上がり勾配 $\tan\theta$ より求める）などより破断特性を解析する（図4.8）．
② 延性破断：　塑性変形した後に破断するもの．チーズなど．

4.10　組　　　織

　調理では加熱などにより各種の食品に物理的な変化を起こし，形，性状を変化させる．食品は生物体とその加工品に分けられ，生物体は動物，植物の可食部であるが，加工品はこれらの生鮮食品を摩砕，成形，調味するなど複合した操作の組み合わせであるから，調理による物理的変化を検討するときはその食品の組織構造を知ることが重要である．食品組織を顕微鏡下で観察することにより，食品成分の物理化学的変化や物質の形状変化，細胞の大きさなどの形態学的変化あるいは構成物質や構造を直接読み取ることができるが，検鏡試料の大きさは小さい部分の観察に限られており，小部分から全体を推察することになるので，試料採取の条件は方向，厚さ，破片に至るまで注意深く厳密に作成することが必要である．顕微鏡試料を作製するときの手法により組織像に変化を生じる場合もあるので，熟練を要する．食品の性質が細胞組織の性状と密接な関係をもっているのは動物性食品のみでなく，野菜・果物・米・小麦など多くの植物性食品においても

いえることである．組織学的にみると米粒では胚乳部のアミロプラスト中にデンプンが複粒で存在しているが，その切片を採取すると米の種類の差異ならびに細胞膜や細胞内部のデンプン粒が吸水膨潤する状態が観察され，組織の膨潤や崩壊度は米飯のテクスチャーと密接に関係する．ジャガイモでは細胞膜の中に米デンプンより大きい形状をもつ固有のデンプン粒が単粒でみられ，加熱により膨潤糊化すると細胞膜に圧力がかかり細胞分離が起こる．ジャガイモを組織のまま煮物にする場合のほか，洋風料理に用いられる粉ふきいもは表面のデンプン細胞を単離させ，マッシュポテトはジャガイモ全体の組織を崩壊させ，デンプン細胞を単離したものである．その他，検鏡は食品の材料配合，調理操作などによる成分の分散状態や粒子の大きさなどを測定するのに用いられている．

食品の組織構造の観察は光学顕微鏡が基礎となる（図4.10）．試料の観察は肉眼に近い低倍率で行い，可能な限り薄い切片を採取し，特定の成分の識別にはそれぞれ特定の染色剤で染色し，栄養成分の判別を行う場合が多い．さらに微細構造，立体構造，特定物質の検索，ならびにその変化を観察するときは，高倍率で観察できる，各種の機能の異なる顕微鏡が販売されているので，目的に応じて選択するのがよい．生物顕微鏡のほか位相差顕微鏡，微粉干渉顕微鏡では試料の深部が観察できるが，ビタミンなどには蛍光顕微鏡が用いられる（図4.11）．また，デンプン粒の観察に際しては偏光顕微鏡が適している．実際に顕微鏡を使用するときの標本作成や固定，包埋，染

図4.10 生物顕微鏡

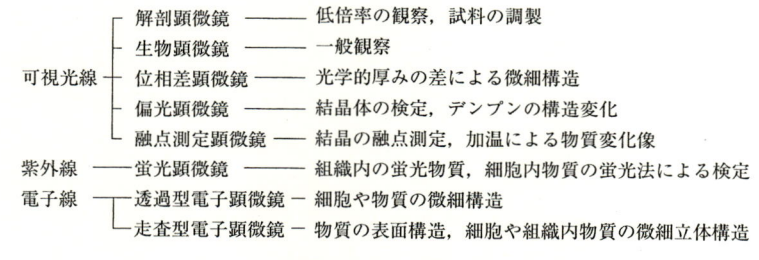

可視光線	解剖顕微鏡	低倍率の観察，試料の調製
	生物顕微鏡	一般観察
	位相差顕微鏡	光学的厚みの差による微細構造
	偏光顕微鏡	結晶体の検定，デンプンの構造変化
	融点測定顕微鏡	結晶の融点測定，加温による物質変化像
紫外線	蛍光顕微鏡	組織内の蛍光物質，細胞内物質の蛍光法による検定
電子線	透過型電子顕微鏡	細胞や物質の微細構造
	走査型電子顕微鏡	物質の表面構造，細胞や組織内物質の微細立体構造

図4.11 顕微鏡の種類と食品における適用例

色などの方法については専門書に譲る．調理に利用する際の一般的な方法・順序は目的に応じて行うことはいうまでもない．加熱中の急速な変化に対応した試料の作製には，できるだけ生のままの変化をみることが必要であり，瞬間的に凍結できる装置を顕微鏡に取り付けるなどの工夫がなされている．検鏡は最初に低倍率で調べ，大まかな特徴をみておき，順に倍率を高めて，可能な限り細部を観察する．細胞をみながら描写すると，組織の収縮，膨潤，破壊などによる形状の特徴や変化を整理するのに便利である．ある物質が特定の呈色反応を示すときは染色や組織化学反応を行うことによって物質の局在性を調べ，さらに色調の変化から定性的な観察および光線吸収量を測定することにより，その物質の量を測ることができる．感覚的に識別するだけの場合もある．

標本の細胞や組織の形は接眼測数計を装置して目盛りを測定し，接眼測数計で対物測数計の1目盛りの長さを測定した数値を用いて換算する．数は接眼方眼紙をおき，方眼紙内で必要な物質の数を数えて行う．面積の測定は描写した画面，または写真の引きのばした図面を使用して面積計を用いて行う．厚さは顕微鏡の目盛り板つき微動装置と焦点深度の浅いレンズで測定する．

4.11 微　生　物

食品と微生物との関わり合いは，食品の悪変とその防止という面と，食品加工への微生物の利用という2つの面がある．すなわち，食物に微生物が付着し増殖する結果起こる腐敗（腐敗細菌による），食中毒（病原微生物による）などの悪変と，微生物の力を借りて行う食品の加工・保存などである．表4.10に各種発酵食品の例を示す．また，食用きのこ類のように菌体そのものを食用にする場合がある．

a. 微生物の種類
1) カ　ビ

糸状の細胞をもつ微生物の総称で，分類上は菌類のうち，真菌類に属する．カビの胞子や菌糸は肉眼でみえないが，繁殖して集落をつくると赤，青，黒などの胞子の色がみえるようになり，食用に適さない．わが国では味噌，醬油，清酒など伝統的にカビ（麹）を利用した食品加工が盛んである．西洋では青カビ，白カビをチーズに利用する．

表4.10 食品とそれに関連する微生物

(a) 食品の悪変

		カビ	酵母
腐敗	細菌		
食中毒	細菌		
経口伝染病	細菌		

(b) 食品加工への微生物の利用

食 品	原材料	原因となる微生物		
清酒	米,米麹		麹カビ	清酒酵母
ビール	大麦,麦芽			ビール酵母
ぶどう酒	ブドウ			ワイン酵母
ウイスキー	大麦,麦芽			ウイスキー酵母
焼酎	米,大麦,ソバ,サツマイモ,米麹		麹カビ	清酒酵母
醬油	小麦,大豆,小麦・大豆混合麹		麹カビ	醬油酵母
味噌	大豆,麦,米,米麹,麦麹,大豆麹		麹カビ	味噌酵母
みりん	もち米,アルコール		麹カビ	
食酢	アルコール(穀類,酒粕,麦芽)	酢酸菌	(麹)	(酵母)
漬物	野菜	乳酸菌		酵母
ヨーグルト	乳	乳酸菌		
チーズ	乳	乳酸菌	青カビ,白カビ	
納豆	大豆	納豆菌		
パン	小麦			パン酵母

2) 酵母（イースト）

卵型や楕円形をした単細胞子嚢菌類に対する呼称である．パン，ビール，清酒，ワインなどの発酵食品に不可欠な微生物である．

3) 細菌（バクテリア）

細菌はウイルスを除く全生物の中で最も小さい生物で，約1200種あり，食中毒の原因となるものがある．一方，納豆，ヨーグルト，チーズ，漬物などの発酵や食酢の醸造などに重要な微生物である．

4) きのこ類

きのこは担子菌類あるいは子嚢菌類の子実体をいい，食用になるものはほとんど担子菌に属する．

b. 微生物と調理

微生物は水分を 60〜90% もつ食品に繁殖しやすい．食品の水分量は環境によ

って左右されるため,水分の指標として%でなく水分活性(Aw:自由水の量を示すバロメーター)で表す.水分活性は食品を入れた一定湿度の密閉容器内の蒸気圧(P)とその温度における最大蒸気圧(P_0)との比 Aw = P/P_0 として表される.純水の Aw は 1 である.Aw が 0.9 以上では細菌が増殖しやすい.Aw が 0.9 〜 0.65 で水分 10 〜 40% の食品(中間水分食品)では細菌の成育が抑制される.Aw が酵母で 0.85,カビで 0.75 以下のとき,増殖が阻害される.

細菌には最適温度があり,低温菌で 15 ± 5℃,中温菌で 32 ± 5℃,高温菌で 60 ± 5℃,カビ 30 ± 5℃,酵母で 28 ± 3℃ である.低温菌の最低温度は − 10 〜 5℃ なので冷蔵庫では保存期間が長くなる.ただし,好冷菌は繁殖する.食品の微生物,酵素は 100℃ 付近の加熱によりほとんど死滅,失活するが,胞子は 100℃ 30 分加熱しても死なない.

平成 9 年に旧厚生省から出された『大規模食中毒対策等について』の別添「大量調理施設衛生管理マニュアル」(平成 15 年改正)では HACCP (Hazard Analysis Critical Control Point;危害分析重要管理点)の概念に基づいて,原材料の受け入れ・下処理段階における管理,加熱調理食品の加熱温度管理(75℃ 1 分以上),二次汚染の防止,原材料・調理済み食品の温度管理などについて詳細なマニュアルが決められ,点検,記録することとされている.調理を行う際,参考にすべきである.

4.12 食品成分表の見方

献立を作成する上で,食品成分表を用いて,栄養価など食品の特徴を知ることは欠かせない.食品成分表は,栄養学の立場では栄養計算に用いられるが,調理学の立場では食品の特徴を知ることにより,調理や保存における注意点がわかる.食品成分表は時代とともに改訂が行われ,現在の最新版は『五訂 日本食品標準成分表』[11] であり,また,各社からこれを参考に図表などを加えた食品成分表が発行されている.ここでは成分表について簡単に解説する.

食品は,18 の食品群に分類され,植物性食品,動物性食品,加工食品の順に収載されている.一部の食品については,生,加工品,調理品についても収載されており,調理による重量変化率も別表に収載されている.なお,成分表に収載されている値は,一般に流通している食品の平均的な値であり,実際の食品では成分値に幅があることに留意しなくてはならない.

廃棄率は，通常の食生活において廃棄される部分（廃棄部）の割合を食品全体に対する重量%で表している．なお，各成分値は，廃棄部を除いた可食部100 gあたりの数値である．エネルギーは，タンパク質，脂質，炭水化物の量に各成分ごとのエネルギー換算係数を乗じて算出されている．一般成分として，水分，タンパク質，脂質，炭水化物，灰分の量が収載されているが，炭水化物は，100 gから水分，タンパク質，脂質，灰分を差し引いた値である．

無機質として，ナトリウム，カリウム，カルシウム，マグネシウム，リン，鉄，亜鉛，銅が収載されているほか，別表にマンガンが収載されている．これらはすべてヒトにおいて必須のものである．ビタミンとして，脂溶性のビタミンA（レチノール・カロテン），D，E，K，水溶性のB_1，B_2，ナイアシン，B_6，B_{12}，葉酸，パントテン酸，Cが収載されている．

脂質については，飽和脂肪酸，一価不飽和脂肪酸，多価不飽和脂肪酸，およびコレステロールについて収載されている．食物繊維は，水溶性，不溶性，総量について収載されている．また，食塩相当量はナトリウム量に2.54を乗じて求められた値である．備考欄には食品の別名や性状などが記載されているほか，野菜における硝酸イオン量など特定の食品に含まれる成分が記載されている．

4.13 統計・検定

統計においては全体の集合を母集団（全数調査）といい，母集団の中からいくつか選んで測定値の代表値を求める場合，これを標本（標本調査）と呼ぶ．標本は母集団を正しく推定するため，無作為抽出で，母集団を構成する特性が等しい確率で選ばれるようにする．アンケート調査などでは得られた集計結果から母集団を推定することができるので，嗜好や実態などを把握する目的で調査する場合が多く，これらの検定にはt分布，F分布，χ^2分布がよく使われている．

χ^2検定は実測値が期待値と一致するかどうかを検定する方法で，適合度の検定と独立性の検定がある．たとえば朝食が米食であるか，パン食であるかを小学生，中学生，高校生について調べるためにアンケート調査によりデータを集めて，その値（実測値）が通っている学校により差がない（期待値）とした場合（帰無仮説），このような仮説が成立する可能性があるかどうかを検定するのが適合度検定である．ここでは小学生では米食が4名，パン食が3名，中学生ではそれぞれ4名と4名，高校生では米食が1名，パン食が5名であったとすると，表

表4.11 アンケートの集計表

	朝食	
	米食	パン食
小学生	4名	3名
中学生	4名	4名
高校生	1名	5名

表4.12 χ^2 分布表の一部

n \ α	0.10	0.05	0.01
1	2.71	3.84	6.63
2	4.61	5.99	9.21
3	6.25	7.81	11.34
4	7.78	9.49	13.28
5	9.24	11.07	15.09
6	10.64	12.59	16.81
7	12.02	14.07	18.48
8	13.36	15.51	20.09
9	14.68	16.92	21.67
10	15.99	18.31	23.21
11	17.28	19.68	24.72
12	18.55	21.03	26.22
13	19.81	22.36	27.69
14	21.06	23.68	29.14
15	22.31	25.00	30.58

4.11のようになる．χ^2 は実測値と期待値の差の2乗を期待値で除した値の総和になり，次式で表すことができる．

$$\chi^2 = \Sigma \frac{(実測値 - 期待値)^2}{期待値}$$

実際には各項目の期待値は $21 \div 6 = 3.5$ となり，この χ^2 の値は χ^2 分布に従うことが知られているので，$\chi^2 = 2.86$ となる．この場合は自由度が2であるので，χ^2 分布表（表4.12）をみると，$\chi^2 = 2.86 < \chi^2(0.05)$ であるから，今回のアンケート調査の結果は，仮説のように朝食が米食かパン食かということで学校による有意差があるとはいえない．現在ではこのような集計結果の解析にはパソコンの統計解析ソフトが多く使われている．

5. 調理操作・調理機器

5.1 非加熱調理

　加熱を伴わない調理操作は下ごしらえの要素が強い．しかし，さしみ，サラダのようにそのまま食卓に供される操作もあり，出来ばえへの影響が大きく，おろそかにできない部分でもある．

a. 計量（はかる；measure）

　現在調理の本には食材，調味料の分量，加熱温度，時間が明記されている．これにより，長期間の訓練により修得されていた調理上の「こつ」とされてきた技術が短期間に修得でき，調理技術の上達を早める道となっている．

　計量には容量（容積）と重量が併用される．家庭での調理には計量カップ・計量スプーンを使っての容量での調理が，計量の容易さから利用される．また，米や日本酒は現在でも 1 合 = 180 ml，1 升 = 10 合 = 1800 ml の単位で表されることが多い．しかし，不定形の固形食品はこの方法ではみかけの体積にばらつきが生じやすい．常に一定の製品をつくり出すためや大量調理の場合は重量で量る必要がある．

　食材には魚の内臓・骨，野菜の皮・根，傷んだ部位など不可食部がある．食材を購入する際は，これらを廃棄率として計算に入れる必要がある．通常の食習慣での廃棄率は『日本食品標準成分表』に食品ごとに記入されている．したがって，購入量は次式のようになる．

$$購入量 = \frac{可食量}{100 - 廃棄率} \times 100$$

　調理では濃度を表すのに重量百分率を用いる．基本となる調理での調味料の使用割合は記憶する必要がある．

b. 洗浄（洗う；wash）

近年食材は出荷元での洗浄済み流通が主流となっている．しかし，調理前の食材の洗浄は衛生面から入念に行うべきものである．洗浄の目的は，

① 泥・ほこり・その他の異物除去
② 付着細菌や寄生虫卵の除去
③ 不味成分の除去

などがあげられる．

方法としては食用に適する水（水道水など）による洗浄が一般的である．洗浄の対象となる食材は変質しやすく傷みやすい．食材中の成分の溶解による損失も考えられる（水溶性タンパク質，水溶性ビタミン，無機質（ミネラル）など）．食材の材質によっても，洗い方の工夫が必要であるが，洗い桶を用意して水をはるなど（ため水），水の有効利用も心がけるべきである．

表5.1は食品材料の洗浄方法の分類である．

1） 米・豆類

洗浄初期に急激に吸水するので，手早さが求められる．とくに米は，異物との比重の差を利用し，かき混ぜながら洗う「混ぜ洗い」と「とぎ洗い」が行われ，米表面のぬかの臭い除去のため入念に行われてきた．しかし，精米技術と貯蔵法の進歩で現在は軽い洗いでも問題はない．むしろ洗い過ぎによる栄養価の損失，砕米に注意すべきである．

2） 魚介類

海水や淡水に生息する大腸菌，腸炎ビブリオ菌に汚染されている可能性があるので注意する．丸のままのものは下処理での魚体表面，ウロコ，エラ，内臓の除去後，流水による十分な水洗いが必要である．下処理後の魚体や切り身は，その切り口から栄養成分，うま味成分の流出を起こすので，洗浄は最小限にとどめるべきである．タコ，アワビなどぬめりのあるものは食塩を体表面にもみつけてすり洗いを行い，ぬめりとともに磯臭の除去を行う．アサリ，シジミなど殻つきの貝は海水濃度の食塩水中で殻をこすり合わせて洗う．貝のむき身は軟らかく傷みやすいので，ザルに入れて食塩水中でふり洗いをする．

3） 葉菜類

株の部分に土などの付着がみられる．株部分に切り目を入れてたっぷりの水の中につけ，ふり洗いをする．組織が軟らかいので丁寧に扱う．

表5.1 食品材料の洗浄方法の分類

洗浄方法	洗浄剤・補助用具	対象となる食品材料	汚れの種類	原理
つけ洗い	洗剤　食塩	貝類　果実類　蔬菜類	土　砂　微生物　寄生虫(卵)　不味成分	浸漬 ○水の溶解作用により汚れに水が付着して「ぬれ」の現象が起こる．水溶性の汚れは水に溶けて離れる．油性の汚れも水温を上げたり洗剤により溶解する ○水溶性不味成分の溶出
ふり洗い 流し洗い 混ぜ洗い (攪拌洗い)	洗剤 食塩	蔬菜類 (果菜類) 果実類 (漿果類) 魚介類 豆類 穀類	寄生虫(卵) 昆虫(卵) 農薬 微生物 土　砂 塵　埃 糖	浸漬，攪拌，振とう ○食品か水の一方または両方を動かすことによって洗浄効果を高める 液体中で運動する物体の受ける抵抗により，表面の粘稠な汚れも除かれる．この抵抗は速度の2乗に比例するから水中では速く動かした方が抵抗は大きい ○洗浄の作用 界面張力を変化させ，溶解，浸透，乳化，分散，吸着，浸潤などの作用により，洗浄性を高める
こすり洗い 拭き洗い もみ洗い とぎ洗い	ブラシ スポンジ タワシ 布	海藻類 蔬菜類 根菜類・果菜類 茎菜類 果実類 (仁果類) 米	土　砂 寄生虫(卵) 微生物 農　薬 糠	浸漬，摩擦 ○外的作用であるブラッシングなどの機械的作用により物理的に食品表面から付着物の脱落を促し，洗浄効果を上げる ○食品相互の摩擦を利用する

4) 根菜類・果菜類・いも類

表面全体に土の付着がみられる．手やブラシ・スポンジを使ってこすり洗いする．

5) 乾物類

吸水性が高く，洗浄の初期ほど急激に吸水する．洗い始めの1～2回は手早くかき混ぜ，水を捨てる必要がある．

洗浄には食材のほかに食器，調理器具を洗う操作も広義には含まれる．これらの場合，使用前の洗浄も大切であるが，使用後に付着した汚れを速やかに除去することが，細菌の繁殖を抑えるためには重要である．調理後の汚れは食物残渣の油脂，タンパク質，デンプンなどが入り混じっている．家庭排水による水質汚濁

表5.2 台所用洗剤の使用基準

1) 使用濃度の上限を定める
    脂肪酸系洗浄剤の場合:界面活性剤として0.5%以下
    非脂肪酸系洗浄剤の場合:界面活性剤として0.1%以下
2) 野菜・果実を洗浄する際の浸漬時間を5分間以内とする
3) 洗浄後のすすぎの時間または回数の下限を定める
    流水ですすぐ場合:野菜・果実については30秒間以上,飲食器については5秒間以上
    ため水の場合:2回以上

を防ぐために,紙などで汚れを拭き取ってから,水に漬け,速やかに洗うようにする.汚れは放置すると乾燥してこびりつき,時間の経過とともに落ちにくくなるので早く行う方がよい.タワシ・ブラシなど洗浄機能を補う器具を用いる方法が効率的だが,これらの器具は使用後よく洗い乾燥させ,微生物が繁殖しないよう清潔に保っておくことが非常に大切である.煮沸消毒や熱湯消毒は微生物の除去に効果がある.油性の汚れには洗剤が有効である.台所用洗剤は野菜・果物・食器などの洗浄用に用いられ,洗浄力となる界面活性剤とその働きを助ける助剤(ビルダー)から成る.食品衛生法に基づく台所用洗剤の使用基準は表5.2のとおりである.

c. 浸漬 (つける,さらす;soap, dip)

食材を水や酢水,食塩水などの液体につけることで,調理の中間でよく行われる操作である.浸漬は洗浄より時間が長いため,栄養成分の流出は大きくなる.浸漬の目的は以下のとおりである.

1) 水分の付与,戻す(吸水,膨潤・軟化)

凍り豆腐,かんぴょう,切干しだいこん,干しひじきなどの植物性乾燥食品は水分を20%以下に減少させ,保存性を高めている.水分含量の少ない穀類や豆類も調理に先立って水に浸漬し,吸水させて組織を膨潤・軟化させる.それにより,次の加熱操作で熱が

表5.3 乾燥食品の吸水例[12]

食品	水温(℃)	時間(分)	吸水後の重さ(倍)
精白米	20	20	1.2
白大豆	20	16 時間	2.3
凍り豆腐	80	3	圧搾 5 / 吸水 10
干ししいたけ 干しわかめ	80〜60	20	6
佐渡産	20	10 / 25	6 / 11
鳴門産	20	10 / 25	14 / 18
角寒天	20	10	〜10
板ゼラチン	20	15	5
粉末ゼラチン	20	15	10〜

均一に伝わり，調味料の浸透も早くなる．乾物の吸水量は表5.3のとおりである．吸水速度は食品の種類・浸漬液の温度によって異なる．吸水に時間を要するのは動物性乾燥食品である．吸水後，重量・容量ともに増加するため，献立作成時に注意を要する．

2) 塩出し・血抜き・臭みとり・あく抜き（不要成分の除去）

塩漬けの魚や漬物などで塩分濃度の高い食品を水や薄い食塩水（1～1.5%）に浸漬し，食塩を抜くことを塩出しという．現在の食品は低塩の傾向にあるため，この操作の必要性は減ってきている．血抜き・臭みとりは獣鳥肉や魚肉の調理の際，よく行われる操作で，水や塩水へ浸漬を行う．臭みとりは臭みを覆い隠す効果（マスキング）のある香辛料や調味液に浸漬して，材料への調味と同時に行うこともある．食品中の不味成分であるあくを取り除く操作は，食材により浸漬液を水・酢水・灰汁・重曹水・ぬか液に，また浸漬する液の温度も変化させる．あく抜きは必要以上に行うと食材本来の味を損ねることにもなる．

3) うま味成分の溶出

コンブや煮干しを用いてだしをとるとき，水に浸漬し，時間をかけてうま味成分の溶出を行う．まろやかな味のだしがとれる．

4) 味つけ（調味料の浸透）

調味の一方法として調味液に食材を浸漬する．立て塩（食塩水），つけ焼き，マリネ，南蛮漬け，シロップ漬け，酢じめなどがある．新しい風味が得られ，食材の保存性も高まる．

5) 酵素作用の防止

ジャガイモ，ゴボウ，レンコン，ナス，バナナ，モモ，リンゴなどの野菜や果物の中には，皮をむいてそのまま放置しておくと，表面の色が茶色に変わるものがある．これを褐変といい，切ることで切り口の破壊された細胞内のポリフェノール類が細胞中の酵素や空気中の酸素で酸化され，褐色の物質（キノン類）に変化するために起こる．褐変を防止するには，水や5%前後の酢水，1～2%の食塩水などに浸漬して酵素を不活性にし，空気も遮断する．

6) テクスチャーの向上

サラダの野菜やさしみのダイコンのけんは，切断後，冷水に浸して水を含ませ，食感を向上させている．これは野菜の細胞内液が水よりも濃度が高いため，外の水が野菜の細胞内に入り込むためで，細胞膜（原形質膜）の半透膜の性質による

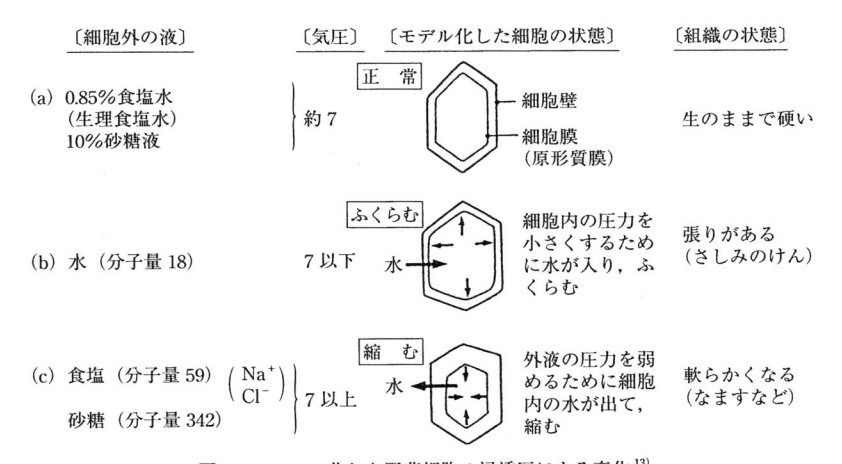

| 〔細胞外の液〕 | 〔気圧〕 | 〔モデル化した細胞の状態〕 | 〔組織の状態〕 |

(a) 0.85％食塩水　　　　　約7　　正常　　細胞壁／細胞膜（原形質膜）　　生のままで硬い
　　（生理食塩水）
　　10％砂糖液

(b) 水（分子量18）　　　　7以下　ふくらむ　水　細胞内の圧力を小さくするために水が入り，ふくらむ　　張りがある（さしみのけん）

(c) 食塩（分子量59）$\binom{Na^+}{Cl^-}$ 7以上　縮む　水　外液の圧力を弱めるために細胞内の水が出て，縮む　　軟らかくなる（なますなど）
　　砂糖（分子量342）

図 5.1 モデル化した野菜細胞の浸透圧による変化[13]

（図 5.1）．ラディッシュの飾り切り，よりうどなどもこの性質による（図 5.1 (b)）．漬物や和え物ではあらかじめ食材に食塩をふったり立て塩にするが，塩分の作用で食品中の水分が外に出され（原形質分離），細胞は軟らかくなり（図 5.1 (c)），細胞壁と原形質膜の間に調味液が入る．きゅうりもみや菊花かぶなどはこれによる．

d. 切断（切る；cut）

切る目的としては，以下のようなものがある．

① 不可食部の除去：　嗜好・衛生上好ましくない部分を取り除く．

② 食べやすくする：　口に入れやすい大きさに切ったり，硬いものを小さく薄くしたりする．このとき，単に切るのではなく食事として供することを意識すべきである．たとえば獣鳥肉のステーキや魚介類のさしみをつくるときは，筋繊維に直角に切ると繊維が短く，食べやすくなる．

③ 熱伝導の効果を高め，調理しやすくする：　大きい食品は熱伝導も調味料の浸透も効率が悪い．形をいかしたいときには裏に隠し包丁を入れたり，長時間の加熱で煮くずれを起こさないよう，面取りを行う．

④ 外観を整える：　亀甲切り，矢羽根，雪輪，菊花，木の葉切りなどの細工をすることで，出来ばえを美しくし，嗜好を高める．

表5.4 料理様式別切り方の名称

日本料理	中国料理*	フランス料理
輪切り		rondelle(ロンデル)
短冊切り		rectangle(レクタングル)
拍子木切り	条(ティヤオ)	
千六本		allumette(アリュメット)
角切り(2 cm角)		domino(ドミノ)
さいの目切り(1 cm角)	丁(ディン)	
色紙切り	方(ファン)	paysanne(ペイザンヌ)
せん切り	丝－絲(スー)	julienne(ジュリエーヌ)
みじん切り	松－鬆(スォン),末(モオ),粒(リー)	haché(アッシュ), brunoise(ブリュノワーズ)
そぎ切り	片(ピエン)	émincé(エマンセ)
ぶつ切り	段(ドワン),块－塊(クワイ)	
乱切り	兔耳－兎耳(トゥある),马耳－馬耳(マーある)	
菱形切り	象眼(シャンイエン)	losange(ロザンジュ)
蛇腹切り	龙－竜(ロン)	
かつらむき		ruban(リュバン)

* 併記は前者が略字体.

実際はこれらの目的が絡み合った操作となっている.

　切る操作は主に包丁を用いる（5.2節c項参照）．食品の切り方は多種あるが，日本・中国・フランス料理の切り方の名称の一部を例示する（表5.4）．調理目的に応じ，使い分けが必要である．

e. 混合・攪拌（混ぜる・和える；mix）

2種類以上の成分を均一な状態に分散させる操作である．粘度の低いものを混ぜることを攪拌ともいう．混合することにより，

① 2種類以上の材料間，材料と調味料間の均質化を起こす
② 熱の移動を促進し，全材料の状態を均一にする
③ 物理的性質の変化

が起こる.

　マヨネーズのように，酢（水相）・卵黄（乳化剤）に油を滴下してエマルジョンをつくる操作を「乳化」という（4.6節参照）．乳化するともとの状態とは変わり，色調が不透明になったり粘稠な状態となる．マヨネーズは水中油滴型エマ

ルジョンである．

　卵白や生クリームで泡をつくる操作を「泡立て」という．卵白は攪拌によりタンパク質のグロブリンが変性して薄い膜を生成し，多数の気泡を形成する．しかし，泡立て過ぎや放置により膜は壊れ，泡は消失する．卵白に砂糖を加えると気泡は細かく安定化し，表面につやも出る．生クリームは水中油滴型エマルジョンで，攪拌により空気の泡のまわりにカゼインの取り巻く脂肪球が乳化した状態で膜をつくり，強固な支持構造となり卵白の泡より安定したホイップクリームとなる．しかし，泡立て操作や温度管理を誤ると転相して，生クリームはバター（W/O型エマルジョン）と乳清になる．

　調理の仕上げ段階で，下処理した材料を調味された和え衣と混合することを「和える」という．和え衣は材料にまとわりやすい形状（液状，粒状，粘性・流動性が高いなど）をとる．和え衣と材料を合わせると，時間経過とともに材料中の水分が脱水され，和え衣の調味を薄めおいしくなくなる（味がぼける）．そのため，和える操作は供食直前に行うようにする．

　混ねつ（こねる）は粘度の高いものを混ぜることをいい，こねることで弾性を強め，テクスチャーに変化をもたせる．小麦粉のドウ，だんご，もち，肉だんごの調理で行われる．

f. 磨砕（くだく；mil, grind, mash）

　食品の細胞や組織を細かく砕き，粉末状またはペースト状にする操作である．擂る，潰す，卸す，砕く，挽く，割るなどと表現され，でき上がりはまったく異なったテクスチャーの食品となる．
目的として，
　① 材料・組織の均一化
　② テクスチャーに変化をもたらす
　③ 香味の向上
　④ 硬いものを細かくすることで消化しやすくする
があげられる．
　・する
　　　和え衣：ゴマ，ラッカセイ，クルミ，豆腐など
　　　とろろいも：ヤマノイモ

すり流し汁，かまぼこ：魚肉
・つぶす（マッシュポテト，ニンニクなど）
・おろす（だいこんおろし，もみじおろし，おろししょうが，おろしわさびなど）
・くだく（コーヒー，コショウ，氷など）
・ひく（抹茶：茶，きなこ：いり大豆，ひき肉：すね肉など）
・わる（クルミ，ギンナンなど）

g. ろ過（こす；filtrate）
食品の固形物と液体を布，網，紙などを通過させて分離する操作である．
① 不要部分の除去：　だし汁，味噌汁，茶，コーヒードリップ，果汁，寒天液，
　　　　　　　　　　こしあん，揚げ油
② 食品の均質化：　卵液，粉類
　粉類をふる（篩）う操作は，食品の均質化（塊を除く，2種以上の粉を混ぜ合わせる）のほかに，粉の粒子間に空気を含ませる目的もある．
　裏ごし器を使って行ういもの裏ごし操作は，こす操作とつぶす操作が同時に行われ，成分の均一化と不可食部（繊維）の除去が行われ，舌ざわりのよい製品ができ上がる．

h. 成形（form）
調理の目的に合わせてのばす，型で抜く，巻くなど形を整える操作である．
・手だけで成形する
　　　包む（ぎょうざ，しゅうまい，まんじゅうなど）
　　　結ぶ（結びみつば，結びきすなど）
　　　握る（おにぎり，握りずしなど）
　　　丸める（だんご，あんなど）
　　　巻く（昆布巻き，ロールキャベツなど）
・器具を用いて成形する
　　　生地をのばす（小麦粉ドウなど）
　　　串を打つ（魚など）
　　　巻く（巻きずし，伊達巻きなど）
　　　型に入れる（ゼリー，ケーキなど）

型抜きをする（押しずし，おにぎりなど）
模様をつける（ケーキ，和菓子など）

i. 凍結（freeze）**・解凍**（thaw, defrost）

水が氷に変化することを凍結といい，凍結している氷をもとの水に戻すことを解凍という．水の氷結点は0℃であるが，他の物質を溶解している場合，氷結点は降下する（氷点降下）．食品中の水は塩類，糖類その他多様の水溶性成分が溶解しているため，氷結点は降下し，－0.5～－5℃となる．とくに－1～－5℃の温度幅を最大氷結晶生成帯といい，食品を凍結させる場合，この温度帯で水分は氷結晶になり，さらに温度が下がると完全に凍結する．食品中の水分を凍結させることで，微生物の繁殖や品質変化を抑えることができ，長期保存が可能となる．野菜は凍結中の酸化酵素による品質変化を避けるため，前処理としてブランチング（湯煮；blanching；80％くらいの加熱）が行われている．

食品を凍結する際,凍結速度ができ上がった冷凍食品の品質を大きく左右する．急速凍結は最大氷結晶生成帯を30分以内に通過する場合をいい（図5.2），食品中の水分は細胞内で微細な氷となる．市販の冷凍食品はこの時間内で急速凍結するよう－30℃以下で製造され，－18℃以下を維持するように貯蔵，輸送，配送，販売される．最大氷結晶生成帯の通過に30分以上要した場合を緩慢凍結という．緩慢凍結では最大氷結晶生成帯の温度時間内で氷結晶の巨大化が進み，食材の組織を破壊しやすい（図5.3）．そのため，解凍時に，水分がもとの細胞内に戻らず，ドリップ（液汁）の発生となる．またタンパク質の変性なども起こり，食品に損傷を与え，解凍後の食材の劣化につながる．急速凍結の冷凍食品でも保存状態が悪いと，品質は落ちる．冷凍中の温度変動で昇華した食品中の水分は再び凍って霜になり，食品の表面や包装紙の内面に付着する．水分が昇華して乾燥した食品部位は酸化されやすく，冷凍焼けが起こり，色，味，風味が変化する．市販冷凍食品を購入したときには，家庭内冷凍庫で保管するまでの移送時間に品温を低く保つ必要がある．

家庭で凍結を行う場合（ホームフリージング），家庭用冷凍庫の性能では－18℃以下の急速凍結はむずかしいので，それに少しでも近づける工夫が必要である．

① 冷凍庫内の食品の少ないときに，急速冷凍機能を用いて冷凍させる（他の

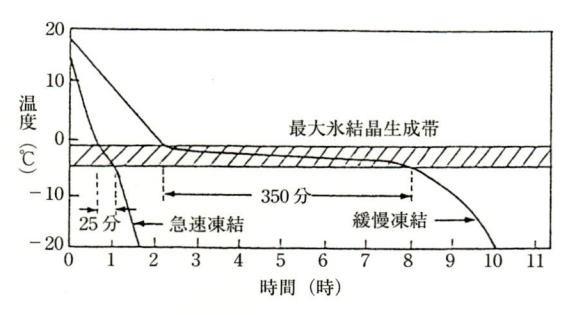

図 5.2 急速凍結と緩慢凍結の冷凍曲線[14]

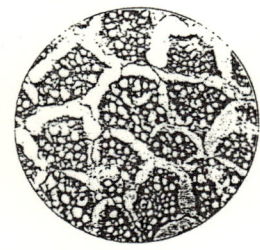

(a) 凍結前の細胞　　(b) 急速凍結した細胞
　　　　　　　　　　（氷の結晶が小さく，組織の損なわれ方が少ない）

(c) ゆっくり凍結した細胞
（氷の結晶が大きいため，組織が損なわれている）

図 5.3 凍結による細胞組織の変化[15]

冷凍食品の保存状態を悪化させないため）
　② ホームフリージングに適した食品を選ぶ
　・無定形で凍結による組織破壊のないもの：スープストック，ルウ
　・解凍したときドリップの生じないもの：パン，もち
　・解凍時に直接加熱するもの：半調理品
　③ 鮮度のよい食材を使う．野菜は前処理としてブランチングをする
　④ 食材が凍結しやすいよう1回使用量に小分けし，厚さを薄くし，空気を抜いて密封する．食品名・製造年月日を記入する
　⑤ 冷蔵庫などであらかじめ冷却する（予冷）
　⑥ 熱伝導のよい金属容器に入れ，食品を重ねず平らにおく
　市販冷凍食品の品質保持期間は，常に品温を－18℃以下に保った場合1年間

表5.5 解凍方法の種類と適応する冷凍食品の例[15]

	解凍の種類	解凍方法	解凍機器	解凍温度	適応する冷凍食品の例
緩慢解凍	生鮮解凍（凍結品を一度生鮮状態に戻した後調理するもの）	低温解凍 自然解凍 液体中解凍 砕氷中解凍	冷蔵庫 室内 水槽 水槽	5℃以下 室温 水温 0℃前後	魚肉，畜肉，鶏肉，菓子類，果実，茶わん蒸し 魚肉，畜肉，鳥肉
急速解凍	加熱解凍（凍結品を煮熟または油ちょう食品に仕上げる．解凍と調理を同時に行う）	熱空気解凍	自然対流式オーブン，コンベクションオーブン，輻射式オーブン，オーブントースター	電気，ガスなどによる外部加熱 150～300℃（高温）	グラタン，ピザ，ハンバーグ，コキール，ロースト品，コーン，油ちょう済み食品類
		スチーム解凍（蒸気中解凍）	コンベクションスチーマー，蒸し器	電気，ガス，石油などによる外部加熱 80～120℃（中温）	しゅうまい，ぎょうざ，まんじゅう，茶わん蒸し，真空包装食品（スープ，シチュー，カレー），コーン
		ボイル解凍（熱湯中解凍）	湯煎器	同上 80～120℃（中温）	（袋のまま）真空包装食品のミートボール，酢豚，うなぎ蒲焼等（袋から出して）豆類，コーン，ロールキャベツ，めん類
		油ちょう解凍（熱油中解凍）	オートフライヤー 揚げ鍋	同上 150～180℃（高温）	フライ，コロッケ，天ぷら，から揚げ，ぎょうざ，しゅうまい，フレンチフライポテト
		熱板解凍	ホットプレート（熱板），フライパン	同上 150～300℃（高温）	ハンバーグ，ぎょうざ，ピザ，ピラフ
	電気解凍（生鮮解凍と加熱解凍の2面に利用される）	電子レンジ解凍（マイクロ波解凍）	電子レンジ	低温または中温	生鮮品，各種煮熟食品，真空包装食品，米飯類，各種調理食品
	加圧空気解凍（主として生鮮解凍）	加圧空気解凍	加圧空気解凍器		大量の魚肉，畜肉

であるが，家庭での冷凍庫の使用頻度（扉の開閉）を考えると，庫内温度を一定に保つのはむずかしく，冷凍食品の長期保存は避けるべきである．ホームフリー

ジングの冷凍食品は緩慢凍結のため，なるべく早い利用が好ましく，1カ月間をめどとして計画的な利用が望まれる．

解凍方法は表5.5のとおりである．

肉類や魚介類は，解凍後下ごしらえが必要で，芯がまだ凍っている半解凍が操作しやすい．解けた氷が組織に再吸収され，ドリップが少なくなるようにするには，低温（冷蔵庫内）で緩慢解凍するのが望ましい．この方法は時間を要するので，急ぐ場合は流水解凍（包装のままポリ袋に入れ，中の空気を抜いて，口をかたく閉じ，水道水などの流水につける）にする．

野菜類は凍結前にブランチングで80％くらい加熱されている．下処理が済んでいるので，凍ったまま調理に利用できるが，生の野菜より加熱時間が短くて済むので加熱し過ぎないようにする．

調理済み・半調理済み冷凍食品は凍結状態のまま加熱調理する．この方法は，ドリップの流出を防ぎ，変質も少ないという利点がある．

いったん解凍した食品は，自己消化や細菌の繁殖により傷みやすいので，なるべく早く調理する．凍結，冷凍の繰り返しは，品質低下につながるので避けた方がよい．

0〜−5℃の温度帯での貯蔵をパーシャルフリージング（partial freezing）という．この温度帯では食品は部分的に凍っており，使用するとき冷凍食品のように解凍の手間はいらず，微生物の繁殖も低く抑えられているので，生鮮食品（肉・魚）の貯蔵を延長できる．

5.2 非加熱調理器具

主な非加熱調理の操作器具は表5.6のとおりである．食生活の多様化とともに，多くの器具類が出回っている．効率を考え，調理に合わせて選択する必要がある．また機器の衛生にも十分注意を払いたい．

a. 食器洗い乾燥機

食器洗い乾燥機は日本では食事内容（米飯のこびりつきなど）や特有のさまざまな形の食器のため，不向きとされてきた．しかし，洗浄方法の改良，専用洗剤の開発，小型化により家庭で普及しつつある．

表5.6 非加熱調理の操作器具

操作別	器　具
計量	計量カップ（200 ml），計量スプーン（大 15 ml，小 5 ml），ます，秤 温度計（棒状・バイメタル），タイマー
洗浄	洗いおけ，タワシ，スポンジ，ささら，びん洗い，水切りかご 布きん，食器洗浄・乾燥器，台所用洗剤
浸漬	ザル，ボール，バット
切断	包丁・まな板，野菜切り器（スライサー，カッター），ピーラー（皮むき） くり抜き（芯ぬき，野菜くり抜き），卵切り，バイカッター チーズカッター，スケッパー，チョッパー，フードカッター かつお節削り，かき氷器，エッグブリッカー 缶切り（カンオープナー），料理ばさみ，ウロコ取り 砥石，包丁とぎ器
混合・ 攪拌	へら（しゃもじ，スパチュラ，ターナー，ゴムべら，フライ返し） しゃくし（玉じゃくし，レードル，穴しゃくし，網しゃくし），菜箸 泡立て器，茶せん，こね鉢，飯台 ハンドミキサー，ミキサー シェーカー
磨砕	すり鉢・すりこ木，乳鉢・乳棒，ポテトマッシャー，ニンニク絞り器 おろし金，おろし器 ごますり器，フードミル，アイスピック，石臼，肉ひき器（ミキサー） 殻割り器 ミキサー，ジューサー，ブレンダー，フードプロセッサー
ろ過	ザル，シノア，味噌こし，茶こし，油こし ガーゼ，さらし布，ネル布，ろ紙 粉ふるい，万能こし器（ストレーナー），裏ごし器
成形	のし板（木，大理石），製めん器，串 巻きす（丸巻きすだれ，鬼すだれ） 焼き型，押しわく，アイスクリームディッシャー 絞り出し袋・口金，さらし布

b. 計 量 器

　容量の測定には計量カップ（標準 200 ml）・計量スプーン（大 15 ml，小 5 ml）が主に使われ，すり切り一杯を基準とする．容量が規定のものでも，計ろうとするものの密度と満たし方により誤差が生じやすい．

　重量の測定に用いる秤は上皿自動秤とデジタル自動秤がある．デジタル自動秤は材料の重量のみの表示（風袋引き）ができるので便利である．いずれも目的に合わせ，感量（最小測定単位）と秤量（最大測定単位）を確認して使い分ける必

5. 調理操作・調理機器

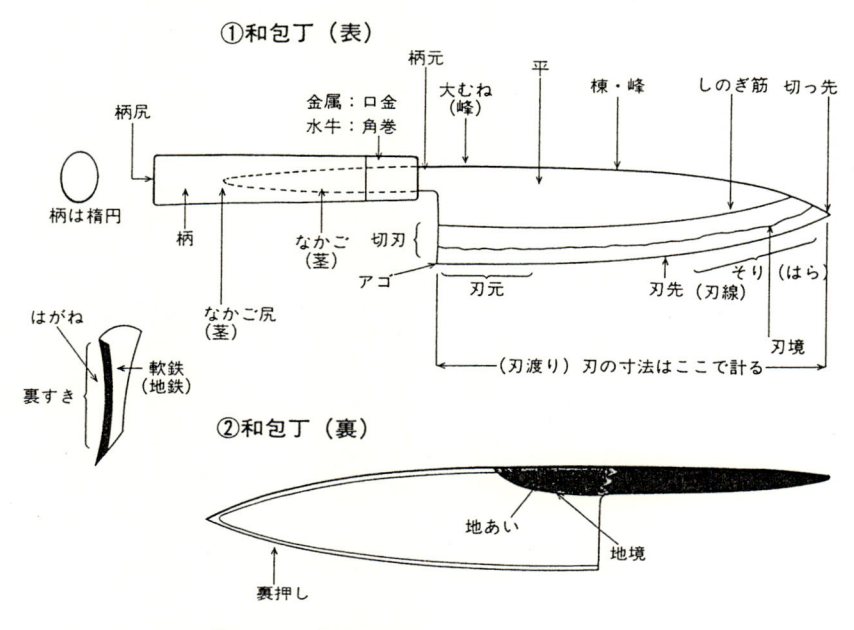

①和包丁（表）

（柄尻、柄は楕円、柄、金属：口金、水牛：角巻、なかご（茎）、なかご尻（茎）、切刃、アゴ、大むね（峰）、平、棟・峰、しのぎ筋、切っ先、刃元、刃先（刃線）、そり（はら）、刃境、（刃渡り）刃の寸法はここで計る）

（はがね、裏すき、軟鉄（地鉄））

②和包丁（裏）

（裏押し、地あい、地境）

③和包丁（マチ付き）

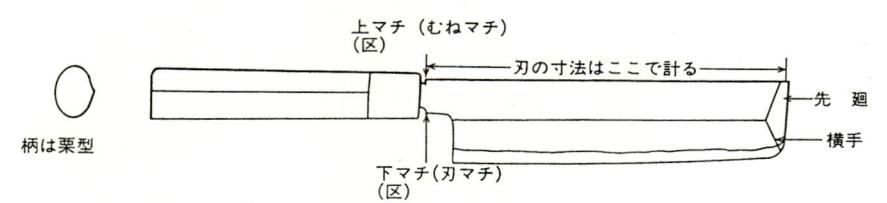

（柄は栗型、上マチ（むねマチ）（区）、刃の寸法はここで計る、下マチ（刃マチ）（区）、先廻、横手）

④洋包丁 couteau

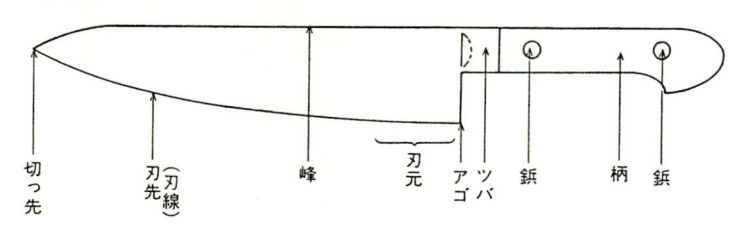

（切っ先、刃先（刃線）、峰、刃元、アゴ、ツバ、鋲、柄、鋲）

図5.4 包丁の部位名称[16]

包丁の裏表は，刃を下向きにもって，右側が表，左側が裏である．
刃の寸法（刃渡り）はマチがついている場合は，切っ先（先端）からマチまでをいう．

要がある．

　揚げ物や砂糖の煮詰め調理などでは，正確に温度を測定することができ上がりに大きな影響を及ぼす．棒状温度計（アルコール温度計は100℃まで，水銀温度計は300℃まで）があると便利であるが，容器がガラスのため，破損しやすいので注意が必要である．バイメタル温度計は2種類の金属を貼り合わせ，温度による膨張の差を利用して温度測定をする．揚げ物，オーブン，冷凍庫に利用されている．このほか，精度のよい熱伝対温度計，サーミスタ温度計がある．

　時間を設定するものとしてタイマーがあり，指定時刻にベルが鳴る仕組みである．

c. 包丁・まな板・はさみ

　包丁（図5.4）の刃材は，炭素鋼（鋼：炭素含有率0.1～2.7％，軟鉄：0.1％以下），ステンレス鋼の金属が主である．炭素鋼は切れ味はよいが，さびやすい．全鋼製のものを本焼き，本体を軟鉄でつくり，刃の部分だけ鋼をつけたものをかすみ焼き（合わせ）という．ステンレス鋼はさびにくいので管理しやすい．セラミック（窒化チタン，ジルコニア）包丁もあるが，切れ味に物足りなさがある．包丁の刃形には片刃と両刃がある（図5.5）．片刃は切り下ろしたときに刃表（OR'）にのみ力がかかるのでより少ない力で進み，刃先がやや左に入り，切れたものが刃から離れやすい．そのため，刻みが手早くでき，切り口が美しく，さしみ，かつらむきの操作に適している．和包丁のほとんどは片刃である．両刃の包丁は左右均等に力がかかるので（OQ・OR），まっすぐに材料に切り込み，両

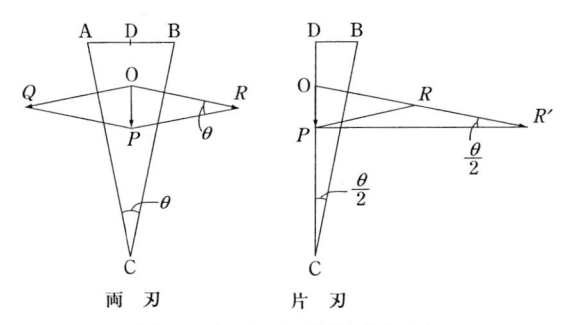

図5.5　包丁の刃の種類と加わる力
杉田浩一：調理科学，**4**，46-50，1971

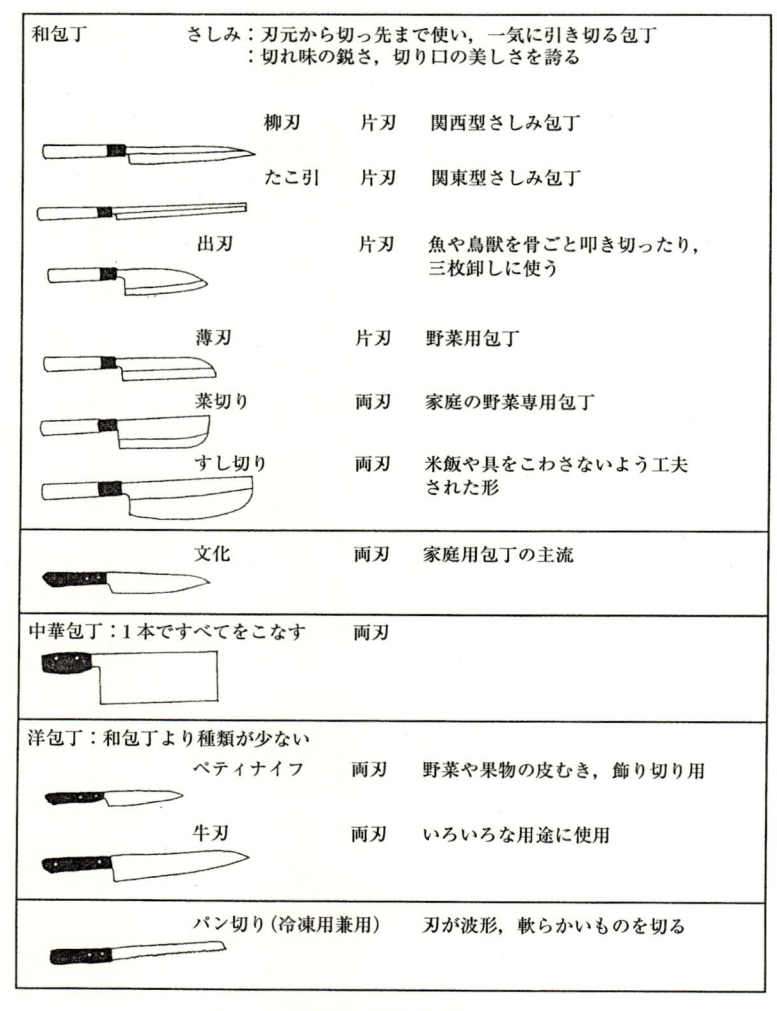

和包丁	さしみ：刃元から切っ先まで使い，一気に引き切る包丁 ：切れ味の鋭さ，切り口の美しさを誇る		
	柳刃	片刃	関西型さしみ包丁
	たこ引	片刃	関東型さしみ包丁
	出刃	片刃	魚や鳥獣を骨ごと叩き切ったり，三枚卸しに使う
	薄刃	片刃	野菜用包丁
	菜切り	両刃	家庭の野菜専用包丁
	すし切り	両刃	米飯や具をこわさないよう工夫された形
	文化	両刃	家庭用包丁の主流
中華包丁：1本ですべてをこなす		両刃	
洋包丁：和包丁より種類が少ない			
	ペティナイフ	両刃	野菜や果物の皮むき，飾り切り用
	牛刀	両刃	いろいろな用途に使用
	パン切り（冷凍用兼用）		刃が波形，軟らかいものを切る

図 5.6　包丁の種類

面同じように切れる．牛刀，すし切り包丁，菜切り包丁があげられる．中華包丁は叩き切る操作が多いので両刃が主体である（図 5.6）．切り方には押し切り，引き切り，そぎ切りなどがあるが（図 5.7），それぞれ食材にかかる力の方向・強さが異なり，用途に合わせての使い分けが必要となる．材料・手法・調理別に

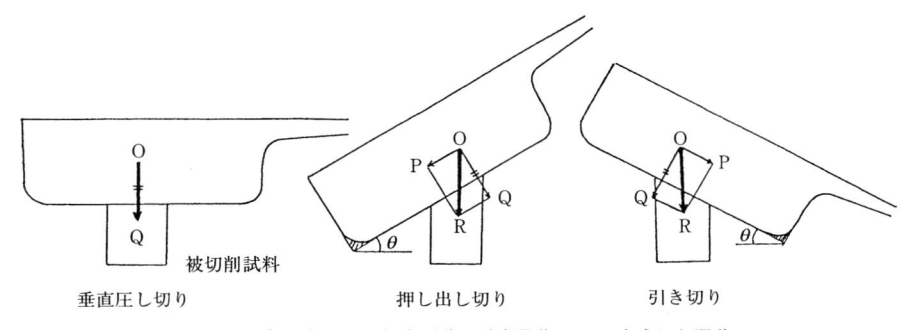

OQ…圧す運動，OP…押す運動・引く運動，OR…合成した運動
図5.7　包丁の運動方向
岡村たか子：家政誌，**32**(7)，3-10，1981

切る操作も複雑で，その用途に合わせてたくさんの種類の包丁が使い分けられている．文化包丁（三徳包丁，鎌形包丁）は，肉，魚，野菜を切るのに適した，日本でつくられた両刃洋包丁（かすみ焼き）である．

包丁の操作には熟練を要するが，基本的な包丁の持ち方・姿勢を示す（図5.8）．

包丁は使用することにより刃先が磨耗してくる．使用後の手入れはその後の切れ味に影響を及ぼし，作業の流れ，仕上がりに関わってくる．日常は使用後クレンザーをつけ，汚れを洗い落とし，乾燥させ保管する．切れ味が落ちたり，刃こぼれを起こしたときはといで直す．簡易砥ぎ器も市販されているが，一定の切れ味を得るには砥石を用いてとぐ必要がある．砥石は荒砥（刃こぼれ直し・さび落とし），中砥（切れ味をよくする），仕上げ砥（刃をなめらかにする）があるが，家庭では中砥石で間に合う（図5.9）．

まな板は水に強く，包丁の刃が傷まない適度な硬さが求められ，木製・プラスチック製などがある．包丁による切り傷ができ，その部分に食品残渣が残りやすく，細菌の繁殖が起きやすい．使用後タワシなどを使った十分な洗浄と乾燥，消毒が必要である．

はさみは持ち手の開閉運動で生じるてこの力を利用して2枚の刃先でものを切断する．甲殻類の殻，だしこんぶなど硬い食品を切ったり，のり，トウガラシなどを細かく切ったりするのに適している．材質はステンレス鋼がほとんどで，セ

5. 調理操作・調理機器

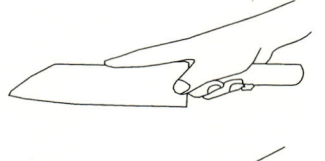

卓刃式：刃先でものを切る場合

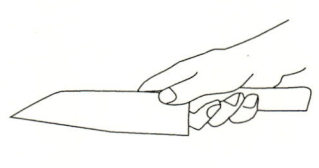

支柱式：刃元でものを切る場合
　　　　軟らかいものを切る

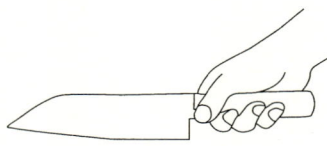

全握式：硬いものを力を入れて
　　　　押し切るか，たたき切る場合

食材をまな板と平行におき，その上に左手を重ねて食材をしっかり押さえる．押さえた指先を折り曲げて，第一関節が包丁の腹にあたるようにしてけがを防止する．
からだは，右手の包丁の動きを妨げないように，右足を少し後ろに引き，やや半身になる．

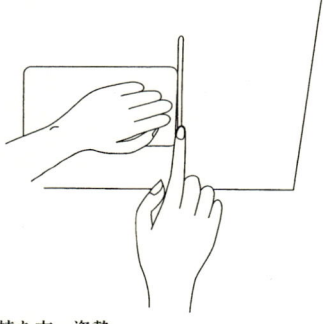

図 5.8　包丁の持ち方・姿勢

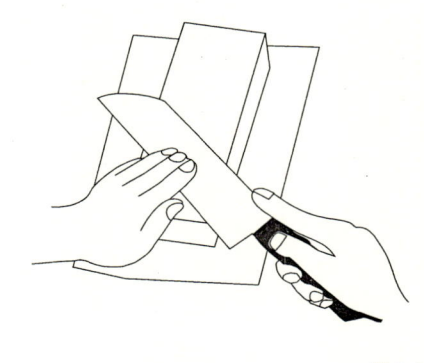

1. 水を張った洗い桶に砥石を入れ，泡が出なくなるまで 5～10 分つける．
2. 砥石の下にぬれ布きんまたは水にぬらした新聞紙を敷き，しっかりと固定する．
3. 右手で包丁を扱うときと同じ持ち方で，砥石に対し 45 度の角度に包丁をおき（こうすると刃の角度が大体 15 度），左手をとぎたい刃の部分にしっかりとおき，押さえる．砥石全体を使い，ゆっくりと前後に動かし，順次とぐ場所を変えていく．
4. 両刃包丁は裏返して背を手前にして裏刃も同様にしてとぐ．片刃包丁の場合も裏側を軽くといでおく（刃返りをとる）．

図 5.9　包丁のとぎ方

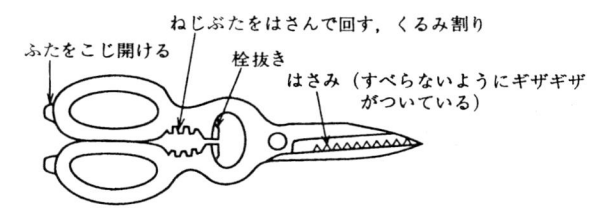

図 5.10　料理ばさみ[17]

ラミック製もある．料理用のはさみは切るだけでなく，せん抜き，クルミ割り，びんや缶のふた開けなど付帯した機能をもつものもある（図 5.10）．

d.　フードプロセッサー

包丁やおろし金，泡立て器などの代わりに，切断，混合，攪拌の調理操作を1台で連続的に行う電動調理器具．数種類の替え刃を目的により使い分けることで，さまざまな下ごしらえが可能で，手間と労力を大幅に削減できる（図 5.11）．

図 5.11　フードプロセッサー

e.　冷凍冷蔵庫

液体が気体となるときに周囲から熱を吸収する原理（気化熱）を利用して冷却している．液状の冷媒を細い管から噴出させ，冷却器で気化させると周囲の熱を奪って庫内を冷却する．気体となった冷媒は圧縮機に送られ圧縮され，再び液状になる．この際温度が上昇するため，放熱器から熱を空中に放つ．冷媒はこれを繰り返し，庫内の温度を低く保っている．冷却方式は大別して2種類ある（図 5.12）．自然対流方式は欧州の冷凍冷蔵庫の主流で，冷却器で冷凍室が囲まれており，伝導で冷凍室を冷やす．冷凍庫内は霜がつきやすく，冷蔵庫内は温度むらを生じやすい．強制対流方式は日本の冷凍冷蔵庫の主流で，ファンで冷凍室と冷蔵室に冷気を吹き出す．庫内の温度むらは少ないが，乾燥しやすい．冷蔵室は庫内が3〜5℃，ドアポケットで6〜8℃，野菜室は4〜7℃・湿度90〜95％である．このほか肉，魚の保存期間延長を目的にしたパーシャル室（−2〜−3℃の微凍

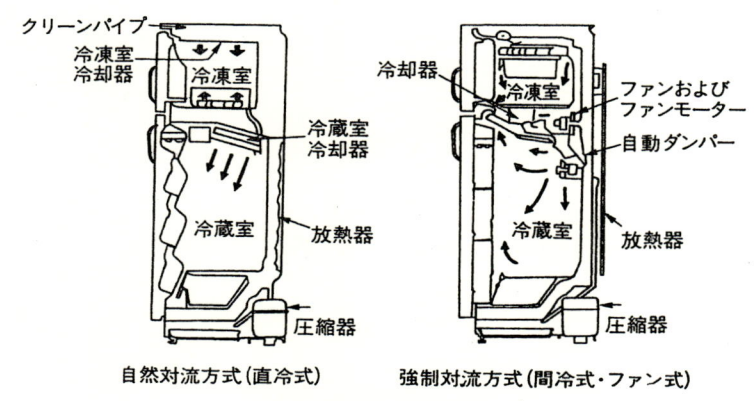

図 5.12　冷凍冷蔵庫の冷却方式[18]

結），氷温室（－1℃），チルド室（0〜－1℃の冷蔵）がある．冷凍室は－18〜－30℃である．現在の冷凍冷蔵庫は省電力化，新温度帯室を独立させた多ドア方式，新断熱材の採用による庫内の拡大，脱臭機能，全室適温自動制御機能などがつき，保存機能が向上している．冷媒に従来利用されていた特定フロン（クロロフルオロカーボン（CFC）5種）は，大気中に放出されると成層圏にまで達し，オゾン層を破壊するといわれ，法規制が進められた．現在冷媒は代替フロン（ハイドロフルオロカーボン；HFC-134a）となり，さらにノンフロン（イソブタン；R 600a）が使用される機種も開発されている．

5.3　加熱調理

1）調理操作法の分類

　調理の起源は火の使用に始まるとされ，"cooking"といえば加熱調理を指す．加熱することによってとった獲物の保存性が高まり，ゆでてあくを抜けばおいしく食べられる山野草も多かったと考えられる．調理によって，安全性，嗜好性，栄養価，消化性が増し，長期貯蔵も可能になった．人類の繁栄の陰に，食域を増やした数多くの調理法があったといっても過言ではない．

　人類の長い歴史の中で，焼く，蒸す，ゆでる，煮る，炒める，揚げるなどさまざまな加熱調理法が分化し，食材や調味料との組み合わせによって無限の調理操作法が生まれた．国広哲弥によれば，調理法の出現頻度と言語の数との間に図

5.13のような密接な関係があるという．日本では古来より水を媒体とした調理法が多く，ゆでる，煮る，炊くなどと使い分けるが，英語ではこれらはすべて"boil"である．一方，英語圏では焼くに対応する言語が多く，"bake"，"grill"，"toast"，"roast"と使い分けるという．

加熱操作法は，水を媒体とする湿式加熱法と，水を使わない乾式加熱法とに二分することができる（表5.7）．また，乾式加熱法には，油を媒体とする油系加熱，空気を媒体とする空気加熱がある．

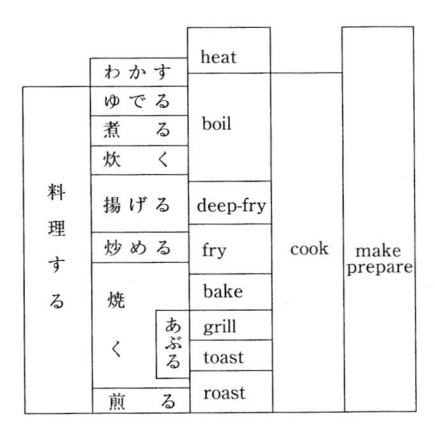

図5.13 加熱調理についての英語と日本語の対応（国広哲弥原図）

湿式加熱（ゆでる，蒸す，炊く，煮る）は100℃付近で加熱されるので，軟らかくしっとり仕上がり，乾式加熱（焼く，炒める，揚げる）は高温のガス火を直接・間接にあてたり，揚げ油を熱して150～300℃付近の温度帯で加熱するので，パリッとした表皮や焦げ風味を楽しむことができるメニューが多い．

2）調理時の熱移動

熱は高温部から低温部へ移動する性質がある．また熱が移動するときの伝熱法には，伝導，対流，放射の3種がある．金属や食品などの固体内部では伝導によって熱が移動し，水や油などの流体中では対流によって熱が移動することが多い．また，赤外線やマイクロ波のような電磁波は，吸収された物質の内部で熱に変わる性質があり，放射または輻射と呼ばれる．

媒体中における主な伝熱法と伝熱経路を表5.7と図5.14に示した．ゆで加熱の場合にはゆで水が，蒸し加熱の場合には水蒸気が，揚げ加熱の場合には油が，オーブン加熱の場合には庫内の空気が熱媒体となり，対流によって食品へと伝えられる．いずれも，食品の内部へは伝導で熱が移動する．食品は熱の伝導速度が遅いため，丸いジャガイモを中まで加熱するのに約30分もかかる．加熱途中のジャガイモの切断図と，熱源→媒体→食品表面→食品内部への伝熱過程を図5.14に示した．オーブン加熱では熱源（ヒーター）からの放射と，熱せられた

表 5.7　加熱操作と伝熱方法

加熱操作法			熱の媒体	主な伝熱法*	主な利用温度帯
湿式加熱	水系	ゆでる	水	対流	100℃
		蒸す	蒸気	対流	85～100℃
		炊く	水・蒸気	対流	95～100℃（鍋底は一時140℃）
		煮る	水	対流	95～100℃
		加圧加熱	水・蒸気	対流	115～125℃
乾式加熱	空気系	焼く　直火焼	空気	放射	200～300℃以上
		間接焼	金属鍋	伝導	150～300℃
		オーブン焼	金属壁・空気	放射・対流	150～250℃
	油系	揚げる	油	対流	120～200℃
		炒める	油と金属鍋	伝導	100～300℃
電子レンジ加熱			食品	放射（誘電加熱）	水分の多いもの100℃，水分の少ないもの120℃以上

* 表には媒体内の主な伝熱法を示す．ほかに，熱源からの放射伝熱，食品内の伝導伝熱が加わる．

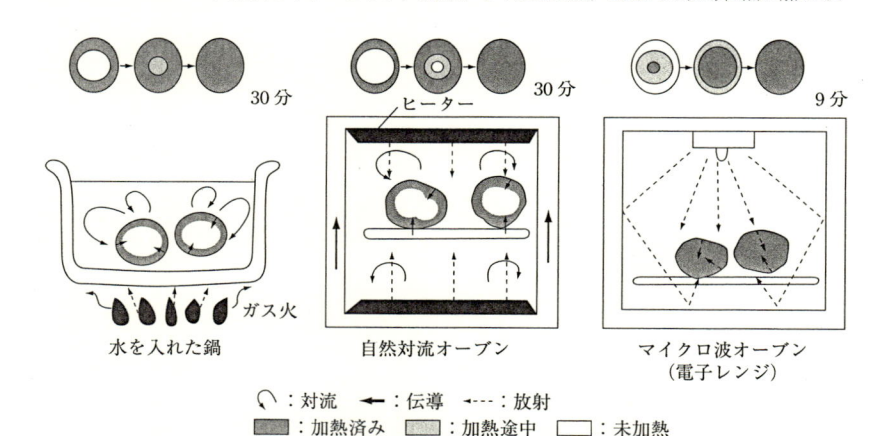

○：対流　←：伝導　←----：放射
■：加熱済み　▨：加熱途中　□：未加熱
一個 100±5 g の男爵じゃがいも 3 個を使用

図 5.14　ジャガイモの加熱部位・加熱の進行状態（上）と加熱操作中における熱の移動（下）

空気の対流，天板からの熱伝導によって熱が食品に伝えられ，食品内部は伝導により熱がゆっくりと移動すると考えられる．

　唯一，電子レンジに使われている電波は食品への浸透距離が深く（表 5.12 参照），食品の内部でも熱が発生する加熱特性がある．伝導伝熱による熱の移動を待つことなく内部まで加熱されるので，画期的なスピード加熱が可能となり，出力 500～600 W でジャガイモ（小）1 個を加熱する場合には 3～4 分，3 個同時

に加熱する場合でも，9分前後で加熱が終了する．

a. 水系加熱

1) ゆでる（boil, poach）

i) 特徴と主な操作手順 食品材料の5～10倍量の沸騰水を用いて熱処理する方法で，湯量は多い方が温度が下がらず失敗がない．たっぷりの湯中で青菜は色鮮やかにゆで上がり，パスタはデンプン溶出量が少なく均一にゆで上がる．一方，いも，根菜などは材料が浸る程度の水を入れて加熱することが多く，割れやすいゆで卵は水から静かに加熱する．キャベツやえびは少量の湯で蒸しゆでした方が，甘みやうま味が残る．また，さっと熱湯にくぐらせて魚介類の表面を白く変性させ，うまみを残す霜降りの手法もある．

青菜は色止めとあく抜きのために直ちに冷水にさらし，乾めんは表面のぬめりをとり，のどごしをよくするために流水で洗う．ゆで卵も余熱をとり凝固を止めるために水につけると，殻もむきやすくなる．

・省エネ法： 沸騰しなくてもデンプンは糊化するし，70～80℃の温度を保てば卵などのタンパク質は凝固するので，時間のかかるゆで物は温度が下がらないようにふたをし，火力を弱めたり火を止めて余熱で加熱するとよい．ゆで水は通常捨てられるが，おいしいゆで汁はスープに利用することができる．

ii) ゆでる目的と添加物 表5.8に，ゆでる効果を増すために加える添加物を示した．

緑色野菜類は湯の中に食塩を入れるか，ゆでる前に塩をすり込むと緑色が安定

表5.8 ゆでる効果を増す添加物

主な目的	主な食品	添加物
鮮やかな緑色を保つ	青菜，フキ，アスパラガス，枝豆	食塩1～2%
組織の軟化・あく抜き	山野草（ゼンマイ，ワラビ，ヨモギ），干したら，ニシン，豆類	木灰液10%程度 重曹0.3%
褐変を防ぎ白く仕上げる	レンコン，ゴボウ，ウド，ヤマノイモ	食酢0.5～3%
あくを吸着して除く	タケノコ，ダイコン，カリフラワー	ぬか液10～30%，米のとぎ汁 小麦粉1%
魚臭を除き，うま味・香りを添える	生鮮魚肉	酒類5～10% 香辛料0.1%
組織の煮くずれ防止	栗，サツマイモ	焼きミョウバン0.5%

する．硬くてあくのあるヨモギ，ワラビなどの山野草は重曹や木灰を加えて弱アルカリ液でゆでると，軟らかくなって色もよくなる．豆類などアルカリ性で軟化しやすい食品は多いが，ビタミンが破壊されるので，あまりすすめられない．

　褐変しやすいレンコンやゴボウは，食酢を入れると，褐変が防止できて白く仕上がる．ぬか，米のとぎ汁，デンプンはタケノコやダイコンのあくを吸着して除く効果があり，酒，香辛料，酢は，魚の生臭みを消す効果がある．また，ミョウバンは，栗などの煮くずれ防止効果があることが知られている．

2） 蒸す（steam）

i） 特徴と主な操作手順　　水蒸気のもつ潜熱（2.3 kJ/g）を利用して加熱する調理法である．水蒸気の対流によって加熱されるため，溶出成分が少なく，食品の持ち味や栄養成分が残りやすい．また，食品の型くずれが少なく，菓子やしゅうまいを形よく蒸し上げることができる．ただし，途中で調味しにくく，材料の鮮度が悪いと生臭みが残りやすいのが欠点である．

　蒸し器の下鍋に水を 2/3 ほど入れ，蒸し始めは火を強くする．水蒸気は食品が冷たいと結露しやすいので，火を強くし蒸し物が水っぽくなるのを防ぐ．その後の火加減は蒸し物の種類によって変え，卵料理にすが入ったり（すだちが起きたり），肉が縮んだりするのを防ぐ．蒸し器，せいろ，蒸篭（チョンロン）がないときには，深鍋に中敷きを敷いて代用したり，電子レンジを使えばよい．

ii） 蒸し物の種類と温度

① 85〜90℃：　茶わん蒸し，卵豆腐，カスタードプディングなどの卵料理はごく弱火で蒸す．温度が 90℃を超える場合はふたをずらして調節する．

② 90〜100℃：　しゅうまい，まんじゅう，蒸しパン，蒸しカステラ，蒸しいも，魚肉の酒蒸し，スープ蒸しなどは中火から強火で蒸す．

③ 100℃：　おこわはもち米を十分吸水させ，途中で不足分の水をふり水しながら強火で蒸し上げ，米重量の 1.7〜1.9 倍とする．

④ 電子レンジ：　蒸し調理に近い加熱法なので，ジャガイモ，カボチャ，キャベツ，鶏肉，もち米など電子レンジに向く素材に使うとよい．白身魚のレモン蒸しや白菜の重ね蒸しなどのヘルシーメニュー，病人や老人向きの個食メニューにも対応できる．弱火で蒸す卵料理は，基本的に電子レンジに不向きである．

3） 炊く（boil rice）

　「炊く」は，米の加熱調理に使われる専用言葉である．外国ではパスタをゆで

るように米を加熱することもあるが，わが国ではうるち米を「炊き干し法」で炊いて常食としてきた．炊き干し法は，米を吸水，糊化させ，最後にむらして干し上げ，ふっくらとべたつかない米飯をつくる作業であり，水かげん，火かげんが要求される操作法である．

4）煮る（boil, stew, braise）

i）煮物の種類　煮物には魚の煮つけや炒め煮のように短時間で仕上げるものと，ビーフシチューのようにとろ火で長時間煮込むものがある．前者の煮物には食材が重ならず煮汁が濃縮しやすいように，浅くて底径の広い鍋を使い，後者の煮込みには寸胴の深鍋を使うとよい（図 5.15，5.4 節 f 項参照）．

煮物は煮詰め方によって，仕上げに煮汁を残さないもの（煮つけ，照煮，佃煮など），煮汁を適量残すもの（含め煮，煮浸しなど），煮汁を利用するもの（シチュー，おでん，沢煮など）に分けられる．また，揚げたり，炒めたりした後に煮込むもの（炒め煮；braise）がある．炒めてから煮る場合や煮汁をかけながら煮る場合には，雪平鍋のように間口が広く操作しやすい鍋を使うとよい．魚を何枚も並べて煮たい場合には，鍋底の広いフライパンを使うこともできる．

ii）特徴と主な操作手順　水，だし汁，調味液の中に食品を投入し，加熱しながら味つけをする調理法で，種類が多い分だけ操作法は多種多様になる．

うま味を逃がさず短時間で煮上げたい魚介や肉類は，調味液を沸騰させてから入れる．いも類や根菜類は水から加熱し（下煮し），軟らかくなってから調味す

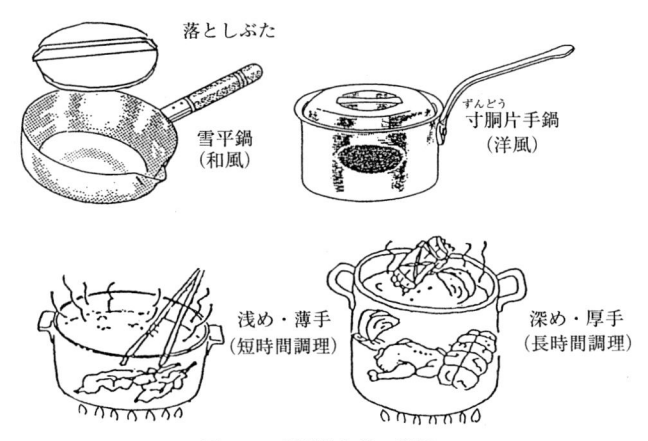

図 5.15　調理法と鍋の選択

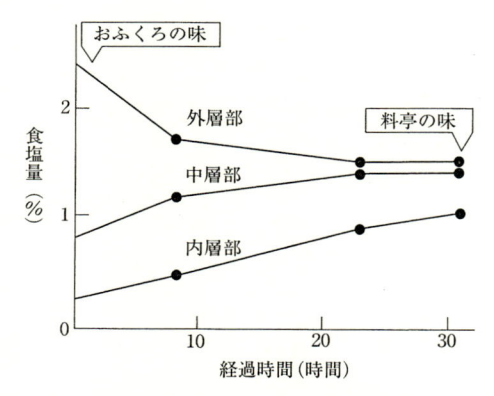

図 5.16 いもの中の食塩の移動状態[19)]

る．沸騰が強過ぎると，対流によって食品が動きやすく煮くずれやすいので，弱火でゆっくりと煮る．

　加熱により細胞膜が半透性を失い，調味料が食品の内部に移動しやすくなっているが，食品の内部にまで味が浸透するには加熱時間が足りないことが多い．そこで，味の浸透をよくするために隠し包丁を入れたり，分子量の大きい砂糖を先に加える手法が使われている．消火し放冷している間に調味料が浸透し，翌日の方が味がしみておいしくなる現象は「ソレー効果」として知られており，専門料理店では前日から仕込みをし，加熱と放置を繰り返しながら味を均一化する手法が使われている（図 5.16）．

　煮汁の量は多い方が管理が楽なようであるが，食品からの成分流失が増え，調味料の無駄も多いので，食品の高さの 1/2 くらいの少なめの煮汁とし，汁をかけながら煮上げることが多い．この場合，落としぶたをすることが不可欠で，落としぶたがあると放っておいても食品の上部まで煮汁がまわり，調味料の浸透が均一になる．

5）加圧加熱

i）特徴と主な操作手順　高圧で水の沸点が上昇する性質を利用し，120℃前後の高温で短時間に加熱する調理操作法である．蒸気が密封されると圧力鍋の内部圧力は 1.15〜2.3 気圧，水の沸点は 115〜125℃にもなるので，二重，三重の安全装置がほどこされ，安全基準に合格したことを示す PSC（特定製品）マ

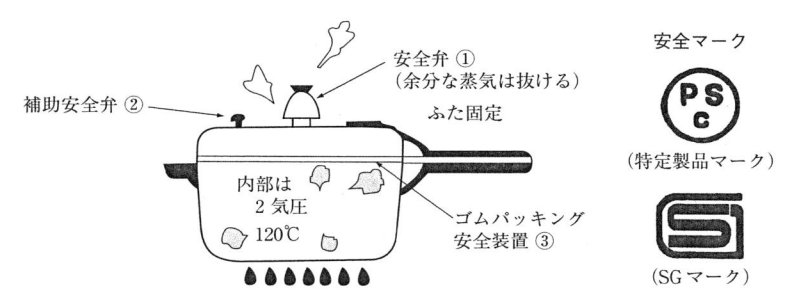

図 5.17 圧力鍋の内部圧力と温度

ーク,SG(Safety Goods)マークが製品につけられる(図 5.17).

消火した後も約 10 分は沸騰が続くため,加熱時間は約 1/3 になり,燃費はさらに少なく約 1/4 になると報告されている.中が見えないため,使い慣れないと煮くずれてしまうこともあるが,軟化しにくいすじ肉,豆,玄米などを加熱するのに便利で,魚は骨まで食べられる.資源が有効利用でき,省エネになるので,加圧加熱法は環境を守る上でも推奨したい調理法である.

b. 油系加熱

1) 揚げる(deep-fry)

i) 特徴と主な操作手順　揚げ操作法は,150〜200℃に熱した多量の油中に食材を投入して加熱する方法で,操作中に食材および衣から激しく水分が蒸発し,代わりに揚げ種の表面付近に油が吸収され,水と油との交代が進む(図 5.18).水分を失った揚げ種が油の上面に浮き上がり,適度な焦げ目がつくと,揚げ上がりとなる.

パリッとした食感,焦げ風味,油のこくが加わって特有のおいしさをもち,つくりやすく食べやすい揚げ物は,若者を中心に人気が高い.ただし,味落ちが激しく,衣が湿ると油っこく感

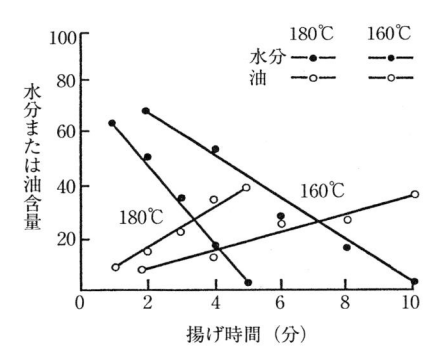

図 5.18 ポテトチップの水と油の交代(180℃および 160℃でポテトチップを揚げた場合)
浜田滋子:調理科学,3 (1),31-37,1970

じる．できるだけ揚げたてを食べるよう工夫したい．
ii) 操作上の注意
① 揚げ種：　高温で短時間に仕上げる調理法なので，火が通りやすいように揚げ種は小さく切り，火が通りにくいものは低温から揚げ始める．

② 天ぷらの衣づくり：　薄力粉と冷水を使い，太い箸でさっくりと混ぜてグルテンの粘りが出ないようにすると，水と油が交代しやすく，華が開くような衣になる．すばやく衣をつけ，170～180℃を維持して揚げる．

③ 温度管理：　媒体となる油の比熱は約 0.47 cal/g・K と水の半分しかなく，熱しやすく冷めやすい．揚げ種の水分蒸発によって油温が低下しやすいことが，揚げ操作の最大の難点である．引き上げる際の温度が低いと，油切れが悪くカラッと仕上がらないので，油量を多く，火力を強くし，投入する揚げ種の量を制限する．

揚げ温度を自動的にコントロールできるフライヤーを利用すると，温度管理は楽である．また，加熱し過ぎると自然発火して危険なので，250℃付近で自動消火する火災防止機能がついたこんろも増えている（図 5.19）．

④ 油の管理：　揚げ操作中に油は劣化して次第に着色し，泡立ち，粘度を増す．油が劣化すると油切れが悪くなるので，揚げかすをこまめに取り除き，さし油をして油の疲れを回復する．

iii) 揚げ物の種類と吸油率
周囲につける衣によって，揚げ物には表 5.9 のような種類がある．素揚げやから揚げは，揚げ種の表面が脱水収縮して食品が硬くなりやすい．衣の層があると内部温度は 60～70℃と低く蒸し煮状になるの

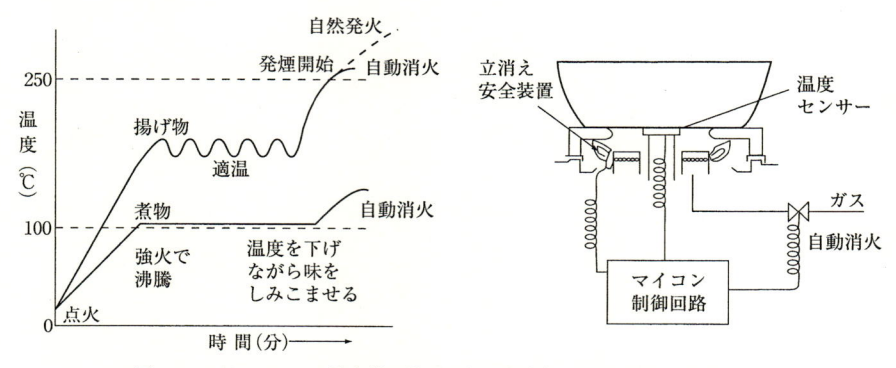

図 5.19　ガスこんろの油火災・焦げつき・立消えの防止つき自動調理回路

表5.9 揚げ物の種類

種類		衣	主な揚げ種	適温(℃)	吸油率(%)
素揚げ		なし	ピーマン，ナス，青ジソ，ジャガイモ（丸，チップス）	150～160	3～10
衣揚げ	から揚げ	片栗粉 小麦粉	鶏肉，カレイなどの魚	約180	約5
	天ぷら	小麦粉・卵・水	野菜，かき揚げ キスなどの魚，えび	約170 約180	約10
	フライ	パン粉	えび，カキ，豚肉，鶏肉 タマネギなどの野菜	約180	約15
	フリッター	小麦粉・卵白・水	キスなどの魚，えび バナナ，リンゴなどの果物	160～170	約10
	変わり揚げ	道明寺 はるさめ・そうめん ゴマ・ナッツ	えび，白身魚 えび，白身魚，栗 鶏ささ身，牛肉，魚，えび	160～170	約15

で，揚げ種に水分が残り軟らかく仕上がる．

　魚介類，肉類，野菜類から菓子，山野草にいたるまで，揚げ物にできる食材は多い．うま味を濃縮したい鶏肉や冷凍魚はから揚げにし，えび，貝，小魚などは身が縮むのを避けるために，天ぷらやフライにするとよい．

　素揚げとから揚げの吸油率は5％前後であるが，衣の吸油率が大きいため，衣揚げは10～15％の吸油率になることが多い．

2）炒める（stir-fry）

ⅰ）特徴と主な操作手順　　炒め操作法は，鍋に材料の5％前後の油を敷き，200～300℃またはそれ以上の高温に熱した中に食品を投入し，強火で一気に加熱する調理法である．かき混ぜたりゆり動かして，絶えず鍋肌に接する部位を入れかえる操作に特徴があり，食品が油と空気の双方を往復しながら加熱されるので，炒め操作法は揚げと焼きの中間的な調理法ともいわれる．

　炒め操作時に加える油脂は，食品の動きをスムーズにし，風味とつやを与える．揚げ物のように多量の油を必要とせず，すばやく調理でき，あらゆる食材に適用できる炒め物は，家庭内で最も頻度高く登場する調理法である．高温・短時間で調理するので，色鮮やかで食品成分の溶出が少なく，ビタミンの安定度も高い．

ii) 操作上の注意

① 食材： 材料は小さめに切りそろえ，調味料も計っておく．火の通りにくいものから炒めるか，前もってゆでるか，油通しする．120℃付近の低温の油で揚げる油通しをすると，魚肉は軟らかく，野菜は色鮮やかに仕上がるので，中華料理ではよく行われる．炒める食材は数種を組み合わせることが多い．

② 加熱： 鍋肌を熱して油をなじませておく．食材の3～10%の油を加え，火かげんは強火とし，投入する食品の量は，攪拌しやすいよう鍋容量の1/2以下とする．鍋の温度が下がると放水量が増え，煮物のようになって炒め物のよさが半減するので，高温で調理できるよう配慮する．フッ素樹脂加工したアルミ製フライパンより，鉄・ステンレス・チタン製のフライパンや中華鍋の方が鍋肌が高温になり，炒め物に向く（表5.13参照）．

③ 調味： 炒め物は，食品の表面に油膜ができて味がつきにくいので，下味をつけたり，とろみづけをして味を絡ませる工夫が必要である．炒めた後に煮たり炊いたりする操作法を組み合わせることもある．炒め煮は，炒めることによって肉のうま味を閉じこめ，野菜を色つやよく仕上げることができる．バターライスは，炒めることによって米の粘りを抑え，油やバターのこくと風味を加えることができる．

c. 空気加熱

空気加熱とは，水や油を熱の媒体としない加熱法であり，通常「焼く」といわれる加熱操作を指す．熱源から食品への熱の移動には，熱源や熱せられた金属などからの対流伝熱，放射伝熱および伝導伝熱が複合して関わる．この加熱法は水を媒体としないので，乾式加熱である．

水系加熱の場合は，加熱される食品の表面温度は100℃以上に上昇しない点が特徴であった．また，油系加熱の場合，表面温度は130～180℃程度であった．それに対し，焼く場合の食品の表面温度は，目的により100～250℃程度の広範囲の温度が適温である．したがって，目的に応じた温度コントロールが重要であり，それにより調理品の外観や食味が大きな影響を受ける．また，他の加熱法に比べ，焼く操作を行っている場合は，外部に放散される熱が多いため周辺部が暖まる．つまり，食品の加熱に直接利用される熱の量は少なく，効率が悪いといえる．

以上のように，焼く操作は温度管理が困難であり，熱効率が劣るにもかかわらず，古来延々と継承されてきた．その理由は，食品表面の水分が著しく蒸発して100℃以上になることにより独特の焦げ目や香り，食感が得られること（例：トースト，焼き魚），材料特有の風味，持ち味が生かされること（例：焼きなす，うなぎの蒲焼き），形や組織がくずれにくく，味が濃縮されうま味の損失も少ないこと（例：焼きいも，ローストチキン）などの利点をもつからである．

他の加熱法との比較として，図 5.20 にサツマイモの例を示した．重量は，湿式加熱である「ゆでる」操作の場合は吸水により増加するが，焼く操作の場合は

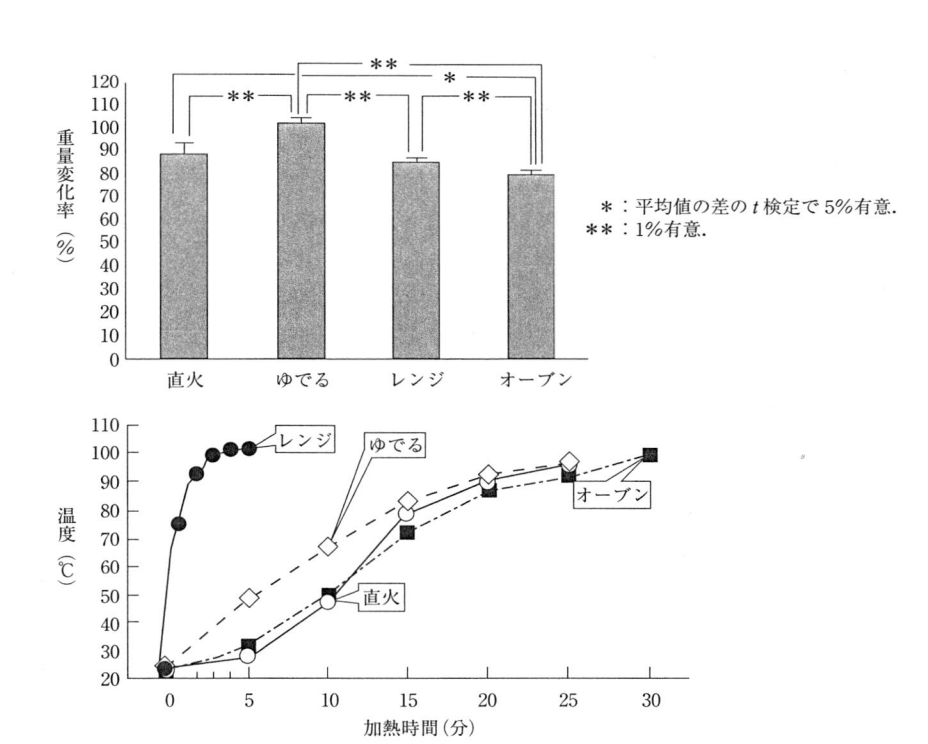

* ：平均値の差の t 検定で 5% 有意．
** ：1% 有意．

図 5.20 サツマイモの加熱方法別内部温度の昇温過程および加熱後の重量変化率
一個あたり 280 g のサツマイモを，串が通るまで加熱．各々 4〜6 個の平均値．
レンジ：ラップフィルムで包み，600 W 電子レンジで加熱．
ゆでる：沸騰水中で加熱．
直火：アルミ箔で包み，ガス火で加熱した魚焼き網上で焼く．
オーブン：強制対流式ガスオーブンを用い，200℃で焼く．

水分蒸発量が多いので減少する．いもの中心部の温度は，いずれの場合も水分が残存しているので100℃以上に上昇することはない．しかし，加熱速度は電子レンジが著しく速く，焼く場合には中心部は非常に緩慢に加熱される．

1) 焼く場合に起こる化学変化の特徴

焼きメレンゲのように，乾燥を目的として焦げ目をつけない場合を除けば，焼く操作のポイントは，食品表面の「焦げ」をいかによい状態に仕上げるかであるといえる．焦げは，次のような化学変化が総合することにより生じる．

i) 糖類のカラメル化 砂糖もしくは糖類は，170℃付近の温度になるときつね色に変化し，よい香りが生じる．これは数種の糖の脱水縮合物や重合物が混合したカラメルが生成されるためである．ただし，この反応は200℃以上になると，次第に炭化へと進行する．

ii) 脂肪の加熱による香りの生成 脂肪は，150℃付近の温度に加熱されると分解され香りを生じる．最も好ましい香りが生じる温度は170〜180℃である．すき焼きの牛肉の香り，ムニエルの焦がしたバターの香りなどがその例である．ただし，焦がし過ぎると不快臭や煙を発生する．

iii) アミノカルボニル反応 糖類とタンパク質が共存する場合，150℃付近の温度になるとメラノイジンという茶褐色の香味物質が形成される．魚の照焼き，ホットケーキの焦げ目などがその例である．

2) 焼く場合の食品の最適温度範囲

以上のことから，焼く調理では温度や加熱時間の調節に気を配り，焦がし過ぎないことが肝腎である．適度の焦げ目を得るには表面温度を150〜200℃に保つように火力を調節する必要がある．また，食品の表面と内部の温度差が大きいため，両者の状態が最適に達した時点で焼き終わる必要があり，焼き終わりの判断も重要である．

3) 焼き物の種類

焼き物の種類は表5.10に示したように，直火焼きと間接焼きに大別できる．

i) 直火焼き 直火焼きは，開放された空間で網や串を用いて食品を直接熱源にかざして焼く方法である．熱の伝達は，熱源から放射される電磁波が食品に吸収されること，すなわち放射伝熱による．

魚を焼く方法としては，七輪を用いて炭を加熱し，「遠火の強火」で焼くとおいしいといわれている．その理由は，炭を熱すると300〜600℃の高温を持続す

表5.10 焼き物の種類

分類	焼き物名	食品および調理例	特徴および注意点
直火焼き	串焼き	魚の姿焼き，焼き鳥	形を保つことができる
	網焼き	焼きなす，焼きもち，バーベキュー	
	つるし焼き	焼き豚，北京烤鴨子（北京ダック）	大きな塊のまま焼く
	機器焼き	トースト，焼き魚，田楽	トースター，グリル，ロースターなどを使用，両面焼きの場合は裏返す必要なし
間接焼き	熱板焼き	ビーフステーキ，焼き肉，ムニエル，ホットケーキ，卵焼き，クレープ	通常裏返しは1回
	オーブン加熱	ケーキ，クッキー，パン，パイ，ローストビーフ，ベイクドポテト，グラタン	動かさずに加熱
	包み焼き	ホイル焼き，奉書焼き	香りを封じ込めることができる，蒸し焼き状態
	煎り焼き	ゴマ，けしの実，麻の実，ギンナン，大豆，ごまめ	鍋やほうろくの中で，動かしながら加熱
	石焼き	石焼きいも，甘栗	小石，砂などを熱媒体として加熱

ることが可能であり，炭火からやや距離をおいた200℃程度の位置で加熱を行うことにより魚の表面が急速に熱凝固するので，うま味が魚の内部に残るからである．

　赤く熱した炭火からは電磁波の一種である遠赤外線が多量に発生することも，おいしく焼ける理由であると説明されている．遠赤外線（波長が3 μm 以上の赤外線）は，非常に食品に吸収されやすい特性をもっている．したがって，食品のごく浅い表面付近で効率よく熱に変わるため，速やかに食品表面に適切な焦げ目がつく．また，食品の内部温度が上がり過ぎないので水分の減少が抑えられる．つまり，表面はパリッと，内部はしっとりしたおいしい状態に焼き上がる．

　炭火と同じように，熱すると遠赤外線を発生する性質をもつ物質にセラミックがある．もち焼き網や魚焼き網に白色の液をコーティングしたものはその一例である．熱源の炎などにより網のセラミックを熱し，網の全面から発生した遠赤外線によって食品を焼くものである．最近のオーブントースターにはセラミックでつくられた遠赤外線ヒーターを用いたものが多く，パンの表面には適度な焦げ目がつき，内部は軟らかいトーストが焼ける．

　家庭用の魚焼き機器としてはガスこんろに併設されたガスグリルを用いること

が多い．近年，ガスグリルの消し忘れによる火災の発生が多いことから，これを防止するために自動消火機能を備えた機種が出回っている．煙を分解する機能を備えた機種もある．

ii) 間接焼き 間接焼きは，熱源の発する熱によって温められた金属板やオーブンなどの器具を介して食品を焼く方法である．

① **熱板焼き**： ステーキを焼く場合のように，熱い鍋や金属板に直接食品をおいて焼く方法である．熱は主に伝導伝熱によって食品に伝わる．鍋や金属板の厚さは厚い方が，材質としては銅が適している．厚い物は熱容量が大きく，銅は熱伝導率が大きいため，温度分布が均一になり焼きむらが生じにくいからである．

熱板焼きでは，金属板などに接触する面は高温になるため水分が蒸発して硬くなり，焦げ目も生じる．しかし，食品上面は温度が低いので，途中で裏返して加熱する必要がある．この場合，裏返すタイミングや鍋ぶたの有無が，調理品の内部温度の分布や，でき上がりの外観にかなり影響する．たとえば，フライパンを用いてハンバーグステーキを焼く場合，鍋ぶたなしではハンバーグステーキ内部に病原性大腸菌O157（オー）が死滅しないで残存する可能性がある[20]．牛ひき肉を用いた焼き物調理においては，内部温度が75℃以上に達していることを判別するために，焼き終わり前に竹串などをさし込んで透明な肉汁が出ることを確認する方法が食品衛生上必要である[21]．

肉や卵などのタンパク質食品には金属に密着しやすい熱凝着という性質がある．熱凝着とは，タンパク質が加熱されると分子の結合が切れたり解（ほど）けたりし，生のときにはみられなかった活性基が表面に多く現れて金属などに結合する性質のことである．この反応は50℃付近から生じ，温度が高いほど顕著に起こる．そこで，鍋や金属板で焼く場合は油をひき，熱した油の上に食品をおいて焼く．油は食品と金属との間に膜を生じて，熱凝着を防止する．

フッ素樹脂を表面にコーティングしたフライパンなども熱凝着が起こりにくい．通称テフロン®加工と呼ばれるものはデュポン社のフッ素樹脂加工の登録商標である．フッ素樹脂は炭素原子とフッ素原子が結合した物質であり，摩擦が小さく表面のすべりがよいという性質をもっているので熱凝着を防止できる．したがって，焼き物に使用する油脂の量を減らすことが可能であるので，焼き物料理を低カロリー化できる利点もある．ただし，フッ素樹脂は260℃以上で長時間加

熱するような空だきや金属へらによる摩擦により損傷しやすいので，使用の際に注意が必要である．

ホットプレートや焼き肉プレートは，フッ素樹脂加工を施し，温度調節機能を備えた機種が近年多く出回っており，便利である．

② オーブン加熱：　オーブン加熱は高温の閉ざされた空間内に食品をおいて焼く方法であり，大きい食品や，種々の焼き型を用いた料理など，さまざまな形態の焼き物に使用されている．食品への熱の伝達は，周囲の空気からの対流伝熱，庫内壁面からの放射伝熱，および天板からの伝導伝熱が複合して行われる．

オーブン加熱の場合の加熱条件について，料理書には「何度のオーブンで何分間焼く」といった記載が一般的である．しかし，実際にはオーブンの機構が異なると焼き時間や焼き色の程度に大差が生じる．これは，オーブンの熱源の種類（ガスか電気か），熱風を強制的に対流させる強制対流式かどうか（ファンの有無），オーブンの構造や大きさなどによって，熱の伝達量や伝達法が異なるためである．

図 5.21 は，機構の異なるオーブンを用いてケーキを焼いた場合の，庫内温度と焼き時間との関係を比較した結果である．この図から，強制対流式と自然対流式とでは焼き時間，庫内温度が同じであっても，焼きかげんがかなり異なることが容易に推察できる．なお，焼き色については，ケーキ中心部の温度が同じであっても強制対流式オーブンや電気オーブンは焼き色がつきやすいことが知られている．熱の伝達方法としては，強制対流式の場合は対流伝熱による熱伝達の割合が大きく，電気オーブンの場合は放射伝熱による熱伝達の割合が大きいことが知られている．

強制対流式オーブン（コンベクションオーブン）は，風速の強弱が焼き上

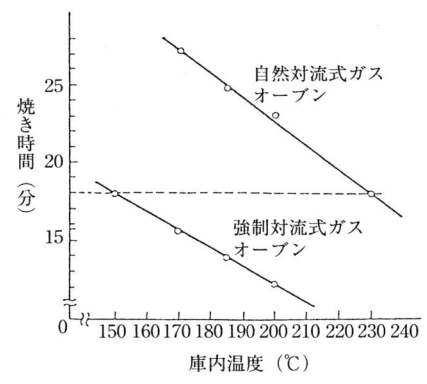

図 5.21　庫内温度とスポンジケーキの焼き時間の関係[22]

直径 12 cm のケーキ型で 120 g の種を焼き，中心部が 97℃になるまでの焼き時間．このケーキを 18 分で焼くには，自然対流式オーブンでは庫内温度 230℃，強制対流式オーブンでは 150℃でよいことがわかる．

がりに影響を与える．この機構のオーブンは，販売開始当初には短時間で焼き上げることを重視した風速の強い機種が主流であった．しかし，とくにケーキのように膨化を目的とする焼き物の場合は，温度が急速に上昇すると表面部分が早く焼き固まるために膨化が抑制されることがある．したがって近年は，風速のやや弱い機種が開発されている．

　オーブン加熱については，あらかじめ庫内を予備加熱しておくことが常識的である．しかし，強制対流式ガスオーブンのように点火直後の庫内温度の上昇（温度の立ち上がり）が速い機種については，低温長時間で焼く場合（大型のケーキなど）には予備加熱の影響はほとんどみられない．高温短時間で焼く場合（小型のパイなど）は加熱時間をやや延長する必要があるが，膨化に支障をきたすほどの影響はない．一方，業務用に用いる大型の自然対流式電気オーブンの場合は，温度の立ち上がりに長時間を要するため，予備加熱は必要であると考えられる．したがって，予備加熱についてはオーブンの機種や加熱対象物によって必要性の有無が異なることを理解し，熱源の無駄にならない範囲内で行うことを心がけたい．

　オーブンには電子レンジ機能を搭載した機種がある．この機種は，一般にガスオーブンの場合はコンビネーションレンジ，電気オーブンの場合はオーブンレンジと称し，オーブン加熱と電子レンジ加熱を同時に用いる新たな利用法が考案されている．また，掃除しやすい機能としてセルフクリーニング加工（SC）がある．SCは庫内壁面に特殊な触媒を塗布し，200℃以上に加熱した際に油汚れが自動的に分解される機能である．

　以上のことから，オーブン加熱については使用者が各機種ごとの特徴を理解し，調節しながら使いこなす必要があるといえる．

　③　その他の間接焼き：　包み焼き，煎り焼き，石焼きなどがある．特徴などは，表5.10に記載した．

d.　誘電・誘導加熱

　20世紀後半に，電子レンジと電磁調理器（IH加熱器）が相次いで市販され，誘電・誘導加熱法が加熱調理に取り入れられるようになった．誘電加熱方式は電気エネルギーを使って「食品を直に誘電加熱」する方法であり，誘導加熱方式は電気エネルギーによって「金属鍋を直に誘導加熱」する方法である．外部で熱を

発生することがないこれらの「火のない」加熱法には，従来の加熱法にない多くのメリットがあり，欠くべからざる加熱法として定着した．

電子レンジには電磁波が周囲の物質を振動させて熱に換えていく誘電加熱の原理が，IH加熱器には電気エネルギーが電気・磁気と変換しながら熱エネルギーを生み出す電磁誘導加熱の原理が使われている．これらの加熱法を理解するために，ここでは電磁波の基礎，電磁波や電気エネルギーの利用について解説し，誘電加熱方式と電子レンジ，誘導加熱方式と電磁調理器については，改めて5.4節c項で詳しく説明する．

1) 電磁波の利用

すべての物質は絶えずエネルギーを放出している．そのうち多量の放射エネルギーを放出するものが加熱用に利用されてきた．熱線として加熱調理や暖房用に親しまれてきた赤外線や遠赤外線（$10^{12} \sim 10^{14}$ Hz）も，熱エネルギーを放出する電磁波の仲間である（図5.22）．

800℃に赤熱した炭火の表面から出る赤外線や遠赤外線は，魚の表面で速やかに吸収され，短時間で表面のタンパク質を凝固して焦げ目をつける．内部に軟らかさが残るおいしい焼き魚ができると評判になり，赤外線や遠赤外線を放射する熱源が，グリルやオーブンに組み込まれるようになった．

長距離通信用に使われていたマイクロ波（$10^8 \sim 10^{12}$ Hz）が電子レンジに使わ

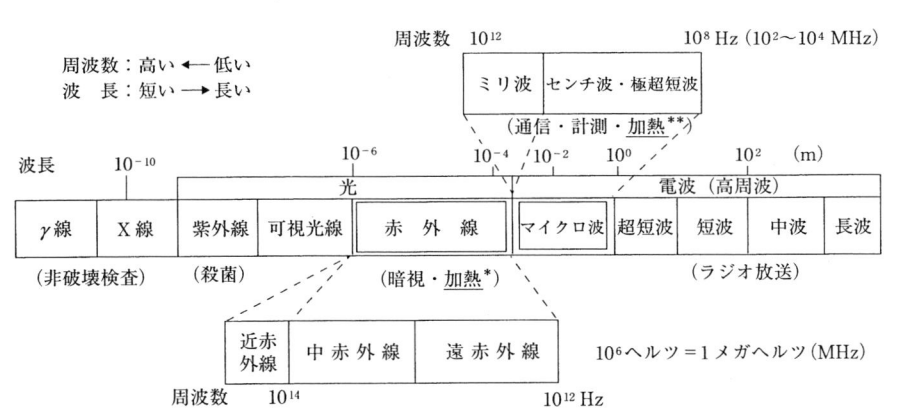

* 中・遠赤外線加熱の用途：グリル・オーブン調理，暖房など
** マイクロ波加熱の用途：電子レンジ調理，温熱療法（医），乾燥・殺菌（工業）など

図 5.22 電磁波の分類と用途

れ，また 10^4 Hz 付近の高周波が電磁調理器に使われるに及んで，加熱分野への電磁波の利用はますます本格的なものになった．赤外線は物質の表面で吸収され，分子運動を起こして温度を上げ，マイクロ波は物質の表面から内部にかけて吸収され，分子を振動回転させて温度を上げる．

① 電磁波： 交流の周波数を次第に上げていくと，電界と磁界が連鎖しながら空気中を伝わる現象が起き，電磁波が生まれる．図 5.22 のように，周波数の高い方（波長の短い方）から γ 線，X 線，紫外線，可視光線，赤外線，マイクロ波，ラジオ波となり，さまざまの用途に使われる．

② 赤外線： 可視光線より長い波長をもち，物質の表面で吸収されて熱に変わる赤外線，遠赤外線が，食品加熱の目的で広く使われてきた．ガスバーナーや電熱ヒーターにセラミックや石英管などを取りつけて赤熱し，赤外線の放射量を増やしたグリルやオーブンは多い．

2）電気エネルギーによる加熱

① 電気抵抗によるジュール熱を利用した電熱ヒーター，② 誘電加熱方式を利用した電子レンジ，③ 誘導加熱方式を利用した電磁調理器が電熱加熱の代表格である．電熱ヒーターは火力が弱く見劣りがしたが，電子レンジや電磁調理器が普及し，電熱器のイメージが変わってきた．

① ジュール熱の利用： 電気抵抗のある物体に電流を流すと熱を発生する．この原理を加熱器に応用したもので，電気抵抗と発熱量との関係（ジュールの法則）を導き出した人の名をとって，発生した熱をジュール熱と呼ぶ．最初はニクロム線が発熱体として使われたが，切断しやすいので，周囲を金属パイプで覆ったシーズヒーターが使われるようになった（図 5.23，表 5.11）．

② 誘電加熱の利用： 電子レンジにはマイクロ波を照射して食品を誘電的に加熱する誘電加熱の原理（電磁波のエネルギーを熱エネルギーに変える）が使われている．マイクロ波は食品の数 cm 内部まで浸透して吸収され，食品内の分子を振動させて熱に変える特性がある（図 5.25，表 5.12）．

③ 誘導加熱の利用： 電気エネルギーが電気・磁気と変換しながら熱エネルギーを生み出す電磁誘導の原理を利用したもので，磁性をおびる鍋と一体になって使用される．鍋自体が発熱し，熱効率が約 85% と高いところに特徴がある（図 5.24，表 5.11）．

5.4 エネルギー源・加熱調理機器

暖をとり，煮炊きし，灯りをとるために欠かせない「火」は，生活のシンボルであり，産業を育てる原動力でもある．石油や石炭がエネルギーとなって産業革命が始まり，ガスと電気の導入が台所革命という一大旋風を巻き起こした．

薪(たきぎ)，木炭，石炭などの固体燃料，石油，灯油などの液体燃料，都市ガスなどの気体燃料および電気のエネルギーが，調理用と暖房用に使われてきた．薪，草木，木炭などの固形燃料が使われた時代は長く，いろりを囲んで暖をとりながら煮ものをし，かまどと羽釜のコンビで飯炊きをする光景が近代まで続いた．ガスと電気が普及したのは 20 世紀になってからである．

かつて，煙や臭いでむさくるしい調理の場は北向きの奥に配され，台所をあずかる者は暗く寒い土間で作業せざるをえなかった．冷たい土の上にしゃがんで薪を燃やし煮炊きしていた女性たちにとって，点火が容易で青く燃え続けるガスの炎や，欧米並みのスマートな電化キッチンは強いあこがれの的であった．やがて，薪よりガスの方が震災に強く，都市づくりの上でも都合がよいことが認められ，第二次世界大戦後，女性の地位向上とともに急速に普及していく．ガスと電気の登場は，生活史を大きくぬり変え，女性を解放する糸口になったといっても過言ではない．たった半世紀前のことである．

幾多の歴史を経て，便利な電気・ガス機器類と，システム化されたキッチンを手にしたことを，私たちは忘れてはならない．

a. ガスこんろと気体燃料

2〜4 口の火口とグリルがついたガステーブルこんろは，あらゆる調理に向き使用頻度が高い．燃料ガスには，製造方法や燃焼性の違う各種の都市ガスとプロパンガスがある．

1) ガスこんろ（ガステーブル，ガスレンジ）

2000〜2500 kcal/h の標準バーナーと，3000 kcal/h 以上の強火バーナーが組み合わされたガステーブルこんろが多く，4000 kcal/h 以上をハイカロリーバーナーと呼ぶ．なお，こんろとオーブンの一体型はガスレンジと呼ばれる．

2) 都市ガス

石炭や石油を分解してつくられる都市ガス（6B など）と，液化天然ガスを主

原料とする都市ガス（13Aなど）があり，ガス管を通して家庭に届けられる．液化天然ガスの主成分はメタンで，13Aは燃料ガスの中で最も使用頻度が高く，発熱量が大きい（A, Bの前の数字は発熱量を示す）．

3) プロパンガス

液化石油ガスの総称で，主成分はプロパン，ブタンである．加圧液化しボンベに詰めて家庭に届けられ，都市ガスの配管されない僻地にまでガスを普及させた．都市ガスが空気より軽いのに対して，プロパンガスは空気より重く，下にたまる性質がある．

b. 電気こんろ

電気エネルギーは火力が弱く電気代が高いという理由から，「照明は電気，熱源はガス」の時代が長く続き，熱源への利用は遅れた．20世紀後半の1955（昭和30）年，炊き上がると自動的にスイッチが切れる電気釜（後の炊飯ジャー）の大ヒットによって状況が一変し，それを契機に熱源を内蔵した調理機器類：トースター，電子レンジ，オーブンレンジ，ホットプレート，ジャーポット，湯沸し器などが続々と登場した．テーブル型の本格的な電気こんろが，電化マンションを中心に普及し始めたのはごく最近のことである．図5.23，表5.11にガスを含めた代表的な調理用熱源と，その加熱特性を示す．

1) 電気こんろ（クッキングヒーター）

卓上型，テーブル型，オーブン一体型があり，クリーン，安全，清掃性のよさにより，電化マンションを中心に普及が拡大している．シーズヒーター，エンクロヒーター（ニクロム線を絶縁粉末と金属で覆い保護したもの，前者はコイル状，後者は円盤状），ハロゲンヒーター（赤い光と立ち上がりの速さを誇る），IHヒーター（誘導加熱方式採用，後述）を使った各種の機種がある．

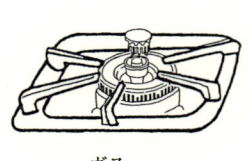

| ガス | 電磁調理器(IH加熱器) | シーズヒーター |

図5.23 代表的な熱源

表5.11 熱源別の加熱特性

	ガス	IH加熱器	シーズヒーター
加熱方法	対流熱＋放射熱	電磁誘導	伝導熱＋放射熱
火力と即応性	標準 2000～2500 kcal/h ハイカロリー 4000 kcal/h 以上	火力が強く，熱応答性もよい	立ち上りの火力は弱い
安全性	強制換気が必要になる	空気はクリーンに保て，立ち消え・引火の心配がない	空気はクリーンに保て，立ち消え・引火の心配がない
熱効率	約 45%	約 85%	約 70%
手入れのしやすさ	掃除がしにくい	表面を拭くだけで手入れできる	一般に手入れはしにくい
余熱	ほとんどない	ある	ややある
使用鍋，その他	鍋による影響がない 炎をみながら火力調整できる	平底磁性体鍋を使用	平底鍋を使用

2) 熱効率

熱の利用効率を示す値で，薪は20%前後，ガス40～50%，シーズヒーター約70%，IHヒーターは約85%になる[*]．熱効率が高いIHの登場によって，電熱でも強い火力が得られるようになった．ガスとほぼ同じ燃費で電熱が利用できるようになり，主要熱源としてクッキングヒーターが今後ますます普及すると予想されている．IH方式は炊飯器，クッキングヒーター，グリル鍋などにも広く採用されるようになった．

$$熱効率(\%) = \frac{調理目的に利用された熱量}{燃料の熱量} \times 100$$

[*] 火力発電用燃料の熱量のうち，電気に変換されるのは約40%に過ぎないので，ヒーター類の熱効率は，70～85%の4割とすべきではないかという主張もある．

c. 誘導加熱方式と電磁調理器 (induction heating, IH heater)

1) 電磁誘導加熱の原理

電磁調理器には，磁力線を発生させ，磁性をおびた鍋自体を発熱させる誘導加熱（IH）方式が使われている（図5.24）．強力な電磁場に物をおくと，フレミングの法則により電気→磁気に変換され，以下の順で鍋底が発熱して熱エネルギーが生み出される．

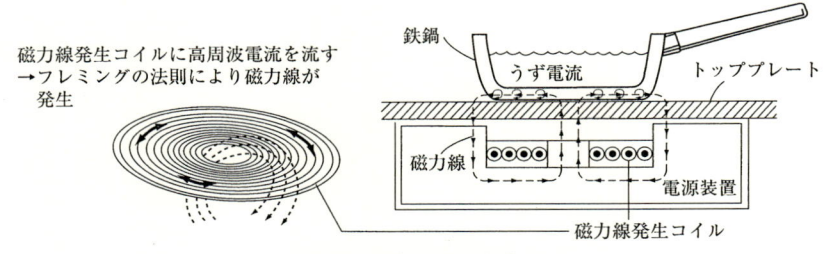

図 5.24　電磁調理器の加熱原理
電磁調理器は磁力線を仲だちとして鍋を誘導加熱する．

　① 磁力線発生コイルに高周波電流を流す．② フレミングの法則により磁力線が発生する．③ 磁力線が鍋底を通過するとうず電流が流れる．④ 鍋底の電気抵抗により熱が発生する．熱効率が80～90％と高いのは，外部で熱を発生させて加熱する従来法に比べてエネルギーの無駄が少ないためである．

2）加熱法の特徴

　熱効率が高いので，火力が強く（高火力），ガス火との燃費の差もほとんどなくなった（経済性）．炎が出ないので廃ガスがなく，立ち消えや引火の心配がない（安全性）．平面プレートのため清掃性もよい（清潔）．ただし，使用できる鍋が，磁性体である鉄，鉄ほうろう，18クロムステンレス，鉄-ステンレス多層鍋などの材質に限られ，平底でないと効率が落ちる欠点がある．一部，アルミニウム鍋や銅鍋にまで鍋の使用範囲を広げた製品も生まれているが，磁性鍋の方が熱効率は高い．

d.　電子レンジ（microwave oven）
1）電子レンジの構造

　電子レンジの構造上，最も重要なのはマグネトロンと呼ばれる発振器で，マイクロ波が照射されると金属壁で反射しながら食品に吸収される．加熱むらを減らすためのファンやターンテーブルが標準仕様として取り付けられていることが多い（図 5.25，図 5.26）．単機能電子レンジのほかに，焦げ目がつけられオーブン料理もできる複合型（オーブンレンジ，コンビネーションレンジ）があり，またマイコンとセンサーがついて自動調理ができる自動タイプが売れ筋商品となっている．

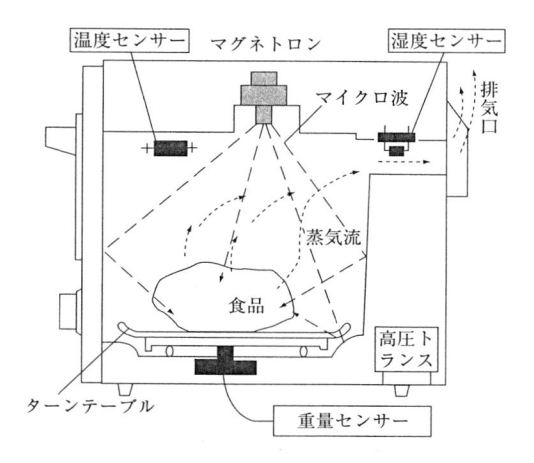

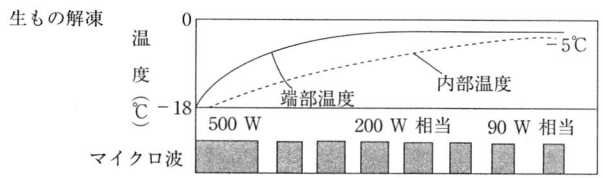

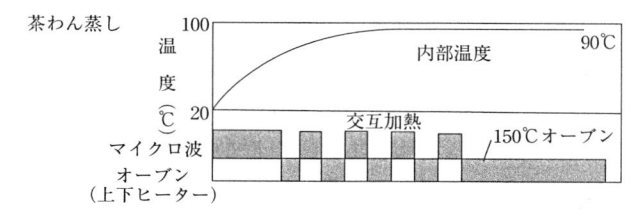

図 5.25 センサーを使った電子レンジの自動調理回路
センサーが食品の重量や仕上がり状況を検知し，マイコンによってマイクロ波の出力や作動時間が設定される．

2) 加熱原理

電子レンジは食品にマイクロ波を照射し，誘電的に加熱する加熱器である．マイクロ波は長距離通信などに使われる電波で，電子レンジに許可されているのは 2450 MHz（メガヘルツ，2450×10^6 Hz）の周波数である．この電波を使うと1秒間に24億5000万回も＋－が反転するので，水をはじめとする食品中の荷電分子は電界の変化に追従して振動回転し，分子間の摩擦によって発熱する．

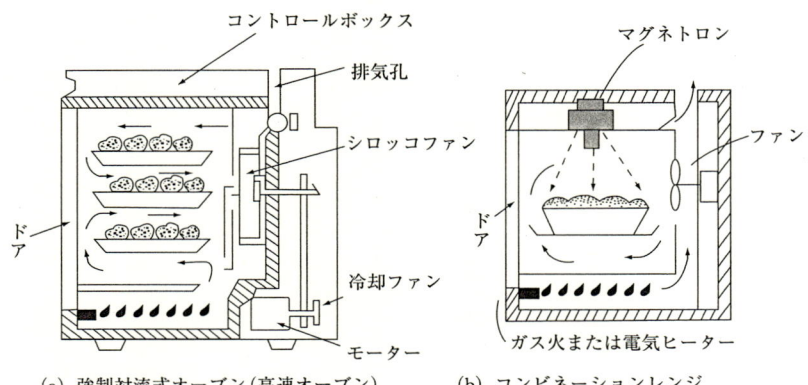

(a) 強制対流式オーブン（高速オーブン）
ファンで強制的に熱風を送る

(b) コンビネーションレンジ
マイクロ波とオーブンの同時使用可
（加熱時間と燃費が 1/2〜2/3 になる）

図 5.26 高速オーブンとコンビネーションレンジ

主な物質の誘電損失係数と電力半減深度を，表 5.12 にまとめて示した．誘電損失係数は電波を吸収した物質の発熱量を示し，電力半減深度（マイクロ波の強さが半分になる深さ）は物質内部への電波の浸透距離を示すと考えてよい．マイクロ波は，空気以外のほとんどの物質を加熱する．容器や包材の電波吸収率は低く大部分の電波を透過してしまう（浸透距離が 1 m 以上と大きい）が，食品には効率よく吸収される．

誘電損失係数と半減深度とはほぼ反比例する関係となるので，損失係数が大き過ぎると半減深度が小さくなり，マイクロ波が物質表面で強く吸収され過ぎて内部まで届かなくなる．油脂，乾燥食品は損失係数が小さく，調味食品，食塩水は

表 5.12 主な物質の誘電損失係数と電波の浸透の深さ[1]

物質名	誘電損失係数	電力半減深度[2]
空気	0	∞
ポリプロピレン・磁器・紙	0.001〜0.1	1 m 以上
油脂類・乾燥食品	0.2〜0.5	20 cm 前後
パン・米飯	0.5〜5	5〜10 cm
魚肉・野菜類・ジャガイモ・水	5〜20	1〜4 cm
ハム・かまぼこ・食塩水	10〜40	0.5 cm 前後

[1] 2450 MHz で測定された文献値，または文献値をもとにした計算値．
[2] 入射した電波が半分に減衰する距離．
肥後温子：*New Food Industry*, **31** (11), 1–7, 1989 の表を簡略化．

大きい．半減深度は乾燥食品（約 20 cm），パン（約 7 cm），米飯（約 5 cm），野菜や魚肉（1～4 cm），調味食品（1 cm 以下）の順となる．

損失係数が大きい塩分を含む食品は，表面付近で電波が強く吸収され過ぎて内部温度が低くなるので，加熱時間が長く必要になる．パンや米飯に比べて，スープが 2～4 倍温め時間が長くなるのはそのためである．

3) 加熱法の特徴
① 食品内部への電波の浸透距離が深く，熱伝導による加熱時間が必要ないので，急速に加熱できるスピード加熱特性と，② 庫内の温度は低く焦げ目がつきにくいが，容器ごと加熱するには適するクール加熱特性，があげられる．水を使わなくても蒸しゆでができるためビタミンの残存率が高く，短時間で加熱できるので省エネ効果がある．再加熱や下ごしらえには最適であるが，糖化酵素が働きにくいのでサツマイモが甘くなりにくいとか，短時間で食材内部まで加熱されるので，パンや中華まんじゅうが硬くなるとか，破裂事故が起きやすいなどの難点もある．

e. オーブン（convectional oven；天火）

ヨーロッパでは古くから，暖炉の火の中に金属製の「焼き物ボックス」をおき，内部に食品を入れて加熱する習慣があった．周囲の熱と食品から発生した蒸気により，密閉された箱の中で食品はしっとりと蒸し焼き状態になる．焼き物ボックスは，強制対流式（コンベクション）オーブンへと発展した．わが国では，電子レンジが一足先に普及していたので，電子レンジ庫内にオーブン機能を組み込んだものが売れ筋となっている．

1) 構造と加熱特性
庫内温度は 100℃ 以下から 300℃ 以上まで設定でき，弱火は温めや卵料理に，中火は菓子づくりに，強火は魚肉料理に利用されるなど用途は多い．

オーブン庫内を一定温度とし，扉を閉めて密閉した状態で加熱するために，食品は四方八方から熱を受けることになり，位置を変えることなく加熱調理できる．食品から出た蒸気によって，蒸し焼き状態になるのが特徴である．

2) コンベクションオーブン，スチームコンベクションオーブン
バーナーの熱をファンで強制的に循環させているコンベクションオーブンは，焼きむらが少なく加熱調理時間も短いので，高速オーブンとも呼ばれる（図

5.26 (a)).現在はこの強制対流式が主流であり,自然対流式オーブンは少ない.蒸気加熱を組み合わせたスチームコンベクションオーブンは,オーブンモード,スチームモード,スチームオーブンモードがあり,焼き物,蒸し物,蒸し焼き,煮物,再加熱用として用途が広く,集団調理になくてはならないものになった.

3) オーブンレンジ,コンビネーションレンジ

電子レンジとオーブンを合体した複合型は,少ないスペースで幅広いメニューに対応することができるため,家庭用に広く普及した.また,センサーとマイコンを使い,自動で温め,解凍,調理ができる全自動タイプの便利さが認められ,わが国では複合化,多機能化,自動化した全自動オーブンレンジが市販され定着している.マイクロ波とオーブンを同時に使用するコンビキーは,短時間で焦げ目のついた調理ができ,30~50%の省エネになる(図5.26 (b)).

f. 鍋 (pans, pots)

加熱調理に使用される鍋類の材質別特徴を,表5.13に示した.また同時に,鍋材質の加熱速度,加熱むら,残余熱の大きさなどの特徴を,小麦粉の焦げ色,

表5.13 鍋材質の特徴と用途

鍋の素材 特徴と用途	アルミ・銅系			鉄・チタン系				セラミック系			
	アルミニウム合金	アルマイト加工	フッ素樹脂加工	銅	鉄	ほうろう加工	ステンレス	*ステンレス合板	チタン合金	超耐熱ガラス	耐熱ガラス	耐熱陶磁器	土鍋
直火,強火で使え高温調理に向く	○	○	△	○	◎	○	△	○	◎	○	△	○	○
熱伝導がよく均一に加熱できる	◎	◎	○	◎	△	△	△	◎	△	△	△	◎	△
保温性がよく余熱が利用できる	△	△	△	△	○	○	△	◎	◎	◎	◎	◎	◎
軽くて扱いやすい	◎	◎	◎	△	△	△	○	○	◎	△	△	△	△
割れない(耐衝撃性)	◎	◎	○	◎	◎	△	◎	◎	◎	△	△	△	△
傷つきにくい,さびにくい	○	○	△	○	△	○	◎	◎	◎	◎	◎	○	○
価格が安い	◎	○	○	△	◎	○	○	△	△	△	△	△	○
電子レンジで使える	△	△	△	△	△	△	△	△	△	◎	◎	○	○
電磁調理器で使える	△	△	△	△	◎	◎	○	◎	△	△	△	△	△

◎ 最適,○ 適,△ やや不適・不適.
* 鉄やアルミニウムとの多層合板を含む.
肥後温子・平野美那世:調理科学,**34**, 276-287, 2001などの実験をもとに作成.

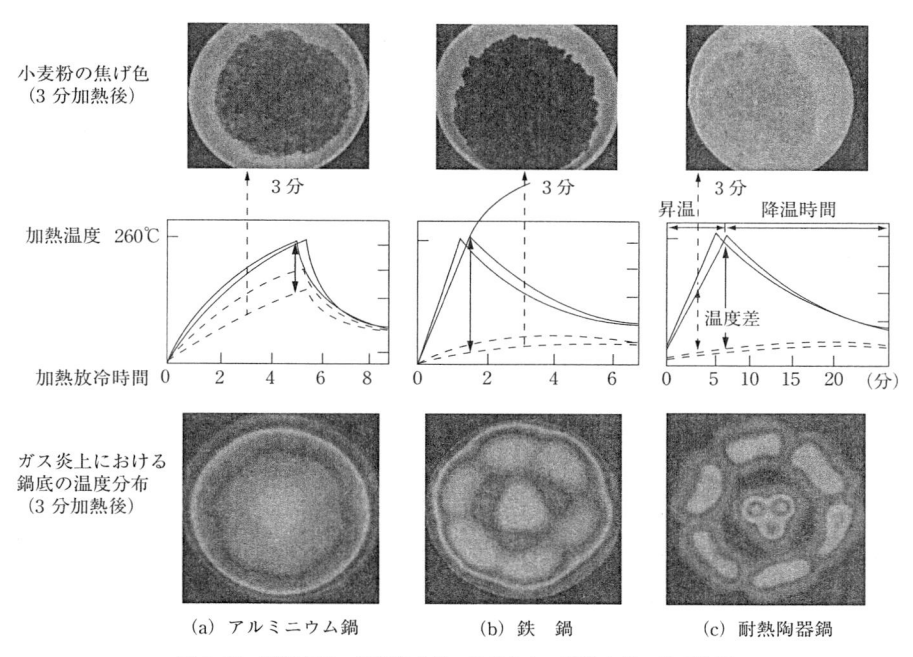

図 5.27 鍋底表面の昇降温曲線・温度分布・試験食品の焦げ状態
上：3分加熱した小麦粉の焦げ色.
中：ヒーター上（実線）・外（破線）における空焼時の鍋底表面の温度.
下：ガス火上における鍋底表面の温度分布.
肥後温子・平野美那世：調理科学, **34**, 276-287, 2001, 同, **37**, 170-179, 2004

ヒーター上・外における昇降温曲線, 鍋底の温度分布を使って, 図 5.27 に示した.

ガスこんろに使う鍋として, 軽くて扱いやすい平底のアルミ鍋, 雪平鍋が愛用されており, IH に向く鍋としてステンレス多層鍋などの磁性鍋が出回っている. 鍋には, 形, 大きさ, 材質の異なるさまざまの種類がある.

1) 形（深さ）

英語では浅鍋を pans, 深鍋を pots と区別する. 浅鍋は食材を一並べにして加熱することが多く, フライパンがその代表である. 深鍋はスープをとったり, 長時間煮込むのに向く. 中華鍋は炎が鍋全体に回るよう, 丸底にできている. 洋風鍋は寸胴で平底, 和風鍋は間口が広く, やや丸底が多い.

2) 材 質

加熱用としての鍋の基本性能は比熱，熱伝導率，熱容量に左右される．均一に加熱されるのは熱伝導率が高いアルミニウムと銅，昇温が速く強火加熱に向くのは比熱が小さい鉄，ステンレス，チタン，保温性が高いのは熱容量が大きい耐熱ガラス，耐熱陶器，土鍋，石鍋である．

i) アルミニウム 比重が銅や鉄の約 1/3 と軽く，加工しやすい．熱伝導率が高くて均一に加熱され，銅より安いので広く使われる．表面を酸化皮膜で覆い腐食しにくくしたアルマイト，フッ素樹脂加工してこびりつきにくくしたフライパンも，アルミニウム製品である．

ii) 銅 熱伝導率が高く比熱が小さいので，均一に加熱され，温度上昇も速い．価格が高く，重いのが欠点である．

iii) 鉄（炭素鋼） 温度上昇が速く，融点が高いので強火加熱に向く．少量の炭素を加えて硬くしたものは，炭素鋼または鋼(はがね)と呼ばれる．

iv) ステンレス鋼，ステンレス合板 鉄にニッケルとクロムを加えた stainless steel（さびにくい鋼）は，流し台，調理小物などに用途が広い．ステンレス鍋は熱伝導率が低く局所的に高温になって焦げつきやすい欠点があるので，加熱むら防止のために，ステンレスの間にアルミニウムをはさんだ多層鍋（Su-Al-Su）がつくられた．また，鉄をはさんだ多層鍋（Su-Fe-Su）が電磁調理器対応の目的でつくられている（図 5.28）．

v) チタン 温度上昇が速く，軽くて．鍋ふりのしやすいチタン製フライパン，中華鍋が愛好されている．

vi) セラミクス 金属を除く天然の無機素材を高温で焼いた窯業製品で，土鍋，耐熱陶器鍋，耐熱ガラス鍋がある．電波を通し，保温性があり，美観もよいので，電子レンジ用，卓上用に使われる．

(a) 多層タイプ　　(b) 貼り底タイプ

Su：ステンレス
Al：アルミニウム
Fe：鉄

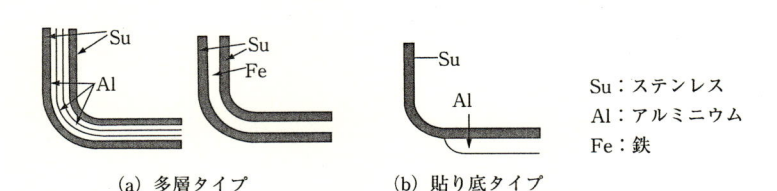

図 5.28　ステンレスクラッド（多層）鍋の断面図
加熱むらが大きく焦げつきやすいステンレスの欠点を改良し，電磁調理器に対応する目的でつくられた．

g. 炊 飯 器

　1955（昭和30）年に発売された電気釜は，釜底の温度が上がるとスイッチが切れるだけの簡単なものであったが，飯炊きの苦労から解放されるとして奪い合いになるほどの人気商品となった．1980年代（昭和50年代後半）になると，家電製品にセンサー（感知部）とマイコン（司令部）が搭載され，きめ細かな制御が可能となった．炊飯回路に吸水ステップと保温機能が新たに追加され（図

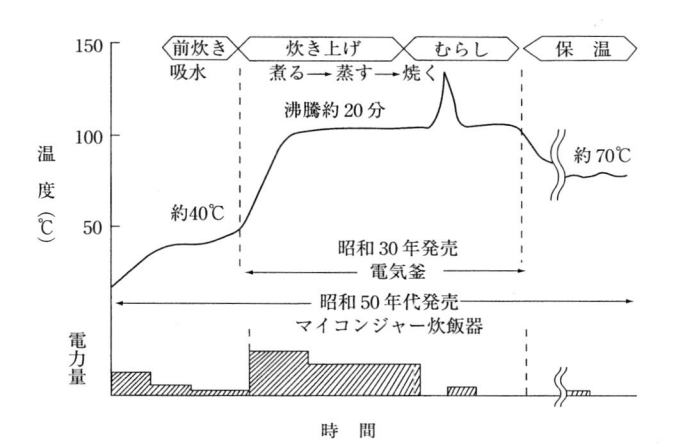

図 5.29 炊飯の加熱曲線と炊飯器の自動加熱回路

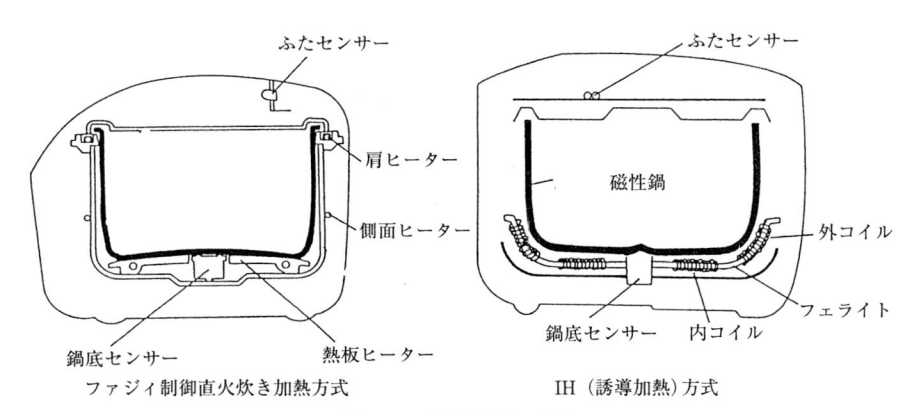

図 5.30 電気炊飯器の構造
　ファジィ制御はマイコン制御を一歩進めたもので，複数のセンサーがつけられている．
　IH方式には磁力線発生コイル，磁性鍋が内蔵されている．

5.29),タイマー予約,多目的炊飯,少量炊きなどの機能も加わった.

　昭和63年には,誘導加熱方式で内釜が発熱するIH炊飯器が登場し,強火加熱が実現した.IH炊飯器には磁力線発生コイルと磁性鍋(鉄またはステンレス鍋)が組み込まれている(図5.30,5.3節d項参照).最近はマイコン制御を一歩進めたファジィ制御が使われており,複数の温度センサーが情報を送っている.

6. 調味料と香辛料

6.1 調味料

　調味料は，① 塩味，② 酸味，③ 甘味，④ 苦味，⑤ うま味の基本味をいかし，食物の味を嗜好に合うように整えるために使用する．調味料にはその呈味性により，塩味料，酸味料，甘味料，うま味料などの種類がある．

　調味料は，味や香りをつけるために使われるだけでなく，食品としてのさまざまな機能と役割をもっているのである．

a. 塩味料
1) 食塩
i) 種類　　食塩は，食物に塩味を付与するだけでなく，生体の電解質バランス，浸透圧維持物質として生命を維持するためにも不可欠な物質である．塩味を得る食塩は，安全性や経済性などから代替物がないという点で，一般の商品とは異なる特徴をもつ．日本では長らく「塩専売制度」が存在し，専売公社が食塩の製造・販売を一手に行ってきた．この間，一般的に食塩といえば，いわゆる精製塩を指し，「食塩」や「食卓塩」などの数種類に限られていた．しかし，1998（平成 9）年 4 月 1 日から新しく「塩事業法」が施行され，食塩の製造，輸入，卸売が一般に解禁された．現在では外国産や国内各地のさまざまな種類のものが流通している．表 6.1 に現在市販されている食塩をあげる．最近ではこれ以外に，香辛料やにがり，ゴマ，コンブなどの食品を混和したものや特殊な製法を用いた焼き塩，自然塩，岩塩なども市販されている．

ii) 食塩の作用

　① 脱水作用：　野菜にふり塩（1〜2％）をすると脱水し，軟らかくなる（例：きゅうりもみ）．

表 6.1 食塩の種類と用途[23]

種類	特徴	主な用途
原塩	塩化ナトリウム 95％以上，輸入天日塩	工業原料，醤油醸造用，水産加工，漬物など
粉砕塩	原塩を粉砕したもの	水産加工，皮革貯蔵用
精製塩	原塩を溶解して精製加工したもの．塩化ナトリウム 99.5％以上	バター，チーズなどの食品加工用
食塩	海水濃縮法（イオン交換膜法）でつくられたかん水を濃縮し精製したもの．塩化ナトリウム 99％以上	調味料，パン，菓子，水産加工用
並塩	海水濃縮法で得られたかん水を濃縮し，精製したもの．塩化ナトリウム 95％以上	主として業務用 漬物，水産物，麹類などの加工用
食卓塩	塩化ナトリウム 99％以上，塩基性炭酸マグネシウム 0.4％を含む．原塩を溶解し再製加工したもの	食卓での調味料
調理味つけ用塩	塩化ナトリウム 99％以上，塩基性炭酸マグネシウム 0.4％を含む粒度のやや大きいキッチンソルト，やや小さいクッキングソルトがある	調理の味つけ用
漬物塩	粉砕塩にリンゴ酸，クエン酸，塩化マグネシウムを加えたもの．塩化ナトリウム 95％以上	漬物用

② タンパク質の凝固作用： 獣鶏肉や魚肉はふり塩をするとタンパク質の凝固などにより，身がしまる．サトイモやアワビなどの表面にある粘質物を凝固させ，ぬめりを除去する．

③ グルテンの形成： 小麦粉生地への食塩添加はグルテン形成を促進し，引きしめる効果がある．生地の粘弾性も増大し，こしが強くなる．

④ 微生物の繁殖抑制： 漬物，魚の干物などは，多量の塩分（5〜30％）による脱水作用から雑菌の繁殖が抑えられる．

⑤ 酵素的褐変防止： リンゴなどを塩水につけると褐変酵素の活性を抑制し，変色を防ぐことができる．

⑥ ビタミンCの酸化防止： アスコルビン酸酸化酵素の働きを防止する．

⑦ 葉緑素の安定： ホウレンソウなどをゆでるときに湯に食塩を添加すると，緑色色素クロロフィルが安定したクロロフィリンになり，きれいな緑色になる．

2) 醤　油

醤油は大豆，小麦を原料とし，食塩を加えた醸造発酵調味料である．熟成期間中にグルタミン酸をはじめ多くのアミノ酸や有機酸が生じ，塩味を中心に，うま

表6.2 醬油の種類と用途[11,24]

種類	塩分*(%)	特徴	用途
こいくち	14.5	醬油全消費量の約8割を占める最もポピュラーな醬油.原料のうち大豆と小麦をほぼ同量使い発酵・熟成を行う.香り,色,味をバランスよくもっている	調理全般 つけ,かけ醬油として卓上用に
うすくち	16.0	こいくちに比べて発酵・熟成を抑えて色づきを防いでいるため色が薄い.素材の色をいかしてくれるが,香り,うま味は控えめ	関西地方を中心に発達.うどんのだし,吸い物,野菜の含め煮
たまり	13.0	小麦をほとんど使わず大豆だけでつくる.大豆のタンパク質によって味,色ともに濃厚でとろりとした濃度が特徴	照焼き,蒲焼き,佃煮,さしみのつけ醬油
白	14.2	大豆をほとんど使わず,主に小麦のみでつくられる.薄い色が特徴.色づきを抑えるために低温・短期間で発酵を行うため,うま味やこくは少ないが,香りや甘味は強い	吸い物,茶わん蒸し 野菜の炊き合わせ
再仕込み	12.4	麹を仕込むときに食塩水の代わりに生醬油を使うため,成分はこいくちの約2倍.濃度とうま味,風味が高い.さしみ醬油,甘露醬油とも呼ばれる	さしみのつけ醬油,調理の隠し味

味,酸味,甘味,苦味の五原味をすべて含んでいる.また数百の芳香成分も醸成される.醬油の色は糖とアミノ酸によるアミノカルボニル反応によるもので,熟成期間が長いほど着色が濃くなる.日本農林規格(JAS)によって,こいくち醬油,うすくち醬油,たまり醬油,白醬油,再仕込み醬油の5つに分類されている.これは,主に原料と製造法,塩分濃度などの違いによる.それぞれについて表6.2にあげる.

3) 味 噌

味噌の原料は大豆,米,麦,食塩で,これらの原料を吸水蒸煮したものに麹カビを接種して発酵させた食品である.多種類の酵母や乳酸菌の働きにより特有の風味が生じる.表6.3に味噌の一般的な分類と主な銘柄・産地などを示した.

b. 酸 味 料

1) 食 酢

i) 種 類 　酸味料は食品に酸味を与え,風味を向上させ,味を整えるばか

表 6.3 味噌の分類および主な銘柄, 産地[25]

原料による分類	味・色による区分		塩分 (%)	主な銘柄もしくは産地
米味噌	甘	白	5〜7	白味噌, 西京味噌, 府中味噌, 讃岐味噌
		赤	5〜7	江戸甘味噌
	甘口	淡色	7〜11	相白味噌 (静岡), 中甘味噌
		赤	10〜12	中味噌 (瀬戸内海沿岸), 御膳味噌 (徳島)
	辛	淡色	11〜13	信州味噌, 白辛味噌
		赤	12〜13	仙台味噌, 佐渡味噌, 越後味噌, 津軽味噌 秋田味噌, 加賀味噌
麦味噌	淡色系		9〜11	九州, 中国, 四国
	赤 系		11〜12	九州, 埼玉, 栃木
豆味噌	辛	赤	10〜12	八丁味噌, 名古屋味噌, 三州味噌

表 6.4 食酢の分類[24]

食酢				酸度 (酢の濃度)
醸造酢	穀物酢	穀物酢	米, コーン, 小麦, ハト麦などの穀物を使用 これらの材料の分量は酢 1 l あたり 40 g 以上	4.2%以上
		米酢	米の使用量が酢 1 l あたり 40 g 以上のもの (穀物の使用も可)	
	果実酢	果実酢	リンゴ, ブドウ, プルーンなどの果汁を使用 分量は酢 1 l あたり 300 g 以上	4.5%以上
		リンゴ酢	リンゴ果汁の使用量が酢 1 l あたり 300 g 以上のもの	
		ブドウ酢	ブドウ果汁の使用量が酢 1 l あたり 300 g 以上のもの	
	醸造酢		穀物, 果汁, アルコール, 酒粕を原料とするが, 上の条件に満たない酢	4.0%以上
合成酢			酢酸を希釈したものに醸造酢を 60%以上 (一般消費者用), または 40%以上 (業務用) 加えたもの	一般消費者用 4.0%以上 業務用 3.6%以上

りでなく, 食品に清涼感を増すために使われる. 人間が使用した最古の酸味料は柑橘類, 人間がつくった最古の調味料は食酢であるとされ, 食塩とともに最も多く使用されてきた. 表 6.4 に食酢の JAS 規格による分類をあげる.

ii) 食酢の作用

① 殺菌 (防腐) 効果: ほとんどの菌が食酢に 5 分以上浸すと死滅または繁殖できなくなる.

② 色どめ: レンコン, ヤマノイモなどの酸化酵素の働きを抑えて褐変を抑

制する．また，レンコンやカリフラワーなどのフラボノイド系色素は酸性で白くなるので，酢水でゆでて白く仕上げる．

③ 発色： ショウガ，ミョウガおよびシソに含まれるアントシアン系色素を赤色にする．

④ タンパク質の凝固： タンパク質は酸によって変性凝固するため，魚肉に用いると白くなり皮がはがれやすくなる．しめさばは塩をふって身をしめ，さらに酢につけることにより身がしまる．

⑤ 魚臭のマスキング効果： 魚臭はトリメチルアミンオキサイド（無臭）がトリメチルアミンに変化して生じるが，食酢はこれを抑制する．

⑥ ペクチンの分解抑制： 酸性下での加熱はペクチンの分解を抑制し，レンコンやゴボウなどの歯ざわりをよくする．

c. 甘味料

1） 砂糖

i） 種類　砂糖やほかの甘味料は，塩味とともに調理の味を調える主要な調味料である．砂糖はほかの糖に比べて甘味が安定しているため，家庭ではさまざまな調理に最も多く利用されている．表 6.5 に砂糖の種類と用途を示した．

ii） 砂糖の作用

① 加熱により砂糖溶液は沸点が上昇し，濃度が高くなる．砂糖濃度が変化することを利用して，いろいろな砂糖菓子がつくられる（表 6.6）．

② デンプンの老化防止： 砂糖はα化してデンプンの水を引きつけるため，デンプンは遊離水の少ない状態におかれ，軟らかさを保ち，老化を遅らせる（例：スポンジケーキ，カステラ，求肥など）．

③ 卵白泡の安定： 砂糖を加えて卵白を泡立てると，卵白中の水と砂糖が結びつき，強固できめ細かな膜をつくり，泡を安定させると同時につやを増す．

④ 非酵素的褐変： ビスケットやケーキなどの食材である小麦粉や卵のタンパク質中のアミノ酸と砂糖を加熱すると，きれいな焦げ色を生じる（アミノカルボニル反応）．

⑤ イースト菌の発酵促進： パン生地の熟成初期は糖が少ないので，イーストの生育のため糖を加えて発酵を促進する．

⑥ 油脂の酸化防止： ケーキやクッキー，バタークリームなどでは砂糖が水

表 6.5　砂糖の種類と用途[26]

種類			ショ糖濃度(%)	特徴	用途
分みつ糖	精製糖	ざらめ糖 グラニュー糖	99.9	結晶は20〜80メッシュ．さらさらしてくせがなく水に溶けやすい	紅茶や幼児の飲料，製菓
		白ざら	99.9	結晶は8〜20メッシュ	高級和洋菓子
		中ざら	99.7	結晶は白ざらと同じメッシュ	カラメル，佃煮
		車糖 上白糖	97.6	60〜200メッシュ．ビスコ（転化糖液）が入っているので，しっとりしている	一般家庭用，製菓，煮物，佃煮ほかに多用途
		中白糖	96.0	結晶は上白糖と同じ．ビスコ添加，淡黄色	煮物用
		三温糖	95.0	ビスコ添加，茶褐色	佃煮，煮物用
	加工糖	角砂糖	99.8	グラニュー糖にシロップを加えて圧縮成形したもの	紅茶，コーヒー用
		氷砂糖	100.0	純度の高い精製糖を溶解し，大きく結晶させたもの	梅酒，果実砂糖漬け
		粉砂糖	99.9	グラニュー糖を100メッシュ以下の粉状にし固結防止にコーンスターチが添加されている	製菓飾り用
含みつ糖		黒砂糖	80.7	ショ糖以外にビタミンB_1，Feなどのミネラルを微量含んでいる	昔菓子や，風味をいかしみつなどに使用
その他		和三盆	97.4	上品な甘味で結晶が非常に小さく，口に入れるとすぐ溶ける．糖みつを含み転化糖の甘味	高級和菓子 落雁，打物

分を保持するため，油脂分が酸化しにくくなる．

⑦ ペクチンのゼリー化：　果実などに含まれるペクチンのうち高メトキシルペクチンは50〜70%の糖と酸（pH 2.8〜3.4）の存在でゲル化する．

2) みりん

もち米，米麹にしょうちゅうまたはアルコールを加え，米麹の酵素作用で米を分解，熟成した後，ろ過してつくられる甘味の強い酒である．本みりんは酒税法によって定められた原料を使って熟成を行っているため，多種の糖類（40〜50%）やアミノ酸，アルコール（14%含有）が生成されている．これが酒類特有の複雑な調理効果を生むため，煮物などには砂糖と併用すると味をおいしくし，加熱すると表面に照りやつやが出て，風味とともに調理効果を高めることができる．

表6.6 砂糖の加熱による状態の変化[27]

温度（℃）	加熱中の状態	適する調理
100	細かい泡．直径 3〜10 mm	} シロップ
105		
110	細かいたくさんの泡が立つ．少し冷めるとわずかに糸を引く	} フォンダン
115		} 砂糖衣
120	粘りが出て泡は立体的となる．泡は約 6 mm の直径	} キャラメル
125		
130	ゆっくりと大きく泡立つ．少し冷めると約 50 cm の糸を引く	} ヌガー
135		
140	泡は 5〜15 mm の直径	} 抜絲（銀絲）
145		
150	粘く細かい泡．かすかに色づく	} ドロップ
155	わずかに色づく．少し冷めると長い糸を引きいくらでものびる	
160		} 抜絲（金絲）
165	黄色	
170	黄金色	} カラメル
175	茶褐色	
180	褐色	

d. うま味料

うま味物質にはグルタミン酸などアミノ酸に属するものと，5′-イノシン酸，5′-グアニル酸など 5′-ヌクレオチドに属するものとがある．グルタミン酸はほとんどすべての動植物に含まれるものであるが，こんぶだし汁のうま味物質として分離され，そのナトリウム塩が非常に強いうま味をもつことが知られて1909年工業化され，販売されるようになった．イノシン酸は動物性食品に広く含まれており，5′-イノシン酸はかつお節のうま味成分として知られるものである．グアニル酸は各種きのこ類，牛，豚肉など獣鳥肉類に含まれる．5′-グアニル酸はシイタケの煮出し汁から見出されたうま味成分である．5′-イノシン酸ナトリウム，5′-グアニル酸ナトリウムはともにグルタミン酸と混合したとき，相乗効果によってうま味が強まるところから，複合調味料として利用されている．その他うま味をもつものには，シジミ，アサリなどの貝類にうま味であるコハク酸，味噌，醤油などに多いアスパラギン酸などがある．

6.2 香辛料・香草

香辛料（スパイス）および香草（ハーブ）とは食品の風味をよくするために副

材料として用いる芳香植物の一部で，特有の香り，辛味，色をもつものである．ヨーロッパでは古くから獣鳥肉の調理・加工に用いられてきた．

わが国では，食品そのものの味や香りを大切にすることから，さしみや汁物，煮物などに薬味やつまや天盛りなどとして利用されてはきたが，多くは季節の香りを添えるものとして，生のものが素材をいかすように使われ，その種類もあまり多くはない．しかし近年は，日常的に欧米，アジア，中南米諸国や中国，韓国の料理などを調理し食す機会が増えたことから，スパイスや，ハーブが家庭においても使われ，ハーブの栽培も盛んに行われている．逆に，スパイスやハーブを適切に使うことにより，その国の料理らしさを演出することもできることから，食生活の多国籍化の上では，欠かせないものとなりつつある．一般にスパイスは，熱帯・亜熱帯に産する植物の果実や種子，樹皮，葉茎，根茎などの乾燥物を，ハーブは，温帯地域に産する植物の葉や茎の部分を生のまま，または乾燥させて用いるものを称している．しかし，スパイスとハーブとに，厳密に分けられるものではない．

a. 香辛料（スパイス）

スパイスの歴史は古く，紀元前にさかのぼることができる[28]．ヨーロッパでの利用は，中世になり熱帯産のものが入手できるようになってからで，味や香りとともに，保存性を高めることもよく知られ，この貴重な素材をアフリカやアジアに求め，大航海時代と呼ばれる時代を形成した．

1) 種 類

スパイスは辛味を主体とする辛味香辛料，香りを主体とする芳香香辛料，着色を目的とする着色香辛料の3種に分類することができるが，辛味香辛料はほとんどが同時に独特の香りをもっている．

辛味香辛料にはそれぞれ独特の辛味成分が含有される（表6.7）．トウガラシの辛味成分はカプサイシン類で[29]，辛味成分の中で最も辛い．コショウの成分はピペリン類で，トウガラシほどの辛さはないが，その香りも好まれてスパイスの中では最もよく使われる．ショウガの辛味はジンゲロール類，ワサビ，カラシの鼻に抜けるような辛さは，イソチオシアネート類に起因する．イソチオシアネート類は植物細胞の中では配糖体として存在し，すりおろしたりつぶしたりすることにより，酵素ミロシナーゼの作用により生成される．

表 6.7 辛味を主体とする香辛料

スパイス名	科名	利用部位	辛味成分	生理機能	調理上の特徴および主な料理
カラシ (mustard) 黒カラシ 白カラシ	アブラナ科	種子	黒カラシ：アリルイソチオシアネート 白カラシ：p-ヒドロキシベンジルイソチオシアネート	消化促進, 利尿	中世ヨーロッパで庶民が日常的に使うことができたものの1つ ピクルス, サラダドレッシング, サンドイッチ
コショウ 黒コショウ (black pepper) 白コショウ (white pepper)	コショウ科	未熟果実 成熟果実の種皮を除いて乾燥	シャビシン, ピペリン	消化促進 エネルギー代謝亢進	辛味・香味は黒コショウが強く, 白コショウはマイルド. 日本料理にはあまり使わないが, 西洋料理, 中国料理, 東南アジア料理, 中南米料理などに使われる. どのような料理にも合う, 基本的な香辛料
サンショウ (Japanese pepper)	ミカン科	果実	サンショオール	健胃, 消炎, 利尿 代謝亢進	日本・中国の魚介類, 肉類の料理 屠蘇散の成分
ショウガ (ginger)	ショウガ科	根茎	ショウガオール, ジンゲロン	抗酸化性, 健胃	中国・東南アジアの肉・家禽・魚介・野菜の料理. ピクルス, サラダドレッシング, クッキー, デザート, 飲み物
トウガラシ (red pepper)	ナス科	果実	カプサイシン	強い抗酸化性 エネルギー代謝亢進	東南アジアの米料理, メキシコの豆やトウモロコシ料理に不可欠. 多くの混合スパイスの辛味成分
ニンニク (garlic)	ユリ科	鱗茎	ジアリルジサルファイド	腸内殺菌作用 血栓形成抑制	地中海料理・中国料理など 日本料理では鰹のたたきに不可欠
ホースラディッシュ (horseradish)	アブラナ科	根・葉	アリルイソチオシアネート	利尿, 鎮咳	粉わさびの材料. ソース類, 肉料理, その他広く用いられる
ワサビ (wasabi)	アブラナ科	根茎	アリルイソチオシアネート	健胃	日本独特の香辛料. さしみのつま, すしやそばの薬味

表 6.8 香りを主体とする香辛料

スパイス名	植物	利用部位	香味成分	生理機能	調理上の特徴および主な料理
アニス (anise)	セリ科	生葉・種子	アネトール, メチルシャビコール	胃液分泌促進 去痰, 鎮痛, 抗酸化性	生葉はサラダ カレー
ウイキョウ (小回香) (fennel)	セリ科	葉(生・乾燥) 果実	アネトール, ピネン	健胃	葉は魚料理, 豚肉料理など
オールスパイス (allspice)	フトモモ科	未熟果	オイゲノール, チモール	消化促進, 殺菌	シナモン, クローブ, ナツメグを混ぜ合わせたような香味をもつ 乳・卵・肉類を使った料理, クッキー
オレガノ (oregano)	シソ科	葉(生・乾燥)	カルバクロール, チモール	強壮, 抗酸化性	トマトをベースにした料理, ドレッシングなど イタリア, スペイン, メキシコ料理
クミン (cumin)	セリ科	果実	クミンアルデヒド, フェランドレン	消化促進, 抗酸化性	カレー粉の主要構成成分 インドのカレー料理, 中国では使われる
ケーパー (caper)	フウチョウソウ科	蕾	カプリン酸	食欲増進	冷ソース類, スモークサーモンに添える. 肉料理
ベイリーフ (bay leaf)	クスノキ科	葉	シネオール, α-ピネン	利尿, 健胃	ブーケガルニの構成成分. 洋風の煮込み料理に必須. 肉料理, 魚料理
コリアンダー (香菜・コエンドロ) (coriander)	セリ科	果実 (コリアンダー) 葉茎	リナロール	胃液の分泌促進 鎮咳, 解熱, 抗真菌, 抗酸化性	種子はパン, ビスケット, ケーキ, 羊肉・豚肉料理, ギリシャ風, アラブ風料理 葉はインドではカレー料理に, 中国ではパセリと同じように使われる
シソ (parilla)	シソ科	芽, 花, 葉, 未熟果	ペリラアルデヒド		葉はせん切り日本料理の薬味
スペアミント (spearmint)	シソ科	葉(生・乾燥)	カルボン, リモネン, イソメントール	鎮痛, 発汗, 解熱	羊肉料理, 豚肉料理 デザート一般
セージ (sage)	シソ科	葉(生・乾燥)	ピネン, ボルネオール	抗酸化, 抗真菌, 抗炎症	ソース, ハンバーグ, シチュー, 豚肉料理など
タイム (thyme)	シソ科	葉を乾燥	チモール, カルバクロール	鎮痙, 去痰, 消化促進	ソース, トマトケチャップ, ピクルス 肉料理
タラゴン (tarragon)	キク科	葉(生・乾燥)	メチルシャビコール, シメン	食欲増進	白ワインビネガーに漬け込みタラゴンビネガーとしてドレッシングに. エスカルゴ・鶏料理
チャービル (chervil)	セリ科	葉(生・乾燥)			フランス料理に必須, 美食家のパセリと呼ばれる 若葉をみじん切りしてソースやスープ

6.2 香辛料・香草

表 6.8（つづき）

スパイス	科	利用部位	香気成分	生理機能	調理上の特徴および主な料理
クローブ (clove)	フトモモ科	花蕾	オイゲノール	消化促進，鎮痛，鎮吐，抗酸化	百里香といわれるほど香気が強い肉料理
ディル (dill)	セリ科	茎，葉，花，種子	カルボン，α-ピネン，リモネン	健胃	葉はサラダドレッシング，酢の香りづけにディルビネガーとして，種子はピクルスなど酸味の強い料理，魚，肉，練り粉菓子
ナツメグ (nutmeg)	ニクズク科	種子	ミリスチシン，α-ピネン，オイゲノール	抗酸化性，消化促進	ひき肉料理に必須．肉料理，焼き菓子
シナモン (cinnamon)	クスノキ科	樹皮	シンナミックアルデヒド，シンナミックアセテート	発汗，解熱，鎮痛	甘い香りが特徴．ケーキ，クッキー，パイなど果物やサツマイモの菓子，デザート，五香の構成成分
バジル (basil)	シソ科	葉（生・乾燥）	リナロール，メチルシャビコール	鎮咳，鎮痙，健胃	トマト料理，ニンニク・オリーブ油料理，スープ，サラダ，魚料理
パセリ (parsley)	セリ科	葉（生・乾燥）	アピオール，アピオリン	食欲を刺激，利尿，健胃	ブーケガルニの成分．多くの西洋料理
八角（大回香） (star anise)	モクレン科	果実	アネトール，α-ピネン	鎮痛	種子より果皮が芳香が強い．五香の重要構成成分．中国料理に必須．鶏，豚肉を使った料理
バニラ (vanilla)	ラン科	未熟種子とサヤを発酵乾燥	バニリン		チョコレート，アイスクリーム，カスタード
レモングラス (lemon grass)	イネ科	茎，葉	シトラール，ゲラニオール，カンフェン，リモネン		スープ，シチュー，家禽・魚の料理，ハーブティー．タイ料理のトムヤムクンには欠かせない
ローズマリー (rosemary)	シソ科	葉	シネオール，ボルネオール，カンファー	強い抗酸化性，強壮，利尿	肉料理，肉加工品

表 6.9 着色を目的とする香辛料

スパイス	植物	利用部位	色素成分	生理機能	調理上の特徴および主な料理
クチナシ (gardenia)	アカネ科	果実を乾燥	クロシン	消炎，利胆剤	栗きんとん，キャンデー，めん類の着色黄飯（大分県日杵の郷土料理）
サフラン (saffron)	アヤメ科	柱頭	クロシン	健胃，鎮痙，鎮痛	家禽・魚介類の料理アイキャベース，パエリヤ
ターメリック (turmeric)	ショウガ科	根を煮立て，天日乾燥後粉砕	クルクミン	抗酸化	カレー粉の黄色成分，フレンチマスタードの色素
パプリカ (paprika)	ナス科	果実	カプサンチン，β-カロテン	抗酸化	肉・家禽・チーズ料理，サラダドレッシング，ハンガリアングラーシュ

芳香香辛料は食品の香りの矯正（矯香・消臭），香りづけ（賦香）することを目的に用いられる．香り成分は主に精油などの揮発成分である．香り成分と調理上の特徴などを表6.8に示した．

料理に色と特有の香りをつけ，食欲をそそる目的で利用されるスパイスを表6.9に示した．

市販のスパイスの形態は，粒（または葉と茎の形のまま）と粉末の形である．粒（または葉と茎）スパイスの成分は料理中に抽出されにくいが，完成料理に残るものは成分そのものであるのでくせが少ない．粉末のものはスパイス本体すべてが利用されるので，風味は強く複雑である．目的によってスパイスを加える時期を考えることも重要である．下味つけに使うか，加熱中に加えるか，仕上がりに加えるか，などである．肉や魚の臭いをとるのに利用する場合は，下準備や調理の段階で，香りを強調するのなら，仕上げに使うのが基本である．

スパイスは1種類を単独で使用するよりも，ブレンドすることにより，味や香りがまろやかに洗練され，それぞれ単独の場合とは違った風味をもたらす．ブレンドする場合には，似た香りのものを組み合わせることや，または植物分類上の同じ科の植物を組み合わせることで違和感がなく，全体が深みをもった香りや味に仕上げられる．

i）混合スパイス　スパイスには，ブレンドして熟成させ，独立したスパイスとして使われているものが世界の国々に存在する．ブレンドの効果とともに，これらを使うことにより料理にその国独特の風味をつけることができる．代表的なものを数種示す．

① フィーヌ・ゼルブ（fines herbes）：「みじん切りの香草類」の意．生のパセリ，タラゴン，チャービル，チャイブを同量，細かく刻み，料理の仕上げに加える．香りは全体に淡く，必要に応じて，他のマイルドな香りの香草を加えることができる．フランス料理における基礎となる香りで，チーズ料理，卵料理に使われる．

② ブーケ・ガルニ（bouquets garnis）：スープやストックには欠かせないスパイスである．古くからよく使われる例は，パセリを葉柄ごと3本，タイムの小枝2本，ベイリーフの葉1枚である．必要によりクローブ2粒，その他を加えてもよい．タコ糸で束ね，香味を料理に移したら（約30分後）取り出す．

③ カレー粉（curry powder）：インド生まれのカレーは，イギリスを経てわが

国に入ってきた．インドでは各家庭で，料理や使う材料によりそのつど常備のスパイスを組み合わせてつくる．わが国では，メーカーにより日本人の味覚に合うよう調合され市販されている．カレー粉は以下のスパイスを30種類近く組み合わせる．辛味香辛料は，トウガラシ，黒・白コショウ，カラシ，ショウガなど，香りはナツメグ，シナモン，クローブ，カルダモン，フェンネル，キャラウェイ，クミン，セロリシード，コリアンダー，ベイリーフ，ニンニク，オールスパイス，などである．色はターメリックが主体となり，サフラン，パプリカなどが使われる．

④ ガラム・マサラ (garam masala)： インドの家庭で常備されている混合スパイスで，インド料理の万能スパイスといえる．各家庭独自のブレンドがあり，粉末またはペースト状である．香り香辛料としてはシナモン，ナツメグ，コリアンダー，カルダモン，クミン，クローブ，フェンネルが使われ，辛味香辛料としては，黒・白コショウ，ショウガが使われる．カレー粉に近いが，違いはトウガラシとターメリックはあまり使われないことである．

⑤ 七味とうがらし： 日本の混合スパイス．トウガラシ，ゴマ，ケシの実，青ノリまたはシソの実，陳皮，山椒を混合する．混合直後が香りがよい．

⑥ 五香粉（ウーシャンフェン）： 中国料理において肉類などの下味つけに用いられる．花椒，クローブに加え，フェンネル・八角・陳皮から2種，カシア・シナモンから1種，合計5種をほぼ等量ずつ合わせる．

⑦ チリ・パウダー (cili powder)： メキシコ料理やアメリカ料理，スペイン料理によく使われる．チリコンカーンには欠かせないスパイスである．パプリカ，トウガラシを主体として，オレガノ，クミン，ディルシード，ニンニクなどを混合する．

2) 機 能

古代エジプトやローマでは，スパイスは，防腐剤，保存料として利用された．スパイスの抗微生物，抗ウイルス作用に関しては1800年代終わり頃から研究され始め，現在ではニンニクやアニス，オールスパイス，カラシ，クローブ，コリアンダー，ショウガ，シナモン，オレガノなど多くの辛味成分および芳香成分に抗菌性があることがわかっている．

スパイスの有する生理機能のうち最もよく知られているのは，消化を促進することである．その内容は消化液の分泌を促進したり，消化管の血流増大による吸

収速度の促進であったり，食物の消化・吸収過程全般にわたり広く作用すると考えられている．

また，トウガラシのカプサイシンは，エネルギー代謝を亢進し体熱産生を増加することが確認され，寒いときのトウガラシという昔からの知恵が裏づけられた．

現在，生体内で発生する活性酸素が，動脈硬化・がんをはじめ多くの疾患の原因と考えられている．これを消去する抗酸化剤として，スパイスやハーブの成分が探索的に研究されている．クミン，クローブ，コショウ，コリアンダー，ショウガ，ターメリック，トウガラシ，パプリカ，メースなどに抗酸化性が認められた．

ニンニクやタマネギなどのネギ類には，血中に形成された血栓を分離・溶解させる作用があり，虚血性心疾患などの予防および治療に有効性が期待されている．

b. 香草（ハーブ）

ラルース料理事典では，herbes（エルブ，薬味草）は，「料理では，セルフィユ，エストラゴン，シブレット，パセリのような芳香をもつ多数の植物につけられた名称」としている．料理に加えることで，料理全体の風味をよくするものであるが，元来は，さまざまな効能をもつ民間薬として地中海沿岸，中近東，アジア，中南米などの国々で利用されてきたもので[30]，多くは畑で栽培される．

1) ハーブの種類

ハーブには，生食される野菜ハーブ，薬草，および薬味的・スパイス的に使われるものの3種に分けることができる．生食用のハーブとしてチコリ（キク科），ロケット（アブラナ科），ダンディリオン（セイヨウタンポポ・キク科），サラダバーネット（バラ科），ナスタチウム（ノウゼンハレン科）などが栽培されている．また，ハーブを1種または数種組み合わせて用いるハーブティーは，その香りや味を楽しむことに加えて，生理的または心理的な効用を目当てに飲まれている．香り成分を利用したアロマセラピーは，古代エジプト時代から行われていたが，自然への回帰志向から近年ますます盛んになっている．

薬味的・スパイス的に使われる香草は，シソ科，セリ科，キク科の植物が多く，葉茎，花が主要な利用部位となる．表6.8中の香りを主体とする香辛料の多く，

オレガノ，タイム，バジル，ローズマリー，ミント類，レモングラスなどはハーブ類にも分類される．使用部位により，ハーブまたはスパイスと呼び分ける植物もある．たとえば，コリアンダーの場合，緑色の生葉と乾燥葉は香菜，チャイニーズパセリあるいはハーブのコエンドロと呼び，褐色の種子はスパイスのコリアンダーである．ハーブは，スパイスのようには，辛さや香りが強くなく，生で使用されるものが多く，日本料理の薬味も，使用法としては，ハーブに近い．

2) ハーブの機能

ハーブはもともと広い意味で薬効をもつ植物である．これまでの長い経験で，健胃，食欲増進，発汗などの効果，香り成分による神経系に対する興奮作用，鎮静作用などが知られ，利用されている．最近は，多くのハーブに抗酸化作用があることが報告されている．ローズマリーのロスマノール，オレガノのフェノールカルボン酸類などには強力な抗酸化活性がある．

6.3 調　　味

調理過程では，調理操作のどのプロセスで目的の調味料を加えるかにより，また入れる順序などで食品への浸透，吸着，拡散の状態が異なってくる．したがって調味料を十分浸透させるためには，調味料や食品材料の性質や調理中に生じる現象を十分理解しておく必要がある．一般的には，煮物など多くの加熱調理では，昔から「さ，し，す，せ，そ」の順に入れるとよいといわれてきた．具体的には「砂糖，塩，酢，醬油や味噌」の順を指している．これはグラハム（Graham）の法則（物質の拡散する速さは，物質の分子量の平方根に反比例する）により，砂糖のような分子量の大きいものは拡散浸透しにくいということと，食塩のように分子量の小さいものを先に入れると，さらに砂糖の浸透が悪くなることによる（表 6.10 に調味料の分子量を示す）．また，酢や味噌，醬油などの醸造調味料は揮発性成分を多く含んでいるため，長時間加熱すると風味が損なわれるからでもある．

調理における調味の目的は，食品材料に味や香りをつけるとともに，材料自体のもっているよい風味を引き立たせ，好ましくない味や臭いを消すことにある．塩味，酸味，甘味，苦味の四原味とうま味の相互作用に香辛料や

表 6.10　調味料の分子量

	分子量
食　塩	30
酢　酸	60
ショ糖	342

表6.11 食物の塩分濃度[26]

食物	濃度（％）
汁物	0.7～1.0
味つけご飯	0.6～0.7
食パン	1.3
煮物	1.5～2.0
塩焼き魚	1.5～2.0
かまぼこ	2.4～3.0
乾めん	3～5
漬物	2～10
こんぶ佃煮	5～10
マヨネーズ	1.8～2.3
バター	2.0

香草類の刺激味や芳香が加わって，食品の個性をまろやかにし，おいしさを一層際立たせる．食物では，純粋な味だけのものはほとんどなく，多くの味を混ぜ合わせて味わうことがはるかに多い．2種以上の呈味物質を混合したときは，これらの間に味の複雑な相互作用が起こり，互いに影響し合うことがある．それぞれ単独の場合よりも強くなったり（相乗効果），一方を顕著にしたり（対比効果），あるいはまた打ち消し合ったり（相殺効果または抑制効果）するようなことが起こる．

　料理に付与する味の種類から基本調味料を大別すると，①塩味を付与する食塩，②甘味を付与する砂糖，③酸味を付与する食酢，④うま味を主体とするうま味調味料，⑤塩味を中心にうま味や特有の香りをもつ味噌や醬油，⑥甘味とうま味を主体としたみりんなどがある．

　塩味は食塩によってもたらされるが，食塩は無機質（ミネラル）として栄養的機能をもち，味覚上美味とされる食塩濃度の示す浸透圧は，ヒトの体液の浸透圧に近いことが知られている．生理的な安全性と関連しているためか，好まれる塩味の食塩濃度域は狭い．食塩濃度1％付近では閾値が0.05～0.1％である．表6.11に主な食物の塩分濃度を示す．

　酸味は有機酸によってもたらされ，「塩梅（あんばい）」という言葉もあるように，塩とともに味の決め手になる味である．酢酸や乳酸のほか，TCAサイクルに関連する酸が好まれる．表6.12に食品中の有機酸を示す．また，酸味の料理は疲労回復によいとされる．

　甘味は主に砂糖によって調味される．表6.13に主な甘味食物のショ糖濃度を示す．砂糖はエネルギー源でもあり，食塩や食酢と違って氷砂糖のように100％の濃度でも食べられる．最近では，エネルギー源とならない天然甘味料（ステビオサイドなど）の研究がなされている．

　苦味はホップ，チョコレート，コーヒーや茶の味であり，春の山菜の味でもある．調味料として添加することは少なく，過剰のときはあく成分として除くことがある．苦味の成分はマグネシウム塩，アルカロイド，タンニン，ある種の配糖体などで，それらの類縁物質中には薬効のあるものもあるが有毒なものも多く，

表6.12 食品中の有機酸

有機酸名	食品名
酢酸	食酢
乳酸	漬物類，ヨーグルト
コハク酸	清酒，酢，貝肉
リンゴ酸	リンゴ
D-酒石酸	ブドウ
クエン酸	ウメ，柑橘類
L-アスコルビン酸（ビタミンC）	野菜，果実

表6.13 甘味食物のショ糖濃度

食物	濃度（%）
飲み物（紅茶，コーヒー）	5〜8
甘酒	12〜15
アイスクリーム	12〜18
しるこ	8〜15
水ようかん	25〜40
淡雪かん	25〜50
練りようかん	40〜60
ジャム	60〜70
ミルクキャラメル	75
氷砂糖	100

苦味の閾値が四原味中最も低いのは生理的に合目的といえる．

　うま味はL-グルタミン酸に代表される味で，コンブやかつお節だし汁で経験する味である．うま味は従来の甘，酸，塩，苦の四原味とならぶ独立した味として，近年は四原味に加えて五原味とすることが多くなってきた．うま味物質にはグルタミン酸などアミノ酸に属するものと，5′-イノシン酸，5′-グアニル酸などのように5′-ヌクレオチドに属するものとがある．

7. 炭水化物性食品の調理特性

7.1 炭水化物の分類と性質

　食品に含まれる炭水化物は天然に広く存在する有機化合物で，炭素，水素，酸素の3元素から成る．炭水化物（carbohydrate）の基本骨格は炭素であり，水素と酸素が2：1の割合で含まれているので，一般に$C_m(H_2O)_n$で表されている．食物中の炭水化物は単糖類，少糖類，多糖類に分類され，多種類の炭水化物が存在しているが，大きく分けると，糖と多糖類に分類される．糖は分子が小さく，甘い．単糖が2個から9個まで連なったものを少糖類（オリゴ糖）といい，単糖が10個以上連なったものを多糖類という．単糖は構成されている炭素の数で三炭糖，四炭糖，五炭糖と呼ぶが，食物には六炭糖が多く含有されている．
　単糖類はD-グルコース（ブドウ糖），D-フラクトース（果糖），ガラクトース，マンノースが重要で，分子中にアルデヒド基をもつアルドースとケトン基をもつケトースに分かれる．フラクトースが長く結合したものがイヌリンである．二糖類は2分子の単糖を構成糖とし，D-マルトース（麦芽糖），D-ラクトース（乳糖）などは，いずれも親水性で結晶しやすく，食品に少量含まれている．マルトースは2分子のブドウ糖が$α-1,4$結合したもので発芽種子に含まれる．ラクトースはガラクトースとグルコースが$β-1,4$結合したもので，乳汁中に2～8％含まれている．スクロース（ショ糖，砂糖）はグルコースとフラクトースが$α-1,2$結合しており，サトウキビやサトウダイコンなどに多く含まれている．フラクトースは蜂蜜に遊離の形で存在し，いずれも甘みが強い．スクロースの構造を図7.1に示した．多糖類は単糖が多数結合した高分子化合物で，デキストリン，グリコーゲンのほか，セルロース，グルコマンナン，ペクチンなど天然の高分子化合物の大部分が多糖である．表7.1に糖類の相対的甘味度を示した．表7.2に食物に含まれる炭水化物の種類とその重要性について示した．

7.1 炭水化物の分類と性質——113

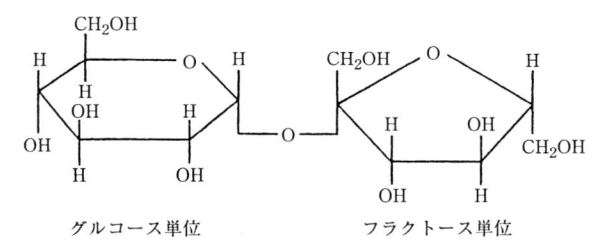

図 7.1 スクロースの構造

グルコース単位　　フラクトース単位

表 7.1 糖類の相対的甘味度

糖の種類	甘味度
フラクトース	170
転化糖*	130
スクロース	100
グルコース	75
マルトース	30
ガラクトース	30
ラクトース	15

＊グルコースとフラクトースの混合物.

表 7.2 食物に含まれる炭水化物とその重要性

炭水化物	含まれる食品	重要性
グルコース	ジャム, 蜂蜜, ブドウ	甘味
フラクトース	ジャム, 蜂蜜, 果実	甘味, 結晶析出の防止
スクロース	ジャム, 蜂蜜, 加糖練乳	甘味
ラクトース	牛乳, 加糖練乳	甘味, 舌ざわり
マルトース	麦芽, "グルコースシラップ"	甘味, 発酵
デンプン	小麦粉, プディング, ブラマンジェ	濃さ, 量感, 質感
セルロース	野菜, 繊維食品	多くは廃棄
イヌリン	チコリ	加熱によりカラメル化
ペクチン	果実	ジャム, ゼリーの形成
ガム	種々の植物	量感, 乳化
カラメル	強く加熱した炭水化物性食品	着色, 着香

　炭水化物性食品の細胞膜を構成しているセルロースや寒天の主成分であるガラクタンなどは，これを消化する酵素が人体では分泌されないので，直接分解したり，消化することはできないが，適度に摂取すると血圧上昇の抑制，コレステロール吸収の低下，腸の蠕動の促進，整腸作用などの生理作用をもつ．

　『五訂　日本食品標準成分表』[11]では炭水化物を糖質と繊維に分けている．炭水化物の栄養素としての働きは主にエネルギー源としてであり，1 g あたり 4 kcal の熱量を生成している．炭水化物は食品中に最も多く，国民栄養調査によると一日の総摂取エネルギーの約 60% を糖質から摂取している．人体では炭水化物は唾液中のアミラーゼで消化され，肝臓にグリコーゲンとして貯えられ，血液中にはブドウ糖として一定（約 1%）濃度に保たれている．

7.2 穀　　類

a. 米

FAO (Food and Agriculture Organization of the united nations；国連食糧農業機関) によると，世界の米の92％はアジアで生産されており，中国で世界の36％，インドで21％を占め，日本の米の生産量は約2.5％であるが，世界の8番目である．わが国は米の生産に適した農耕文化圏であり，主な生産地は北海道，新潟，秋田，山形などであり，品種ではコシヒカリ，ササニシキ，日本晴，あきたこまちなどが多く栽培されている．日本人は古代から米を主食としており，日本における米の摂取量は穀類の中で最も多いが，最近は若い人の米離れ現象がみられ，米の摂取量が漸減し，農林水産省 (2003) の統計によると1人1日あたりの消費量は約165 gである．すなわち日本人1人1日あたりに摂取するカロリーの約 1/3〜1/4，タンパク質の約 1/6 を米から摂取していることになる．

1) 米の種類と成分

米の種類は大きく分けて短粒米のジャポニカ種 (日本型) と長粒米のインディカ種 (インド型) に分類される．短粒米の形状は長軸比が約 1.5〜1.8 であるが，長粒米はその比が 2.5 前後で，千粒重はそれぞれ 20〜24 g，10〜50 g である．日本では米の生産量の約95％はうるち米であり，近年では新形質米など多種多様な品種が栽培され，各種の調理に使用されている．日本人にはジャポニカ種のもつ粘りが好まれているが，インディカ種の米のパサパサ感はピラフ，カレーなどに適し，嗜好に適う米が選択されている．米粒の形態を図 7.2 に，玄米粒の縦断図を図 7.3 に示した．米粒は果皮，種皮，胚乳，糊粉層から成るが，胚乳部は糊粉層とデンプン貯蔵細胞で充満しており，糊粉層は脂肪やタンパク質を含んでいる．白米は胚乳部で，胚乳内部は数十万個の胚乳細胞が同心円状・石垣状に充満している．日本では玄米を 90〜92％程度に搗精した精白米が一般的に常食されているが，玄米や胚芽を残した胚芽米なども市販されている．米に含まれる化学成分は主成分のデンプンが約 70〜80％，タンパク質約 7％，脂質 1.2％，デキストリン 1.0％，糖分 0.5％，ペントザン 1.0％，粗繊維 0.3％であるが，乾物で水分15％前後含有している．米粒中にあるデンプンは球形〜楕円形 (7〜25 μm) で，20〜60個のデンプン小粒 (2〜9 μm) を含み，小粒には 10〜100 万分子のデンプン粒が含まれている．もち米のデンプンはアミロペクチンのみで構成

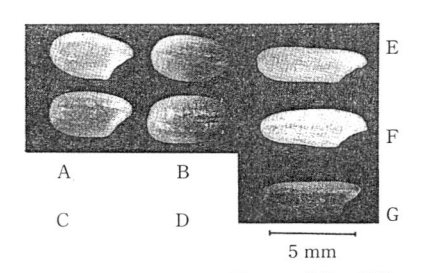

A：コシヒカリ
B：あきたこまち
C：きらら397
D：アスカミノリ
E：A1-333
F：ホシユタカ
G：RINX-89

5 mm

図7.2 米粒の形態
丸山悦子：日本調理科学会誌，**28**(4)，224-230, 1996

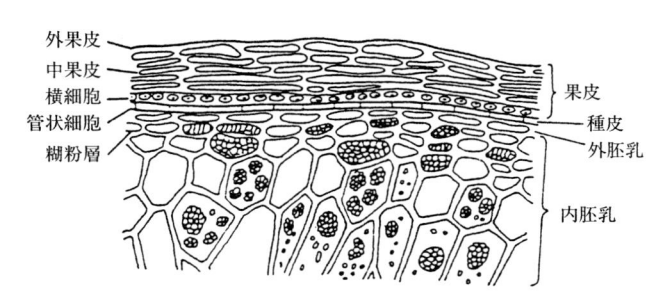

図7.3 玄米粒の縦断図[31]

されているが，うるち米のデンプンは直鎖状のアミロースと分岐状のアミロペクチンが約4：1の割合で構成されている（図7.4）．タンパク質の栄養価はアミノ酸価で示されるが，アミノ酸価は米65で小麦41より高く，米の制限アミノ酸はリジンとスレオニンであるため，リジンの多い大豆と併せて摂取するとタンパク質の補足効果がみられ，栄養価を高めることができる．

2) 炊 飯

理想的な炊飯とは以下の炊飯過程を制御して，米粒細胞内デンプンの吸水糊化を順調に経過させ，水分を十分に飯粒内部に含ませることにある．おいしい米飯は ① 米飯の味，② 飯粒のテクスチャー，③ 飯粒の大きさ・形状などで評価される．炊飯の必要条件は，

① デンプンの α 化度が高い： デンプンの構成成分であるアミロースやアミロペクチン分子鎖の微細結晶が加熱により崩壊し，グルコースやデキストリンまで分解し，うま味や独特の粘りが生成される．炊飯には水と十分なエネルギーが要求され，加熱によるエネルギーの供給が緩慢であると分解が起こりにくい．

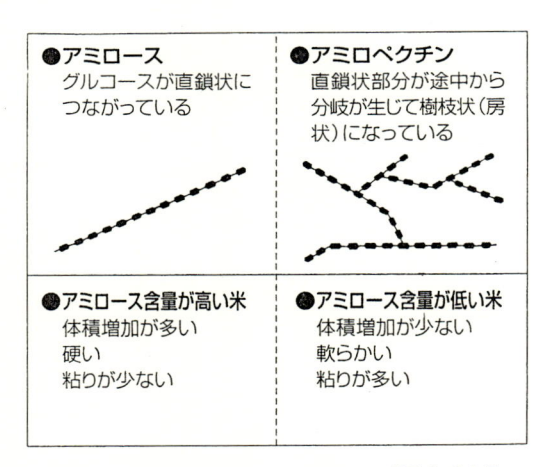

●アミロース グルコースが直鎖状につながっている	●アミロペクチン 直鎖状部分が途中から分岐が生じて樹枝状（房状）になっている
●アミロース含量が高い米 体積増加が多い 硬い 粘りが少ない	●アミロース含量が低い米 体積増加が少ない 軟らかい 粘りが多い

図7.4 アミロース・アミロペクチンの構造と米含量

② 結合水が多い： 一般に α 化度が高く，結合水が多い米飯は適度な粘弾性があり，美味である．米飯に含まれている水が自由水として存在すると歯ごたえが悪く，軟らかすぎ，粘弾性が劣るために，過剰の自由水を蒸散させ，必要な結合水のみが残る状態に炊き上げる．

③ 適度なテクスチャーをもつ： 米粒組織の崩壊の状態はテクスチャーの主な要因であり，適度な弾性や粘り，表面に「おねば」や光沢のある米飯が好まれる．

日本における炊飯は一般に炊き干し法が行われているが，東南アジアでは湯取り法が多く，インド，ネパールなどの広い地域では米に2倍量の水を入れて，沸騰したあと余剰の水を捨て，さらに蒸して再加熱を継続する調理法が行われている．

炊飯中に米粒の胚乳内部のデンプンが完全に糊化されることが必要であるが，米デンプンはほかの植物起源のデンプンに比べて糊化しにくく，アミログラフによると65℃付近で粘度が上昇し始め，膨潤や溶解が始まる．炊飯ではこれを考慮して水かげん，火かげんを最適加熱条件になるように調節する．

i）洗 米　最近は環境問題や簡便性から無洗米が市場にみられる．「無洗米」とは精白米の表面に付着した粘着性のぬかを取り除き，炊飯前に米を洗う必要のない米のことで，首都圏を中心にのびをみせているという．洗米の目的は夾

混ぜ洗い　　　　　　　　　　　とぎ洗い

図7.5　水洗白米の表面観察
丸山悦子：調理と操作，3，12，1985

表7.3　洗米方法による米の成分変化（％）

米の種類	貯蔵条件	洗米方法	水分	粗タンパク	デンプン	粗脂質	灰分
アキツホ	低温	無洗	13.7	6.70	78.6	0.49	0.49
		混ぜ洗い	12.1	6.23	81.2	0.25	0.26
		とぎ洗い	11.9	5.93	81.7	0.23	0.24
	室温	無洗	13.2	6.30	79.5	0.43	0.54
		混ぜ洗い	13.3	6.23	79.8	0.32	0.32
		とぎ洗い	12.5	5.20	81.7	0.28	0.28
標準米	低温	無洗	12.5	6.92	79.5	0.53	0.53
		混ぜ洗い	11.8	6.92	80.8	0.22	0.28
		とぎ洗い	11.2	6.88	81.5	0.21	0.25
	室温	無洗	13.5	6.72	78.9	0.33	0.59
		混ぜ洗い	13.5	6.68	79.2	0.30	0.30
		とぎ洗い	12.4	6.62	80.5	0.22	0.22

雑物の除去，米粒表面のぬかの洗浄と水分の吸収などである．古くは「とぎ洗い」といい，米と米を手でごしごしすり合わせる方法がとられていたが，近年はごみを除くだけの洗米方法「混ぜ洗い」が行われている．水洗白米の表面を顕微鏡で観察したものを図7.5にあげた．米は保存状態により食味が低下するので，米の状態に応じて洗米方法を選択することが必要である．洗米方法によって，ビタミン B_1 や粗脂肪，灰分などの成分の洗い水への溶出速度に違いがみられる（表7.3）．新米・古米によっても洗米回数は異なるが，通常3〜4回水洗を繰り返す．表面のぬか臭が米粒内に浸入しないように，とくに第1回目の洗米はたっぷりの水を用い，手早く行うのが原則である．洗米中に15％程度の水分の吸収や付着がみられ，そのまま放置した場合も水は自然に米に吸収されるが，ザルにあげたときは短時間で処理するのがよい．とぎ洗いの場合は洗米回数が多くなると米飯のテクスチャーは軟らかくなる．

ii) 浸漬・水かげん　白米の水分は約15%であるが，浸漬中に米粒は約26%まで吸水する．浸漬の目的は米のデンプンのα化に必要な水をあらかじめ吸わせることにあるが，浸漬で米粒の膨潤度は1.3倍となる．吸水することでアミラーゼなどの酵素が賦活され，甘味が生成される．米飯の重量は炊飯前の米の重量の約2.3倍となり，これから換算すると，水が米の重量の1.3倍加わることになる．炊飯中10〜15%の水が蒸発するので，これを加算すると加水量は米の重量の約1.5倍，米の体積の約1.2倍が適量とされる．適正な水の量は米の種類，新古，搗精度，炊飯器の種類，飯に対する嗜好度など多くの要因により変わるので，水かげんはこれらの条件を配慮する．米は浸漬中に吸水することで，加熱中の熱の伝導が容易になり，米粒内のデンプンの糊化の進行が順調に行われる．浸漬時間は夏は約30分，冬は約2時間で吸水はほぼ飽和状態になる．浸漬温度により吸水速度が異なるので，炊飯器ではこれを調節できるように工夫されている．

iii) 加　熱　理想的な炊飯では加熱中に米の吸水膨潤が順調に行われ，均一に糊化が進み，最終的にふっくらとした硬軟度のある水分65%前後の米飯となる．

① 温度上昇前期：　釜内の水が沸騰するまでの間のことで，あらかじめ吸水している米粒が温度上昇につれてさらに吸水膨張を続け，糊化に必要な水を米粒の中心部まで供給する．糊化開始温度に達するまで酵素が作用して還元糖の増加がみられ，味が生成される重要な時期である（図7.6）．沸騰までの時間は炊飯量にかかわらず8〜12分間が最適である．昇温時間が長いと還元糖量は多いが，米飯表面の蒸気孔は少なく，軟らかい米飯となる．

② 沸騰期：　米の糊化に必要な温度と時間は100℃，20分であるが，沸騰時間は5分間前後で，釜内で熱の伝導や対流により米粒は上下に輪を描くように移動しながら吸水膨潤を続け，糊化が進む．やがて炊飯液がほとんど消失して飯粒間の流動性を失い，蒸気孔が生成する．

③ 蒸し煮期：　弱火で10〜15分間は高温に保つことが必要である．米に吸収されずに残っている水分は，粘着した飯粒の隙間を上下し水蒸気で蒸されている状態になっている．高温を持続することにより米粒内のデンプンが完全にα化され，還元糖量も増加する．加熱中に強火から弱火へと自動的に火力が調節されている二段消火式ガス炊飯器は，この点に着目したもので，一段消火式ガス炊飯器に比べ，やや長く弱火で加熱が続けられるため，糊化度の高い飯が得られてい

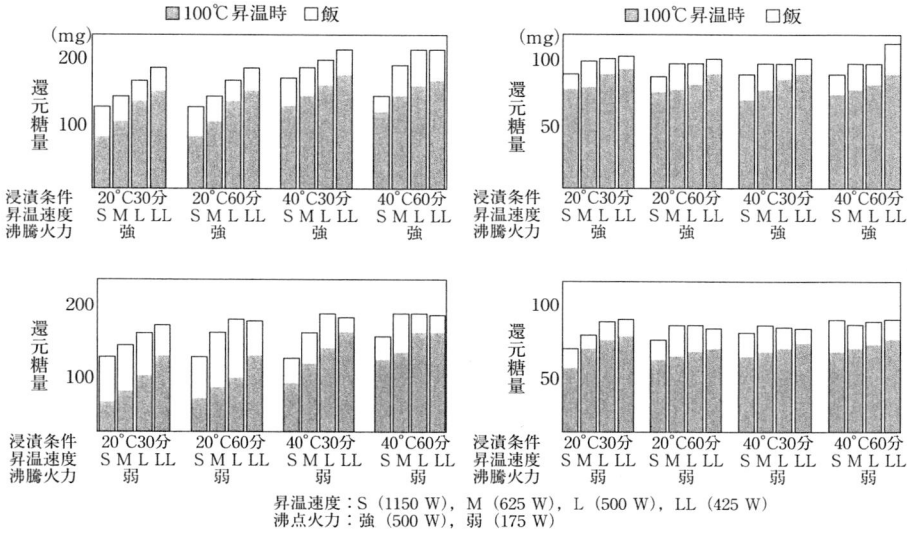

図7.6 炊飯条件の異なる飯の還元糖および糊化度
丸山悦子：調理科学, **24**(4), 297-301, 1994

昇温速度：S (1150 W), M (625 W), L (500 W), LL (425 W)
沸点火力：強 (500 W), 弱 (175 W)

表7.4 米飯保存時のα化度の変化

ガス炊飯器 (型)	α化度 (%)		
	炊飯完了時	20℃保存 1時間	20℃保存 5時間
二段消火式	100	86	61
一段消火式	96	81	54

丸山悦子・倉元綾子・金鎮喜・梶田武俊：家政学研究, **24**(2), 73-79, 1978

る（表7.4）．最後に短時間火力を強くして「焼く」状態で加熱し，過剰の水分を蒸発させる．遊離の水がほとんどなくなる頃に火を止め，余熱を利用する．

④ 蒸らし期：　炊飯の最終工程である蒸らしは米飯のα化に必要な過程であり，消火後，15分間はふたを開けずにおく．この間に飯粒の表面にわずかに残る水分はデンプンの糊化に使われる．蒸らし中に飯粒の体積と水分はほぼ直線的に増える．炊飯の比較的最適条件は浸漬温度40℃で15〜20分，昇温時間12分であり，沸騰中の火力の強弱にかかわらず，本条件による米飯は官能検査で好まれる米飯となる．

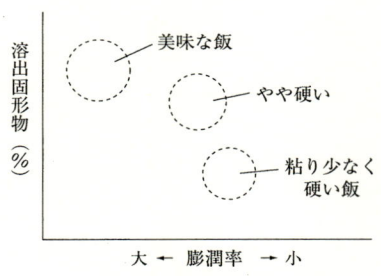

図7.7 「おねば」と味

蒸らし完了後，そのまま炊飯器の中に飯を放置すると，炊飯器や飯粒間に含まれている水蒸気は水滴となり，飯粒周囲に付着するので，水っぽい米飯になる．お櫃を利用するときは，乾いたお櫃にしゃもじでほぐしながら米飯を移すと余分な水分が吸収されて，ふっくらとした飯粒になる．

3) 米飯の評価

米飯のおいしさは米の品質と炊飯方法によって決定する．官能評価は米飯の外観，色，つや，歯ごたえ，粘りなどのほか，舌ざわり，もちもち感などの評価を加えることがある．米飯の粘性，弾性が大で，還元糖量も多く，結合水が多いものが美味である．1969年以来，米飯の理化学的測定に粘性，弾性，加熱吸水率，アミログラムによる糊化温度，ブレークダウン，ヨウ素呈色度の6つの項目が適用されたが，近年ではこれを簡便にした70℃溶出固形物による食味判定法が使われている．図7.7は溶出固形物である「おねば」の量と味の関係を示したものであるが，炊飯による溶出固形物は食味の一指標である．米飯のうま味などの化学的な味は炊飯中のデンプンの分解物のオリゴ糖や還元糖による味にグルタミン酸，アスパラギン酸などの遊離アミノ酸によりうま味が加わり，これらが米飯のコロイド味に融合したものと考えられている．米の品種や種類により食味が異なる．米粒のタンパク質含量は食味と逆相関しているが，デンプンと結合している分子量60 kDaのタンパク質組成が米飯の粘りと高い相関性があることが報告されている．近年，米の食味評価に生米のアミロース・タンパク質・マグネシウム・カリウムなど成分値を取り入れた食味計や炊飯米を用いて測定できる味度計が用いられているが，これは簡便な測定機器である．表7.5に米飯の官能検査と理化学的測定値の相関をあげた．

4) すし

すし飯は蒸らしを終了した白飯に，調合酢と具を混ぜ合わせたもので，酢によるさわやかさを加えた伝統的な味つけ飯である．飯はやや固めに炊飯するので水かげんは酢の分量を差し引いて米の容量の1.1倍とする．合わせ酢は白飯の熱い間に木製のすし桶に入れて，粘らないように手早く混ぜ合わせ，飯粒へ合わせ酢

表 7.5 官能検査と各測定値の相関

官能検査					炊飯温度	
					70℃	100℃
外観	0.08**		膨張容積		−0.23	−0.28
香り	0.81**		加熱吸水率		0.04	0.56*
味	0.96**		溶出固形物量		0.67**	0.70**
硬さ	−0.85**		全糖	(溶)	0.71**	−0.81**
粘り	0.94**			(米)	0.72**	0.53*
テクスチャー特性値			還元糖	(溶)	0.44	0.21
硬さ	−0.59**			(米)	0.64**	0.46*
付着性	0.61**		アミロース	(溶)	0.52*	−0.28
ガム性	−0.27			(米)	0.70**	0.61**
凝集性	−0.59**		タンパク質	(溶)	−0.52*	−0.64**
破断特性値				(米)	0.61**	0.29
破断			灰分	(溶)	−0.80**	−0.70**
応力	−0.61**			(米)	−0.28	−0.52*
歪	0.68**					
変形	0.53*					
エネルギー	−0.59**					
もろさ						
応力	−0.63**					
歪	−0.72**					
変形	−0.66**					
エネルギー	−0.68**					
味度値	0.78**					

* 有意差 5%
** 有意差 1%
(溶)：溶出固形物中の割合，(米)：米粒あたりの溶出量
丸山悦子・佐藤真実：日本食品工学会誌，**49**(9)，566-571，2002

を行きわたらせる．飯粒表面の遊離水はうちわであおいで蒸散させる．

合わせ酢の基本配合割合は酢が米重量の 10～15%，砂糖 2%，塩 0.7% であるが，魚介類やその他の種をのせた握りずし，いなりずし，箱ずしなどすしの種類や副材料によって合わせ酢の配合比は異なる．具はすし飯の重量の 35～50% 用い，ニンジン，シイタケ，卵，えびなどを加える．

5) ピラフ

ザルあげした洗米を用いて，米とみじん切りにしたタマネギをバターや油脂で炒め，米容量の 1.3 倍のスープストックを加えて炊飯する．ピラフは炊き上がりの米飯の粘着性が少なく，硬い食感が嗜好的に好まれている．

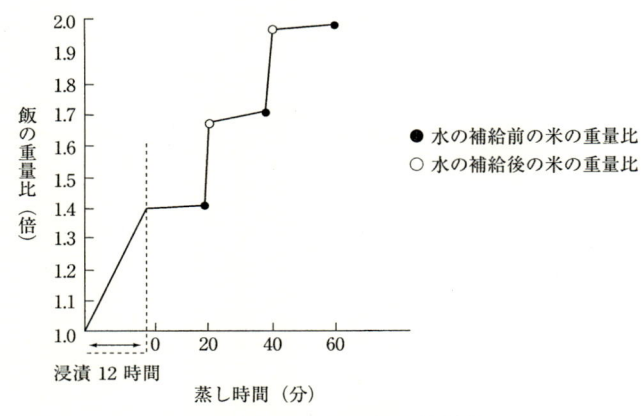

図7.8 加熱によるこわ飯の重量変化
石井久仁子・下村道子・山崎清子：家政学雑誌, **29** (2), 82-88, 1978

6) 赤　飯

　日本では赤飯は古来から慶事につくられた．もち米はアミロペクチンのみから成るので吸水性が大きく，膨潤性もよく，うるち米に比べ，老化しにくい．デンプンの糊化には約30％の水分が必要であるが，2時間の浸漬で約40％も吸水するため，加熱には炊くより蒸す方法がとられる．こわ飯は浸漬による吸水のみでは固いので，蒸す間に2～3回「ふり水」をする．赤飯を調理するにはササゲを約6倍量の水で約20分間煮て，煮汁に水を加え，これにもち米を2～3時間浸す．米とササゲを合わせて蒸し器で強火で30～40分蒸す．こわ飯の水分量は1.6～1.9倍である．ふり水によりこわ飯の重量増加がみられる（図7.8）．

7) 米粉の調理

　うるち米の粉は新粉，もち米の粉は白玉粉（求肥粉）といわれ，いずれも米を製粉して乾燥したものである．白玉粉は寒ざらし粉とも呼び，もち米を寒い時期に水にさらし，吸水させてのち，水ひきして沈殿させたものである．もち米を洗ってから蒸し，いったんもちにしてから，乾燥させた寒梅粉（みじん粉）や道明寺粉などもあり，これらの米粉はうぐいすもちやだんごなど和菓子の材料として用いられる．新粉はかしわもちや草もちに用いられるが，米粉は小麦粉に比べて粒子が大きく，グルテンが形成されないので，熱湯を用いてこねる．うるち米ともち米を適当に混合して，種々の和菓子がつくられる．砂糖などの副材料の添加

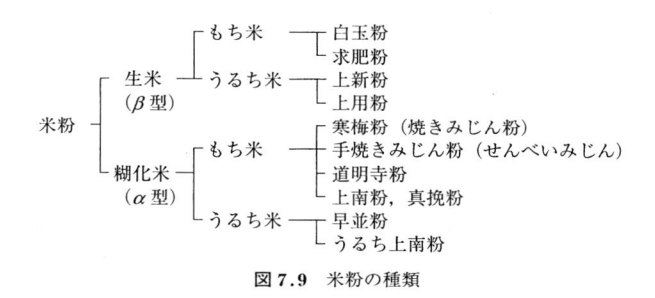

```
                    ┌ もち米 ─┬ 白玉粉
                    │         └ 求肥粉
            ┌ 生米 ─┤
            │(β型) │ うるち米 ┬ 上新粉
            │         └ 上用粉
   米粉 ─┤
            │         ┌ もち米 ┬ 寒梅粉（焼きみじん粉）
            │         │         ├ 手焼きみじん粉（せんべいみじん）
            └ 糊化米 ┤         ├ 道明寺粉
              (α型)  │         └ 上南粉，真挽粉
                    │
                    └ うるち米 ┬ 早並粉
                               └ うるち上南粉
```

図 7.9 米粉の種類

により粘り，歯ざわり，老化性などが改善される．図 7.9 に米粉の種類をあげた．

b. 小麦粉
1) 小麦

わが国において，小麦は米に次いで摂取量が多い穀類である（厚生労働省「国民栄養調査」による）．しかし，国内生産量は約 80 万 t[32] と少なく，約 600 万 t を海外からの輸入に頼っている．小麦粒は米に比べると外皮（「ふすま」と称す）が強靱で削り取ることが困難である．そのため外皮のついたまま粉砕を繰り返して外皮を分離する．最終的には胚乳部を細かく粉砕したものが小麦粉となる．このような製粉工程を経て，小麦粒の約 84％が小麦粉になる．

i) 小麦粉の種類および成分組成　小麦は品種，栽培時期等によりタンパク質の含量や性質が異なる．また，製粉の程度により灰分量も異なる．そこで，製粉業者は数種の小麦をブレンドすることによりタンパク質量および灰分量を表 7.6 に示すように調整し，各用途に適合した粉を業務用に販売している．

家庭用として販売されている小麦粉は大半が 1 等粉である．強力粉と薄力粉以外は入手しにくいので，用途に応じて両者を混合して用いる場合もある．

食品成分表[11] による小麦粉の一般成分は水分 14～14.5％，タンパク質 8～12.5％，脂質 2％程度，灰分 0.4～0.5％，炭水化物 70～76％である．

ii) 小麦粉タンパク質のグルテン形成　小麦粉に約同量の水を加えて十分にこね，この固まりを水中でもむと，デンプン粒は水に流出して水底に沈殿し，独特な弾力とのびをもったガムのような塊が残る．この塊は，小麦粉のタンパク質であるグリアジンとグルテニンが結合したもので，グルテンと呼ばれる．この状

表7.6 小麦粉の種類別・等級別用途例　　　　　　（単位：％）

		1等粉～準1等粉		2等粉	3等粉	末粉
強力粉	灰分 タンパク質	0.35 11.80	0.42 12.20	0.52 12.50	0.90 14.50	1.50～2.00 —
	用途	食パン，フランスパン		菓子パン，パン粉，そばのつなぎ	焼麩，デンプン，飼料	
準強力粉	灰分 タンパク質	0.34 11.00	0.42 11.80	0.52 12.00	0.90 13.50	工業用・飼料用
	用途	生中華，皮類，菓子パン		パン粉	パン粉	
中力粉	灰分 タンパク質	0.37 8.50	0.42 9.20	0.52 10.00	0.90 11.00	
	用途	日本めん，即席めん		クラッカー，駄菓子	特殊菓子，飼料	
薄力粉	灰分 タンパク質	0.35 7.00	0.42 8.00	0.52 9.00	0.90 10.00	
	用途	カステラ，ビスケット，ケーキ，クッキー，天ぷら		一般菓子，ハードビスケット	一般菓子，ハードビスケット	
デュラムセモリナ	灰分 タンパク質	0.70 12.50			0.90 14.00	
	用途	マカロニ，スパゲッティ			飼料	

今井孝二：食品と科学（増刊号），p.11，1987

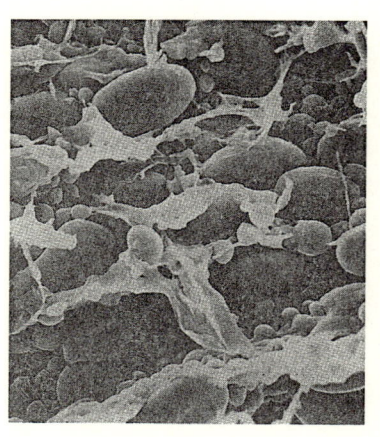

図7.10　手打ちうどんの内部構造（縦断面の走査型電子顕微鏡写真）
長尾精一：調理科学，**22**(2)，47，1989

態のグルテンは水分を含むので湿麩（しっぷ）と呼ばれる．湿麩を乾燥させた物を乾麩と呼ぶ．乾麩は小麦粉タンパク質量の約84％を占める．

　小麦粉がほかの穀類の粉とは異なり，多様な形態のパン，めん，皮などに加工できるのは，上記のように「水を加えてこねる」という操作によりグルテンを形成することによるものである．図7.10は手打ちうどん生地の断面の内部構造を走査型電子顕微鏡で観察したものである．粒子状に存在するのはデンプン粒であり，小麦粉には大粒（径15～40μm程度）と小粒（径2～10

表7.7 小麦粉と水の割合[22]

小麦粉：水	生地の状態	調理例
100：50〜60	手でこねられる dough の硬さ	パン，ドーナツ，クッキー，まんじゅうの皮
100：65〜100	手ではこねられないが流れない硬さ	ロックケーキ
100：130〜160	ぽてぽてしているが流れる硬さ	ホットケーキ，パウンドケーキ，カップケーキ
100：160〜200	連なって流れる硬さ	天ぷらの衣，スポンジケーキ，桜もちの皮
100：200〜400	さらさら流れる硬さ	クレープ，お好み焼き

μm）の2種類が存在する．これらのデンプン粒を包み込むように白く見えている物質がグルテンである．グルテンは図のように複雑に絡まり合った網目状組織を形成しているため，うどんの生地は薄くのばし，めん状に加工することが可能になる．また，ゆでめんに調理した場合の食感のよさ（こし）にも影響を及ぼす．

iii）ドウとバッター　表7.7に小麦粉に対する水の比率と調理例を示した．小麦粉に50〜60%重量の水を加えて手でまとめられる程度の硬さにした生地はドウ（dough）と呼ばれ，約100〜200%重量の水を加えて流動性のある軟らかい状態にした生地はバッター（batter）と呼ばれる．ドウの状態で用いる料理にはタンパク質量の多い強力粉を用いる．ドウの粘弾性，伸展性，可塑性（変形が可能な性質）などはグルテンの形成度合いによって異なる．一方，バッターの状態で用いる料理の場合はタンパク質量の少ない薄力粉を用い，グルテンの形成を抑えるような扱いを心がけるのが一般的である．

小麦粉の調理においては水以外の副材料も用いられるので，各副材料が水に比べてどの程度生地の状態に影響を及ぼすのかを「換水値」により予想することができる．換水値は温度条件によりやや異なるが，たとえば卵液の換水値は約0.8である．これは，卵液を1.0g加えた場合の，生地の軟らかさに及ぼす影響は，水を0.8g加えた場合とほぼ同等であると予想できることを表している．換水値は，牛乳0.9〜1.0，バター0.7〜0.8，上白糖0.4〜0.6程度である．

iv）加熱によるグルテンの変性およびデンプンの糊化　小麦粉に水を加えて加熱すると，タンパク質は約70℃以上で熱変性するので，グルテンの粘弾性も消失し始める．一方，デンプンは水を加えて加熱すると吸水，膨潤し糊化する．小麦デンプンの糊化温度は加水量により異なるが，60℃付近で糊化が開始し，85℃付近で十分に糊化し，最も粘りが強くなるといわれる．

v) 小麦粉調理の実際　小麦粉は多種多様な料理に利用されるが，個々の調理における最大のポイントは，「グルテンの粘弾性を利用するのか，逆に不要とするのか」という点である．それによって小麦粉の種類，加える材料の量や温度，材料の混合方法などをコントロールする必要がある．以下に代表的な小麦粉料理を取り上げた．

① 膨化調理:　小麦粉と水を混ぜ合わせたものを加熱すると，緻密な塊になるため食べにくい．そこで，何らかの方法によって生地をふくらませ，その後加熱によって組織を固定させると独特の風味，食感などが得られる．膨化の主要因となるのはイースト，化学膨化剤，空気泡，水蒸気などである．

・イーストによる膨化:　パン，ピッツァ，中華まんじゅうなどは，イーストが発酵する際に発生する二酸化炭素（CO_2）により膨化する．強力粉を用いたドウを十分にこねてグルテンの網目状組織を形成させ，その後発酵に適した温度（30±5℃）に保つと，グルテンが CO_2 を包み込みながらゆっくりと膜状にのびることにより膨化が起こる．砂糖はイーストの栄養源として発酵を助長し，食塩はグルテン形成を促進する．発酵によって独特の好ましい風味も付与される．

・化学膨化剤による膨化:　蒸しパン，ホットケーキ，マフィンなどは，ベーキングパウダーなどの膨張剤から発生する CO_2 により膨化する．ベーキングパウダーの主要成分は炭酸水素ナトリウム（重曹）であり，水を加えて加熱すると次の化学反応式によって CO_2 を発生する．

$$2NaHCO_3 \longrightarrow Na_2CO_3 + H_2O + CO_2 \uparrow$$

重曹はアルカリ性の苦味と臭気が強いので，市販のベーキングパウダーには数種の酸性剤が加えられている．ベーキングパウダーの標準使用量は小麦粉 100 g に対して小さじ 1（約 3 g）であり，増量しても膨化性は変わらず味が悪くなる．密封保存し，適量を薄力粉にふるい混ぜて使用する．生地を混ぜ過ぎるとグルテン形成により膨化は抑制される．ベーキングパウダーは，次に述べる空気泡による膨化調理に併用することもある．

・空気泡による膨化:　スポンジケーキ類は卵が，バターケーキやバタークッキー類は個体状油脂が，いずれも攪拌の際に空気の泡を多量に取り込む．空気の泡は加熱により熱膨張するので，生地はスポンジ状に膨化する．ただし，空気の泡は消滅しやすいので，粉類を加える際の混合の程度が製品のきめや

図 7.11 生地の比重とシュー皮の体積
大喜多祥子:日本調理科学会誌, **30** (4), 86, 1997

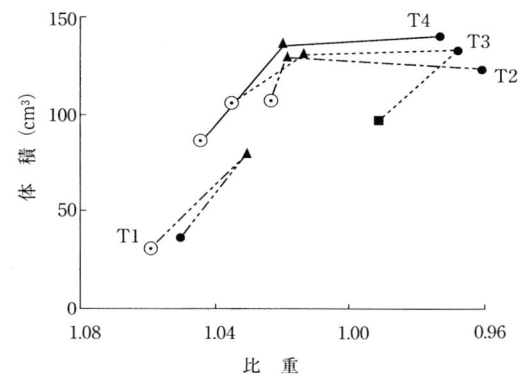

T:第一加熱の程度(T1:┄┄非常に不足, T2:-・-やや不足, T3:┈┈適度, T4:──やや過剰)
M:卵液混入時の攪拌の程度(M1:⊙不足, M2:▲適度, M3:●やや過剰, M4:■過剰)
生地 1 個あたり 25 g, 200℃, 24 分間焙焼

食感に大きく影響する.生地の油脂配合割合が高い場合は,混ぜ過ぎによるグルテン形成は起こりにくいが,適度に混ぜ,即加熱することが要点である.

・水蒸気による膨化: シュー,パイは,生地調製時に生地中に微小な気泡を取り込む.高温で加熱すると,その気泡を核として急激に水蒸気が発生し,蒸気圧によって生地を膨化させる.図 7.11 は,シュー生地における第一加熱(小麦粉を水,油脂とともに加熱して糊化させる)の程度と卵液混入時の攪拌の程度とが,生地の比重(気泡量の指標)とシュー皮の体積に及ぼす影響をみたものである.シュー生地の膨化にはデンプンの糊化,および卵液混入時の攪拌操作が重要であることがわかる.その理由は,糊化と均質化により生地がなめらかにのびる性質をもつこと,微小気泡が水蒸気を効率よく発生させることであると考えられる.パイ生地の場合はドウと油脂を折りたたむ過程で取り込まれた微小な気泡が水蒸気の発生に関わり,生地を浮き上がらせる.

② 天ぷらの衣: 天ぷらの衣はグルテンが形成されると水分が蒸散しにくいのでカリッと揚がらない.したがって薄力粉と冷水を用い,揚げる直前に箸を用いて,練らずに混ぜる.市販天ぷら粉はグルテンを形成しない米粉やデンプンを添加している.

③ めん,皮,パスタ類: 線状のめん類,薄くのばした皮類,高圧で穴から

押し出し成形したパスタ類は，グルテンによる伸展性を利用した加工品である．手でこねる場合は十分にこね，ねかす（そのまま時間をおく）ことが不可欠であり，ねかしによってドウはのびた形状を維持しやすくなるので加工が容易になる．

④ ルウ，ソース類： 小麦粉のデンプンが糊化することをいかして，料理のとろみづけや，種々のソースをつくることができる．ルウは小麦粉をバターで炒めたものであり，炒め温度によって色，風味，粘性が異なる．ルウに液体を加えてソースにするには，デンプンの糊化が起こらない温度（60℃以下）で両者を合わせる．その後，混ぜながら温度を上げるとダマのない，なめらかなソースができあがる．

⑤ その他の小麦の利用法： 小麦全粒を粉砕した粉は全粒粉（グラハム粉）と呼ばれ，食物繊維やビタミンの給源としてパンや菓子に利用される．小麦粒の胚芽は全粒の約2.5%ではあるがビタミンE，B_1，B_6に富む．全粒粉は生のままでは変質が早いので，焼成したものが流通しており，粒状や粉末にして飲み物や菓子類に添加する．グルテンは，日本では伝統的な植物性タンパク質食品である「麩」の原料として利用されてきた．

7.3 い も 類

いも類は，炭水化物性食品の中でも水分含量が約65〜85%と多い．したがって穀類に比べると貯蔵性は劣るが，水を加えることなく加熱を行っても，独自に含んでいる水分を介してデンプンが糊化するので食べることができるという利点がある．いも類を加熱すると軟らかくなめらかな口あたりが生じるのは，デンプンの糊化によるものである．また，いもの細胞と細胞の間に存在するペクチン質の状態が変化することもその理由である．

いも類の調理の際に共通する問題点は，酸化酵素をもつので空気にふれると酵素的褐変を起こす点である．褐変を防ぐには，皮をむく，切るなどの操作の直後に水に浸け，空気との接触を絶つとともに酵素を溶出させることなどが効果的である．

栄養的には，加熱によるビタミン類の損失が少ないことや，食物繊維の供給源として期待できることからも，重要な食品であるといえる．各種のいものおいしさを引き出す調理法を理解し，積極的に利用したい．

a. ジャガイモ

馬鈴薯ともいう．デンプンは通常，片栗粉と称して利用されている．

褐変が起こるのは，チロシンがチロシナーゼにより酸化されてメラニン色素が生じるためである．発芽部分や緑化した皮の部分には，グルコアルカロイド（わが国では一般にソラニンと称する）という有毒物質が含まれ，えぐ味や苦味も生じる．発芽や緑化がみられる場合はそれらの部分を除去し，十分に加熱する．

調理方法としては，煮込み料理（おでん，シチューなど）のように煮くずれを避けたい場合と，煮くずれを利用する料理（粉ふきいも，マッシュポテト，コロッケなど）がある．煮くずれのしやすさに最も関連する要因はデンプン含量であり，また，デンプン含量が多いいもは比重が大きいことが知られている．したがって，煮込み料理には比重の小さいいもを用い，マッシュして用いる場合は比重の大きいいもを用いる．品種では一般に，メイクイン，紅丸が前者にあたる粘質いもであり，男爵，農林一号が後者にあたる粉質いもであるといわれる．ただし，同一品種であっても収穫直後の新いもはデンプン粒が未成熟であり，個々のいもにおいても中心部ほどデンプン含量が少なく，いずれも煮くずれしにくくマッシュしにくい．

ジャガイモを加熱すると細胞壁の中に存在するペクチン質が水溶性となるので，各細胞は単離しやすくなる．粉ふきいもの「粉」は細胞が単離したものである．マッシュポテトはすべての細胞を均一に単離させることによりなめらかな口あたりが得られる．加熱後のいもの温度が低下すると，ペクチン質は接着性を増す．したがって非常にマッシュしにくくなり，細胞が無理につぶされるため細胞内からデンプンが流出し粘着性のある口あたりになる．図 7.12 はその状態を示

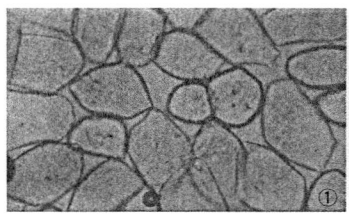

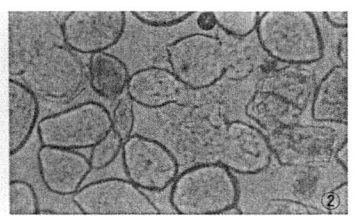

図 7.12 マッシュポテトの顕微鏡写真 [22]
① 熱いうちに裏ごしをしたもの．細胞単位ではばらばらになっている．
② 冷えてから裏ごしをし，粘りの出たもの．細胞が壊れ，中からデンプンが流れ出しているものがある．

す顕微鏡写真である．

b. サツマイモ

甘藷(かんしょ)ともいう．デンプンはくず粉やわらび粉の代用，しょうちゅうの材料として用いられる．

酵素的褐変は皮層部に顕著に起こるので，色を美しく仕上げたい場合はとくに皮を厚くむく．また，サツマイモの切り口に出る粘性のある白い液はヤラピンと呼ばれる樹脂配糖体であり，酸化すると黒変するので十分に水洗いして用いるとよい．サツマイモは，栄養的にはビタミンAの給源としても有効である．

サツマイモの特徴はほかのいも類に比べ甘味が強いこと，および加熱方法による食味への影響が顕著にみられることである．これは，サツマイモに含まれるβ-アミラーゼという酵素がデンプンを分解し，甘味を呈する麦芽糖を生成するためである．この酵素が作用する適温は50～55℃であり，サツマイモの内部では約70℃まで作用するともいわれる．また，α-アミラーゼによるデンプンの分解は粘性に影響を与える．焼きいもがおいしい理由の1つは，時間をかけて加熱するのでこれらの酵素が作用する温度帯をゆっくり通過できるためである（5.3節c項参照）．

c. ヤマノイモ

イチョウイモ，ナガイモ，ヤマトイモ（ツクネイモ）などの種類がある．繊維が軟らかいためデンプンがアミラーゼの作用を受けやすいので，生食が可能であると考えられている．糖タンパク質である粘着物質をもつので，すりおろして「とろろ」にするのが一般的な利用方法である．粘着物質の起泡性を利用した和菓子には，かるかん，じょうよまんじゅうなどがある．また，そば，飛竜頭やお好み焼きなどにつなぎとして添加され，なめらかな食感を生む．業務用には，すりおろした冷凍品，乾燥粉末なども利用されている．

d. サトイモ

サトイモは粘質物を含むので，なめらかな独特の食感が持ち味である．この粘質物は糖タンパク質あるいは多糖類であるといわれ，水溶性であるため煮汁に溶出してふきこぼれを起こしやすい．ふきこぼれの防止法には，一度ゆでこぼす，

食塩水や酢水でゆでる，ゆでる操作を省き調味液で煮るなどがある．

皮をむくときに手がかゆくなるのは，シュウ酸カルシウムの針状結晶が皮膚に刺さるためである．この防止法には，濡らさずにむく，手に塩をつけてむくなどがある．

わが国においては16～17世紀にジャガイモやサツマイモが伝来し，現在はこれらの消費量が圧倒的に多い．しかし，ヤマノイモ，サトイモは縄文時代から栽培されてきたわが国の風土に根ざした食品であり，食文化的にも次世代に伝えていきたいものである．

e. その他のいも類

その他のいも類としては，漬物にして利用されるキクイモ，チョロギイモなどもある．また，こんにゃくは，コンニャクイモに含まれるマンナンという多糖類がアルカリ（水酸化カルシウム）によりゲル化する性質を利用した食品であり，低カロリー食品として肥満防止に，また食物繊維の給源として注目されている．キャッサバはわが国ではなじみの少ないいもであるが，そのデンプンはタピオカと呼ばれ球状をなす性質があり，タピオカパールとしてデザートやスープ料理に用いられている．

7.4 その他の炭水化物性食品

その他の炭水化物性食品としては，穀類であるアマランサス，粟(あわ)，えん麦，大麦，黍(きび)，ソバ，トウモロコシ，はと麦，稗(ひえ)，モロコシ，らい麦などがある．これらは粒状の乾物の状態では消化されにくいため，粉砕，圧縮やα化（糊化）などの加工を施してさまざまな用途に利用されている．とくにトウモロコシから採取したデンプン（コーンスターチ）は利用範囲が広い．また，はるさめは，本来，豆類である緑豆(りょくとう)から採取したデンプンを加工したものであり，独特の縮れた外観とこしのある食感をもつ．

8. タンパク質性食品の調理特性

　食品のタンパク質は加熱や攪拌，冷凍などの調理操作によって物理的化学的変化を起こす．この性質が調理性に深く関係する．食品によって個々に異なるが，ここでは一般的なタンパク質について述べる．

8.1　タンパク質の種類と性質

　タンパク質はアミノ酸が多数ペプチド結合した高分子化合物である．ペプチド結合でつながれたアミノ酸の鎖（一次構造）が，規則的ならせん構造やジグザグ状に折りたたまれたβ構造（二次構造）をとって水素結合で安定な状態を保っている．さらに，アミノ酸の側鎖間でイオン結合，疎水結合，S-S結合が生じて，三次元的に球状あるいは繊維状の形になる（三次構造）．タンパク質の三次構造は常温では安定しているが，加熱や冷凍などの操作では不安定になる．このようなタンパク質分子がユニットになって，さらに大きな分子を形成している（四次構造）．

　タンパク質を分類すると，アミノ酸のみで構成されている単純タンパク質と，単純タンパク質に非タンパク質分子である核酸，色素，糖などが結合した複合タンパク質に大別される（表8.1）．

　タンパク質は，溶液中では両性電解質になる．これは，ポリペプチド鎖のアミノ酸残基を有し，正負の荷電をもっているためで，pHによって変化する．正負の荷電量が相等しくなり，電気的にゼロになるpHを等電点という．等電点におけるタンパク質は水和性が小さくなり，分子は凝集，凝固しやすくなる（表8.2）．

8.2　タンパク質の変性

　タンパク質は，種々の調理操作を行うと，高次構造を支えている水素結合や

表8.1 タンパク質の種類

分類		タンパク質名（所在）	特性
単純タンパク質	アルブミン	オボアルブミン（卵白），ラクトアルブミン（牛乳），ミオゲン（筋肉）	熱凝固する，水・塩溶液・希酸・希アルカリに可溶
	グロブリン	オボグロブリン（卵白），ラクトグロブリン（牛乳），ミオシン（筋肉），グリシニン（大豆）	熱凝固する，水に不溶，塩溶液・希酸・希アルカリに可溶
	グルテリン	グルテニン（小麦），オリゼニン（米）	水・塩溶液に不溶，希酸・希アルカリに可溶
	プロラミン	グリアジン（小麦），ツエイン（トウモロコシ），ホルデイン（大麦）	水・塩溶液に不溶，希酸・希アルカリ・70〜80％アルコールに可溶
	ヒストン	グロビン（血液），ヒストン（胸腺）	水・塩溶液・希酸に可溶，塩基性タンパク質
	プロタミン	サルミン（鮭白子）	水・塩溶液・希酸・希アルカリに可溶，塩基性タンパク質，低分子
	アルブミノイド	コラーゲン（骨，皮），ケラチン（毛），エラスチン（腱）	溶媒に不溶，繊維状
複合タンパク質	核タンパク質	動植物細胞核	核酸とタンパク質の複合体
	リンタンパク質	カゼイン（牛乳），ホスビチン（卵黄）	リン酸と結合，酸性タンパク質
	色素タンパク質	ミオグロビン（肉），ヘモグロビン（血液）	鉄，銅などを含む色素と結合
	糖タンパク質	オボムコイド（卵白），ムチン（唾液）	糖類と結合
	リポタンパク質	リポビテリン（卵黄）	脂質と結合，レシチン・ケファリンなどを含む
誘導タンパク質	第一次誘導タンパク質：物理的，化学的刺激により立体構造が変化し変性したもの 　ゼラチン（コラーゲンを水で煮沸，温水に可溶） 　メタプロテイン（酸・アルカリによる変性タンパク質）		
	第二次誘導タンパク質：第一次誘導タンパク質がさらに分解されたもの 　ペプトン（水に可溶，タンニン酸などで沈殿する） 　ペプチド（アミノ酸が数個結合したもの）		

S-S結合などがゆるみ，立体構造がくずれた状態になる．一次構造のペプチド結合に変化はないが，高次構造が大きく変化する現象を変性という．タンパク質が変性すると，その溶解性，保水性，粘度，酵素活性などが変化する．

表8.2 主なタンパク質の等電点

タンパク質名	等電点	所在
オボムコイド	4.1	卵白
カゼイン	4.6	牛乳
オボアルブミン	4.7	卵白
ゼラチン	4.9	皮・腱
ラクトアルブミン	5.1	牛乳
ラクトグロブリン	5.1	牛乳
ミオシン	5.4	筋肉
ミオゲン	6.3	筋肉
ミオグロビン	8.1	筋肉
リゾチーム	10.7	卵白

a. 加熱による変性

タンパク質の凝固温度は種類によって異なる．卵白の主なタンパク質であるオボアルブミンは60℃くらいから凝固する．肉のタンパク質ミオシンは50℃付近で凝固する．一般的にタンパク質は50～70℃で熱凝固するものが多いが，牛乳中のカゼインなど熱で凝固しないタンパク質もある．

b. 酸, アルカリによる変性

酸を添加すると，タンパク質のpHは等電点に近づき水和性が小さくなって沈殿，凝固する．生魚を酢に漬ける「酢じめ」，あるいは酢で洗う「酢洗い」にみられるように，魚の表面が白く変化するのはタンパク質が変性したためである．魚の身をしめる効果と殺菌により保存性を高める効果がある．

ピータンはアヒルの卵を殻つきのまま強いアルカリ液や生石灰，草木灰に漬けて，籾殻をまぶし密閉容器で3～6カ月貯蔵したものであるが，卵白，卵黄ともにアルカリの影響でゼリー状に凝固する．

c. 塩による変性

魚にふり塩をする程度の食塩はタンパク質の凝集力を高めて身をしめる働きをするが，魚肉に3%の食塩を加えるとミオシンやアクチンが溶出し，分子の凝集力が低下して粘度が増したゾルを得ることができる．これを加熱すると弾力性に富んだかまぼこになる．また，豆乳ににがり（塩化マグネシウム，塩化カルシウムなど）を添加する豆腐の製造は，大豆タンパク質のグリシニンが塩類によって凝固するのを利用している．

d. 表面張力による変性

タンパク質溶液を撹拌すると泡立つ性質がある．たとえば，卵白を撹拌するとタンパク質は気泡のまわりの界面に不溶の薄い膜をつくり，泡を包み込む．しかし，撹拌し過ぎると表面変性が進んで弾力性を失い，泡はくずれる．

e. 凍結による変性

　魚や肉類を凍結するとタンパク質が変性を起こし，解凍時の肉質は生のときに比べて劣化している．凍結は細胞内の水分が氷結晶となって細胞膜を破る．そのため，解凍したときに組織から水分が流出する．この液汁をドリップという．緩慢凍結では氷結晶が大きく，ドリップも多い．氷結晶の孔があいてスポンジ化する場合もある．凍結変性を少なくするには，氷結晶最大生成帯である $-1 \sim -5$ ℃を急速（30分以内）に通過させる急速凍結をするのがよい．凍り豆腐は大豆タンパク質のゲル構造を凍結することでスポンジ化した食品である．

f. 酵素による変性

　肉を食酢に浸すマリネ処理をすると，肉が軟化することが知られている．これは低 pH において，筋肉中の酸性プロテアーゼが活性化してミオシンを分解し，その結果アクトミオシンが解離するためである．パパイア，パインアップル，キウイフルーツ，ショウガにもプロテアーゼが含まれており，肉の軟化に利用できる．
　また，マリネ処理した肉は筋繊維が膨潤して結合組織の膜がはがれやすくなり，加熱時のコラーゲン溶出量も多く，これらが肉の軟化と関係している．

g. 乾燥による変性

　乾燥肉や魚の干物のように，食品を乾燥すると，脱水によって食品成分は濃縮されて分子の状態に変化が起こる．タンパク質が不溶性になり，水を加えてももとの組織に戻らない．

8.3 鳥獣肉類

a. 種類と特徴

　食肉とは，牛，豚などの家畜や鶏，アヒルなどの家禽の骨格筋を食用に加工したものをいう．食肉は種類によってはもちろんだが，部位によってもタンパク質，脂肪などの組織が異なるため，調理方法が違う．肉質に適した調理方法を選ぶことが必要である．牛，豚の肉質が軟らかいロース，ヒレなどの部位はステーキ，ローストに適し，筋が多く硬いかたやそともも，すね肉は煮込み料理，あるいはひき肉にして使うのがよい．鶏肉は脂肪が少なく淡白な肉質であり，和え物や蒸し物に適している（図8.1）．

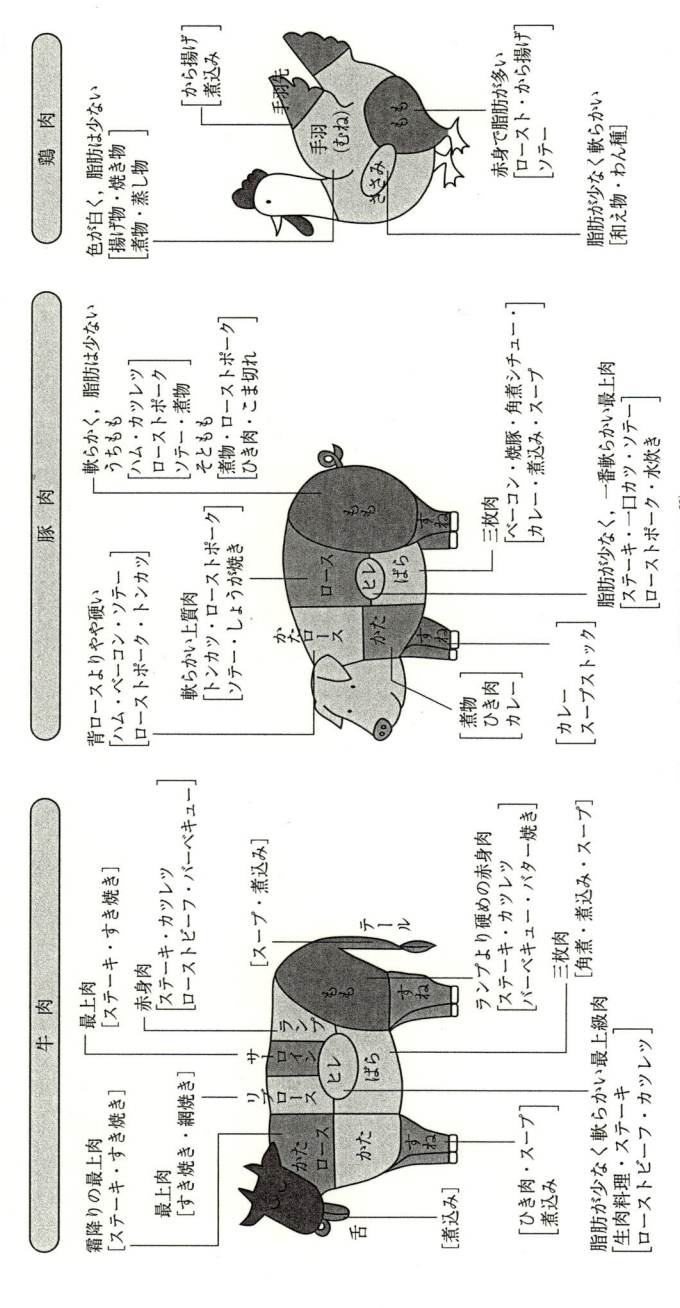

136 ── 8. タンパク質性食品の調理特性

図 8.1　各肉の部位と適する料理[33]

表 8.3　食肉タンパク質

分類	タンパク質の種類	溶解性	加熱変化	組成割合
筋原繊維タンパク質 (繊維状)	ミオシン アクチン アクトミオシンなど	不溶性だが塩・希酸・希アルカリに可溶	凝固，収縮 (45〜52℃)	約50%
筋漿タンパク質 (球状)	ミオゲン グロビン ミオグロビンなど	可溶性	凝固 (56〜62℃)	約30%
肉基質タンパク質 (繊維状・網状)	コラーゲン エラスチンなど	不溶性	収縮．コラーゲンはゼラチン化，エラスチンは不溶	約20%

b. 食肉の成分

食肉はタンパク質を 20% 前後含み，植物性食品に比べてアミノ酸組成の優れたものが多い．これらのタンパク質は溶解度によって大きく3つに区分される（表8.3）．

表 8.4　畜肉脂肪の融点

脂肪の種類	融点（℃）
鶏脂	30〜32
豚脂	33〜46
牛脂	40〜50
羊脂	44〜55

脂肪は皮下や腹腔内に蓄積する蓄積脂肪と骨格筋組織や臓器組織に存在する組織脂肪に大別される．赤肉の骨格筋組織に脂肪が網目状に入り込んでいる肉を「霜降り肉」という．食肉の脂肪を構成している脂肪酸は一価不飽和脂肪酸のオレイン酸が最も多く，次いでパルミチン酸，ステアリン酸などの飽和脂肪酸である．脂肪は通常個体の状態であるが，加熱によって溶解し食感をよくする働きがある．脂肪の融点は飽和脂肪酸の含量が多いほど高くなる．豚脂，鶏脂は牛脂に比べると不飽和脂肪酸のリノール酸が多く口どけがよい．そのため豚肉は冷製料理やハムとしておいしく食べることができるが，牛肉は調理後温度が下がると牛脂が個体化して口ざわりが悪くまずくなる（表8.4）．

c. 食肉の熟成

動物は屠殺後死後硬直を起こす．筋肉中のミオシンはカリウムやカルシウムなどの陽イオンやATP（アデノシン三リン酸）との結合が離れて，アクチンと結合し，アクトミオシンになる．また，嫌気的解糖によりグリコーゲンが減少して，乳酸が増加する．筋肉中に乳酸が増えると，pHは低下する．pHの低下に伴っ

て，酵素フォスファターゼが活性化されてATPの分解が進む．アクトミオシンの生成とATPの分解による筋収縮が死後硬直の原因である．pHはミオシンの等電点pH 5.4まで下がり，タンパク質の保水性が最低になり，肉質は硬くなる．最大硬直までの時間は牛肉では12〜24時間，豚肉で2〜3日，鶏肉で6〜12時間である．これを過ぎると，自己消化が始まり，タンパク質分解酵素などの働きで肉質は軟化する．これを解硬という．解硬後，筋肉のpHは回復し，保水性も増してくる．種々の酵素作用によりタンパク質が分解してアミノ酸を生じる．また，IMP（イノシン酸）も増加し，肉のうま味成分が蓄積される．このように保水性が高くなり，風味ある軟らかい肉質に変化する現象を熟成という．熟成期間は牛肉が約2週間，豚肉が約1週間，鶏肉が約5〜8時間といわれている．この期間を過ぎると微生物の増殖が進み腐敗していく．

d. 食肉の調理性
1) 熱凝固と収縮

筋肉タンパク質の熱凝固温度は，ミオシンで47℃，ミオゲンで56℃といわれている．肉をおいしく調理するには，うま味成分が溶けている肉汁の流出を抑えることである．調理の際，肉に食塩をふって強火で表面を焼くのは，加熱凝固させて肉汁の流出を防ぐためである．食塩は保水性を高め，加熱による熱凝固を早める．筋原繊維タンパク質と肉基質タンパク質は加熱により収縮して硬くなる．とくにコラーゲンは60℃ぐらいでもとの1/3〜1/4に収縮する．しかし，長時間湿熱加熱することで，コラーゲンは分子の架橋結合が分解され，さらに低ペプチドへと分解が進んでゼラチンになる．水溶性のゼラチンは煮汁に溶け出て，肉質は軟らかくほぐれやすい状態になる．肉基質の多いすね肉などはシチューなどの煮込み料理にするほうがよい．老年動物は結合組織が強固になるためコラーゲンのゼラチン化が低下する．

2) 保水性

タンパク質分子に結合していない自由水は，筋肉組織の網目構造の中に包み込まれた状態で存在する．肉が組織の中に水分を保持しようとする働きを保水性という．加熱することでタンパク質は変性し，組織構造に変化が起きて保水性は低下する．50〜80℃の間では著しく肉質は硬化して，体積，重量は減少する．また，保水性は塩や酸に影響される．食塩は筋原繊維タンパク質を可溶化するため，

構造にゆるみが生じて保水性が高まる．約3％の食塩添加で保水性は最大になる．pHとの関係においては，pH 5付近が最も低く，それより酸性になってもアルカリ性になっても，保水性は高くなる．

3）色の変化

肉の色素成分は主として色素タンパク質のミオグロビン，ヘモグロビンであり，量的に少ないがカロテン，シトクロム，リボフラビンなども含まれている．新鮮な生肉では，ミオグロビン（暗赤色）が空気中の酸素を結合してオキシミオグロビン（鮮紅色）となり，さらに時間の経過とともにメトミオグロビン（赤褐色）に変化する．牛肉のミオグロビン含量は0.5～1.0％であるが，豚肉や鶏肉は0.1～0.3％と少ないため肉の色は薄い．生肉を加熱すると灰褐色になる．これは，ミオグロビンのタンパク質部分であるグロビンが熱変性し，ヘム部分の鉄が酸化されてヘマチンになり，メトミオクロモーゲン（灰褐色）が生成されるためである．60℃までは色調の変化はなく，60～70℃で桃赤色，70～80℃で灰褐色になる．

4）風味の変化

生肉の臭いはアミノ酸が分解されて生じるアンモニア，アミン，硫化水素などが主体である．しかし，加熱すると生臭みは揮発して，アミノ酸や糖，脂肪などが相互に作用して新しい風味が生じる．アミノ酸と糖の加熱によるアミノカルボニル反応によって生じるアルデヒドなどのフレーバー化合物も関係する．加熱温度が高いほど香気は強く発生する．肉の焼きかげんはレア（中心温度55～65℃），ミディアム（65～70℃），ウェルダン（70～80℃）という．長時間加熱の場合，香気は消失するため，種々の香辛料を用いたほうがよい．

8.4 魚介類

a．構造と特徴

魚の体軸を横断して筋肉の断面をみると，筋原繊維の束が一定の厚さで層状になっている．背側と腹側を分ける隔壁の表面には，表面血合肉がある．赤褐色の血合肉（血合筋）は毛細血管が密に分布していて，回遊魚では発達しており，とくに，カツオやマグロは脊椎骨に近い部分にも真正血合肉がみられる．筋肉の色はミオグロビンに関係し，含量が多いと赤味が増す．普通肉が赤味がかっている魚を赤身魚，白色の魚を白身魚という．沿岸魚や底生魚はほとんどが白身魚である（図8.2）．

白身魚	赤身魚（沿岸性）	赤身魚（外洋性）
カレイ・タイ・フグ	アジ・イワシ・サバ	カツオ・マグロ

（普通肉（白身）／表面血合肉／普通肉（赤身）／真正血合肉）

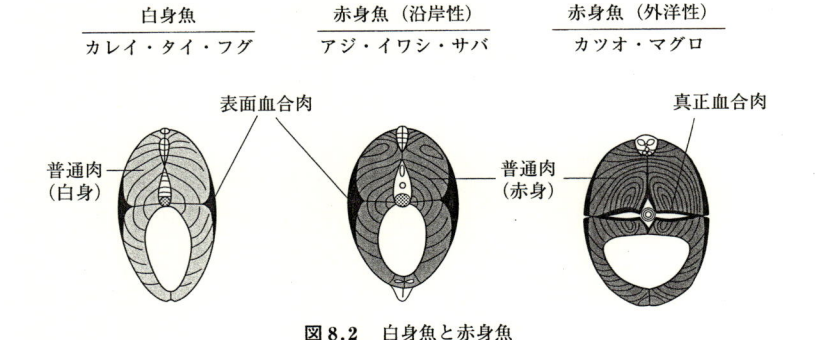

図 8.2　白身魚と赤身魚

表 8.5　魚の旬

季　節	魚の種類
春（3月～5月）	キビナゴ・サワラ・サヨリ・ニシン・メバル
夏（6月～8月）	アナゴ・アユ・イサキ・スズキ・ハモ・マアジ
秋（9月～11月）	カツオ・サケ・サバ・サンマ・マイワシ
冬（12月～2月）	アンコウ・カワハギ・ヒラメ・フグ・ブリ

漁獲量の多い出回り期と必ずしも同じではない．

b.　成 分 と 旬

　魚肉の主成分はタンパク質で約20%含まれている．食肉に比べると，結合組織を構成している肉基質タンパク質の割合が少ないため，肉質は軟らかい．脂肪含量は季節によって異なり，産卵前に増加する．脂肪含量が高くなっておいしい時期を「旬」という（表8.5）．魚の脂肪は不飽和脂肪酸が多いため常温で液体である．イコサペンタエン酸（EPA）やドコサヘキサエン酸（DHA）のような高度不飽和脂肪酸が多い点が，食肉と異なる．天然魚と養殖魚では，養殖魚の方が脂肪が多い．また，魚介類には魚卵，うになどコレステロール含量の高いものが多い．遊離アミノ酸，ヌクレオチド類や有機酸は特有の甘味やうま味をもつ．

c.　死後硬直と鮮度

　魚の死後硬直と軟化は早く始まる．活けづくりのような新鮮なさしみは硬直前か硬直中の魚肉である．解硬が始まり肉質が軟化するとさしみには適さない．しかし，マグロのような大型の魚は，解硬してからさしみにする．魚の鮮度は外観的には表皮につやと張りがあり，眼球が澄んでいる，鰓（えら）が黒ずんでいない，臓物

$$K 値(\%) = \frac{|HxR + Hx| 量}{ATP 関連物質 |ATP + ADP + AMP + IMP + HxR + Hx| 量} \times 100$$

【ATP 分解経路】
ATP → ADP → AMP → IMP → HxR → Hx
アデノシン　アデノシン　アデノシン　イノシン酸　イノシン　ヒポキサンチン
三リン酸　　二リン酸　　一リン酸

K 値：　1〜5%　　活けじめの魚　　　　20%以下　　さしみ・すしだね
　　　　40〜60%　市販鮮魚　　　　　　60%以上　　初期腐敗

図 8.3　魚肉の鮮度と K 値

が出ていない，全体が引きしまっている，などで判断する．化学的な鮮度の判定には K 値を用いる（図 8.3）．また，新鮮な魚に含まれるトリメチルアミンオキシドは時間が経つにつれて微生物の酵素で不快臭を伴うトリメチルアミンに変わるため，この量で判断することもできる．

d. 生魚の調理

　生で食する場合は衛生的に十分配慮しなければならない．腸炎ビブリオ菌による食中毒は新鮮な魚介類で起こりやすい．よく水道水で洗浄し，低温管理が必要である．また，線虫や吸虫などの寄生虫にも注意が必要である．

1) さしみ　　さしみは魚介の弾力性や舌ざわり，噛みごたえなど，口の中に入れたときのテクスチャーが重んじられる．ヒラメ，マダイのプリプリした食感は結合組織のコラーゲンに関係しており，コラーゲン含量が多い魚ほど歯ごたえは硬い．このような魚は薄いそぎ切りにする．また，マグロやカツオ，ブリのような脂ののった軟質魚は比較的厚く，平づくりや角づくりにする．

2) あらい　　鮮度のよい魚をそぎづくりにして，水中で洗うことによって筋肉を収縮させた料理である．通常，コイ，タイ，スズキなどを氷水で洗うことが多いが，温水（約 60℃）で洗った後，氷水で冷やす場合もある．あらいは，ATP の急激な流出による筋原繊維のアクチンとミオシンの結合による硬化であるといわれている．温水によるあらいは，魚肉表面のタンパク質が熱凝固する．

3) たたき　　魚肉の表面をさっと焼く（焼き霜）ことによって，皮の歯切れ

をよくし，不均一なテクスチャーを賞味するものである．塩と酢をふりかけて，包丁でたたいてしみこませ，ニンニク，ショウガ，ネギ，レモン醤油で魚臭さを除去して食する．カツオ，アジなどをたたきにする．

e． 塩じめと酢じめ

しめさばに代表されるように，魚肉に食塩をふると脱水作用により身がしまる．さらに食酢に漬けると，生臭さが減少して，歯切れのよい肉質になる．食塩濃度1％以下ではミオゲンが，2～6％ではミオシンやアクチンが溶出する．また，酢は酸によるタンパク質の変性を促すとともに，殺菌作用により保存性を高める．

f． 加熱調理

煮魚，焼き魚，ムニエルなどの調理法があるが，魚介類は加熱すると凝固，収縮する．皮のついている魚を加熱すると，コラーゲンの収縮が起こり型くずれの原因になる．イカの皮のコラーゲン繊維は体軸方向に走っているため，腹を開いて加熱すると，体軸方向に収縮して丸くなる．皮を取り除くと，体軸に直角の筋原繊維の方向に収縮する．かのこいかや松笠いかはこれを利用した飾り切りで，見た目に美しく食べやすい．型くずれを防ぐには，皮に切れ目を入れて串を打っておく．煮魚の場合，コラーゲンは水溶性のゼラチンになって煮汁の中に溶出し，冷却するとゲル化する．これを「煮こごり」という．

1） 煮　魚　　白身魚は淡白な味つけが，赤身魚は濃厚な味つけが用いられる．赤身魚は臭いも強いので，醤油，酒，砂糖のほか，ショウガやネギ，味噌，梅干しなどを使って魚臭さを消す．魚は煮汁が沸騰してから入れる．高温で魚表面のタンパク質を凝固させて，水溶性の成分の溶出を防ぐためである．

2） 焼き魚　　直火焼きでは火力が強くなり過ぎないように200～250℃程度で，両面を強火で焼き，遠火で調節しながら中心温度70℃くらいになるまで焼く．魚は塩じめしておく．魚を焼くと脂肪が溶出する．魚の脂肪に含まれるEPAやDHAなどの生理機能が期待される脂肪酸を逃さないようにするには，小麦粉の膜をつくって焼くムニエルや，ホイルで包んで蒸し焼きにする方がよい．

g． 冷凍魚の解凍

冷凍魚の調理においては，解凍方法の違いで解凍後の品質が異なる．解凍が均

一で，組織や成分，色調などの変化が小さく，衛生的かつ短時間の解凍方法が望ましい．品質保持のためには，ドリップ（8.2節e項参照）を少なく，終温度を低温に抑えることが必要である．

8.5 牛乳・乳製品

a. 牛乳の成分

牛乳にはタンパク質が約3%含まれている．脱脂乳をpH 4.6にしたとき，沈殿するタンパク質をカゼインといい，タンパク質の約80%を占める．上澄液は乳清と呼び，その中のタンパク質を総称して乳清タンパク質（ホエー）という．乳清タンパク質はラクトグロブリン，ラクトアルブミン，ラクトフェリンなどから構成されている．また，牛乳はカルシウムの主な供給源である．カルシウムはカゼインと結合したカゼインカルシウムとリン酸カルシウムの複合体を形成し，カゼインミセルとしてコロイド分散している．乳脂肪もまた脂肪球として乳汁中に分散している（水中油滴型のエマルジョン）．脂肪酸はパルミチン酸，ステアリン酸，オレイン酸のほか，炭素鎖の短い酪酸（C_4），やカプロン酸（C_6）など揮発性の低級脂肪酸を含んでいる．

b. 牛乳・乳製品の調理性

1) 牛　乳

i) 牛乳の凝固　　牛乳の主要タンパク質であるカゼインは加熱に対しては安定で，100℃程度の調理では凝固しないが，120〜140℃になると変化がみられる．また，酸によって凝固する．柑橘類に牛乳をかけたり，野菜のスープや煮込みに牛乳を入れると有機酸の影響を受けて沈殿物が生じる．ヨーグルトはカゼインが乳酸菌で乳酸発酵して凝固したものである．一方，ラクトグロブリン，ラクトアルブミンなどの乳清タンパク質は熱感受性が高く65℃で凝固するが，酸には凝固しない．

ii) 加熱による皮膜形成　　牛乳を65℃以上に加熱すると，液面から水分が蒸発して，空気と牛乳の界面で乳清タンパク質の変性が起こり，表面に薄い皮膜が形成される．これをラムゼン現象という．調理においては皮膜は好ましくないため，撹拌しながら加熱したり，バターを加えて液面を油脂膜で覆う．牛乳を加熱し過ぎると，乳清タンパク質からSH基が解離して，揮発性の硫化水素を生じ，

独特の加熱臭になる．

　iii) 酵素による凝固　　牛乳にレンネットを添加すると凝固する．レンネットとはチーズ製造時に用いられる酵素製剤で，子牛の第4胃から抽出したキモシンと呼ばれる酵素を主成分としている．牛乳を酸で凝固させると，カルシウムや無機リン酸は遊離して，得られたカゼインはそれらを含まないが，キモシンで凝固させたカゼインはカルシウム，無機リン酸を含む．

　iv) 褐　変　　牛乳を長時間加熱すると褐変する．これは，乳糖とタンパク質（主にラクトグロブリン）によるアミノカルボニル反応でメラノイジンができるためである．ビスケットやホットケーキなどの牛乳を用いた焼き菓子にきれいな焦げ色がつくのにも一部関係しているが，この場合，砂糖の影響の方が大きい．乳脂肪は褐変化を抑制するため，脱脂乳の方が褐変しやすい．

　v) 脱臭作用　　魚やレバーの生臭い臭いを除くために，それらを牛乳に浸すことがある．これはタンパク質のコロイド粒子が吸着性をもつことを利用している．逆にいえば，牛乳を保存する場合，冷蔵庫内の食品の匂いを吸着しやすいので注意が必要である．

　2) バター

　バターは，脂肪率30～40%のクリームをチャーニング（機械的に振とう攪拌してバター粒子を分離させる操作）して，水中油滴型のクリームから油中水滴型のバターに層転換したものである．バターには食塩添加の有無によって加塩バター（添加量1.5～2%）と無塩バターがある．また，乳酸発酵の有無によっても発酵バターと非発酵バターに分けることができる．バターは特有の芳香，風味があるため多くの西洋料理や菓子類に使われる．褐色化したバターの風味はラクト

表8.6　バターの調理機能[34]

特　性	特　徴	調理例
芳香・風味	ほかの油脂にはみられないが，独特な芳香や風味がある	お菓子一般
可塑性	外から加えられた力によって生地中に薄くのび，独特な層状の構造をつくる	折り込みパイ生地，デニッシュペストリー
ショートニング性	小麦粉の中に折り込むことによって薄い膜状に広がり，グルテンの形成を阻止する	折り込みパイ生地，クッキー，ビスケット
クリーミング性	攪拌することによって細かい泡を大量に取り込んで生地を軽く仕上げる	バターケーキ，バタークリーム，クッキー

ンに関係し，これはマーガリンには存在しない（表 8.6）．

3) クリーム

クリームには高脂肪（乳脂肪 40～50%）のホイップ用と普通脂肪（18～20%）のコーヒー用がある．クリームを攪拌すると微細な気泡が分散して体積が増加する．空気を抱え込んで増加した体積をオーバーランで表す．オーバーランが 100 の値は，もとのクリームの約 2 倍容量になったことを示す．砂糖の添加はタンパク質の変性を阻害し，オーバーランを小さくするので，ある程度泡立った後に数回に分けて添加する．こうすれば，きめ細かい安定性のよいクリームを得ることができる．過度の攪拌は，皮膜を破壊して脂肪球が融合するので，バター状の脂肪層と液状の乳清層に分離する．低温下で泡立てると脂肪球の皮膜を破ることなく，泡立ちがよい（表 8.7，表 8.8）．

$$オーバーラン = \frac{(一定容積のクリーム重量) - (同容積の起泡クリームの重量)}{(同容積のクリーム重量)} \times 100$$

4) チーズ

ナチュラルチーズは牛乳を乳酸菌発酵させて，適度な酸度と風味をつくり出したものを凝乳酵素レンネットでカード（凝固物）化し，このカードから乳清成分を除き，発酵熟成させたものである．熟成は細菌やカビによる．熟成させないチ

表 8.7 砂糖添加量の影響（室温 19.5℃）

砂糖量（%）	泡立て時間	オーバーラン	粘稠度 (dyne sec/cm³)
0	8 分 40 秒	119	8.18×10^4
10	10 分 10 秒	102	6.80×10^4
20	10 分 15 秒	99	6.25×10^4
30	10 分 15 秒	91	5.17×10^4

クリームだけを軽く泡立てた後に砂糖を添加した．
平野雅子・谷口富貴子・松元文子：家政学雑誌，**22**(1)，24，1971

表 8.8 泡立て温度と起泡性（室温 19℃）

泡立て温度 (℃)	泡立て時間	オーバーラン	粘稠度 (dyne sec/cm³)	乳清分離量 (%)
5	8 分 10 秒	114	8.16×10^4	1.8
10	6 分 50 秒	102	7.62×10^4	3.1
15	4 分 30 秒	75	5.44×10^4	4.3

平野雅子・谷口富貴子・松元文子：家政学雑誌，**22**(1)，24，1971

ーズをフレッシュチーズといい，クリームチーズ（米），モッツァレラ（伊）などサラダやデザートに使われる．チーズは加熱すると軟らかくなり，粘着性のある半流動体になる．加熱調理には熱に溶けやすく，なめらかなものが適している．硬質タイプのチェダー（英），グリュエール，エメンタール（スイス），ゴーダ（オランダ）などは扱いやすく，オーブン料理やチーズフォンデュに適している．

プロセスチーズはナチュラルチーズを加熱溶解し乳化剤を加えて成型したもので，保存性はよい．

8.6 卵　　類

a. 卵の構造

卵は鶏，ウズラ，アヒルなどが食用されるが，鶏卵が最も多い．鶏卵は卵白部，卵黄部，卵殻部から成っている．重量の約60％が卵白，30％が卵黄，10％が卵殻である（図8.4）．

b. 卵の成分

鶏卵は，タンパク質を約12％含み，優れたアミノ酸組成をもつ栄養価の高い食品である．卵白を構成するタンパク質はオボアルブミン，オボトランスフェリン，オボムコイド，オボグロブリン，リゾチームなどから成る．卵黄は主としてリポビテリン，リポビテレニンなどの脂質と結合したリポタンパク質が多い．リン脂質のレシチンがタンパク質と結合したレシトプロテインは卵黄の乳化性に関与する．これらの成分は多様な特性をもっており，その調理性をいかした卵料理

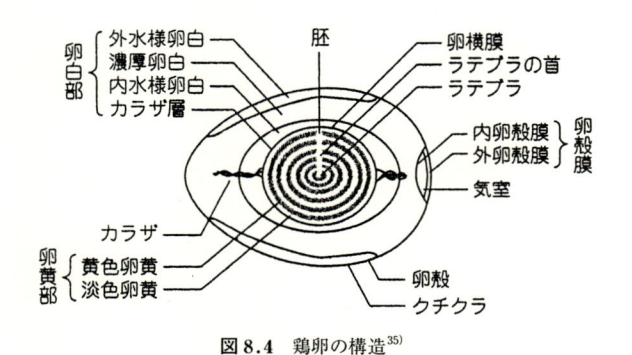

図8.4　鶏卵の構造[35]

は数多い.

c. 卵の鮮度

卵殻の表面には 1～2 万個の気孔がある．産卵直後はクチクラと呼ばれる分泌粘質物が膜化して空気や微生物の侵入を防いでいるが，容易にはがれる．時間が経つと内部の水分が蒸発して気室は拡大する．また，濃厚卵白の水様化が進み，卵黄膜の強度も低下するため，割卵すると卵白，卵黄ともに薄く広がった状態になる．貯蔵中の鮮度低下は外観の変化だけでなく調理性にも影響するので，調理にはできるだけ新鮮な卵を使用しなければならない．

1) 比重検査

新鮮卵の比重は 1.08～1.09 で，古くなると 1.07～1.06 になる．10%の食塩水（1.073），12%の食塩水（1.089）に割卵しないで卵を入れて，浮き沈みで鮮度を判定する．

2) 卵黄係数

卵黄の高さ（mm）／卵黄の直径（mm）で示す．新鮮卵では 0.4 以上であり，0.25 以下では卵黄膜は破れやすい．

3) ハウユニット（haugh unit：HU）

濃厚卵白の高さ H（mm）と殻つき卵の重量 W（g）を測定して次式から算出される．

$$HU = 100 \times \log(H - 1.7 W^{0.37} + 7.6)$$

新鮮卵ではこの値が 80～90 を示す．72 以上を鮮度が高い AA 級としている．

d. 卵の調理性

1) 熱凝固性

i）熱凝固温度　卵黄，卵白はそれを構成しているタンパク質の違いにより，凝固温度が異なる．卵白タンパク質の 54%を占めるオボアルブミンの凝固温度は 60～65℃，オボトランスフェリンは 58℃である．しかし，オボムコイドは 100℃でも凝固しない．種々のタンパク質が混合した卵白そのものは，62～65℃でゲル化が始まり，70℃でほぼ凝固し，80℃で完全に流動性を失う．リポタンパク質の多い卵黄は，65℃前後で粘稠性の高いゲルになり，70℃で完全に凝固する．65～70℃に約 30 分保つと，卵白はゲル化が始まるが軟らかい状態で，卵黄は凝

固し,温泉卵ができる.一般的に,ゆで卵は水から卵を入れて,加熱した方が割れにくく,完熟卵は沸騰後 12～13 分,半熟卵は 3～5 分程度である.

ゆで時間が長くなると,卵黄の表面が暗緑色になる.これは,卵白中の硫黄が熱によって硫化水素を発生し,卵黄中の鉄と結合して硫化第一鉄が生じたためである.卵白の pH が高いほど生じやすいため,新鮮卵より貯蔵卵の方が変色しやすい.

ii) ゲルの硬さと影響因子

① 卵液濃度: 卵液は水,だし汁,牛乳などの液体で任意に希釈することができる.希釈割合が小さいほど,凝固温度は低く,加熱時間は短い.温度を急激に高くすると,分離液を生じ,ゲルの硬さが増す.また,卵液の中心部が凝固するまでに周辺部の加熱が進み過ぎて「す」の入った状態になり,なめらかさに欠けたゲルになる.茶わん蒸しの卵液は 20～25%,カスタードプディングは 25～30%,卵豆腐は 30～50%の範囲である(表 8.9).

② 塩類: 食塩や牛乳を加えると凝固を促進させる.ナトリウムイオン,カルシウムイオンはゲル形成に大きな影響を与える.卵液は食塩濃度が増すほど硬くなる.塩の種類が異なっても同様の傾向を示す.卵白のみの加熱では 0.8%付近が最も硬いゲルになる(図 8.5).

③ 酸: タンパク質の等電点付近では,凝固は促進される.適量の酢を添加すると,オボアルブミンの等電点 pH 4.7 付近で最大になる.沸騰した湯の中に割卵した卵を落とし入れ,2, 3 分加熱する落とし卵の調理では,水に酢を 3%加えて卵を落とすと,凝集力が増してしっかりした卵白になる.

④ 糖類: 砂糖は熱凝固を阻害する働きがある.砂糖濃度が高くなるほどゲルは軟らかくなる.炒り卵は攪拌を多くしてそぼろ状に仕上げるが,砂糖を卵の 10%加えると,卵の保水性がよくなり,食感のよい炒り卵が得られる.カスタードプディングでは 15～20%程度が適当である.30%を超えると非常に弱いゲルになる.

薄焼き卵に水溶きデンプンを 1～2%加えると,水分を吸収して糊化するので,し

表 8.9 卵の希釈性を利用した調理[36]

卵液濃度(%)		調理例
卵白	95	蛋白糕(ダヌパイガオ)
卵黄	95	蛋黄糕(ダヌホワンガオ)
全卵	90	オムレツ
全卵	70～90	卵焼き
全卵	30～50	卵豆腐
卵黄	40	黄身酢
全卵	25～30	カスタードプディング
全卵	20～25	茶わん蒸し
卵黄	20	カスタードソース

図 8.5 塩の種類と濃度の違いによる卵液ゲルの破断応力値
市川朝子・渡辺雄二・神戸　恵・平江陽子・川嶋慶子・下村道子：日本調理科学会誌, **34**(2), 190, 2001

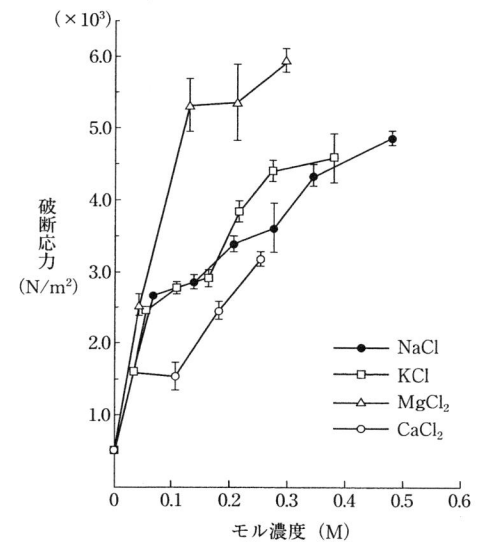

塩濃度：NaCl, KCl は 0.4, 0.8, 1.2, 1.6, 2.0, 2.8%, $CaCl_2$, $MgCl_2$ は 0.4, 1.2, 2.0, 2.8% をモル濃度で表している.

っとりとした仕上がりになる.

⑤ 撹拌条件：　卵焼きなどの調理でふっくらと弾力のあるゲルを得るには，濃厚卵白の構造をくずさないように，できるだけ撹拌を少なくする方がよい．泡立て器やミキサーで撹拌すると，外的応力が大きいため，タンパク質の疎水基が表面に出てこれらが結合し，強固に凝固すると考えられている．

2) 起泡性

起泡性とは卵白を撹拌すると空気の気泡が細かく分散し，タンパク質が膜状に配列して気泡を取り巻くことをいう．卵白を構成しているタンパク質の中でオボグロブリン，オボトランスフェリンは起泡性が大きい．撹拌し過ぎると表面変性が進み泡がつぶれて，水分が分離してくる．泡立ちの評価は，起泡性（泡の容積）と安定性あるいは持続性による．これらは，温度，卵白の粘度，砂糖や食塩，酸，油などの添加に影響される．卵白温度が高い方が表面張力が低下して起泡性は上がるが，泡の安定性は悪くなる．反対に低温の卵白は泡立てにくいが，細かな安定した泡を得ることができる．また，凍結，低温殺菌処理した卵白は起泡性が低

下する．水様性卵白が多い古い卵は攪拌しやすく，起泡性が高いが安定性に欠ける．粘性の高い濃厚卵白が多い新鮮卵では，起泡性は低下するが安定性がよいので，実際に調理をする場合は後者の方が好ましい．砂糖やデンプンの添加は粘性を高め，つやのある安定した泡になる．ただし，泡立てる前に添加すると起泡性は低下するので，7分程度泡立ててから，砂糖を3～4回に分け入れて泡立てる．一般に気泡の安定性は溶液の粘度が高いほどよく，食品加工においては，卵白液に増粘剤としてソルビトールやグリセリンを添加する場合がある．レモン汁などの添加で等電点付近になると，粘度が低下して起泡性は高まる．食塩，油の添加は抑制の方向にはたらく．スポンジケーキやエンジェルケーキ，メレンゲ，マシュマロは卵の起泡性を利用した調理の代表的なものである．

3）乳化性

水と油のようにお互いに混ざり合わない液体の一方を他方に分散させることを乳化という．卵黄の乳化力は卵白の4倍といわれ，マヨネーズ，アイスクリームの乳化に利用されている．これは主として卵黄中のリポタンパク質によるもので，水中油滴型（O/W型）として油脂と水に対して優れた親和性をもち，安定したエマルジョン形成に役立っている．食塩や砂糖を少量添加すると，乳化安定性は高まる．

4）粘着性

卵液は粘着性があるため，ハンバーグや肉だんごのようなひき肉料理のつなぎとして，材料の約10％の卵を混ぜる．卵白はかまぼこやしんじょなど魚肉すり身のつなぎに使われるが，加熱すると凝固して歯ごたえを高める．フライやコロッケでは卵液をつけるとパン粉が付着しやすい．

8.7 豆　　類

a. 大　豆

世界的にみると，大豆は主として油脂原料として利用されているが，わが国では食生活に欠かせない良質タンパク質の供給源であり，「畑の肉」とも呼ばれている．丸大豆を素材として，いわゆる伝統的な煮豆，豆腐などに利用され，また，醬油，味噌などの発酵食品にも利用されてきた．近年は，搾油後の脱脂大豆から大豆タンパク質を分離し，食素材として活用している．大豆タンパク質は，ゲル形成性，乳化性，吸水性，繊維形成性，粘稠性など食品加工に必要な機能を備え

ているため，大豆を主原料とする食品のみならず，水産加工品や肉製品など，さまざまな加工食品に広く利用されている．

大豆の成分的な特徴は次のとおりである．まず，大豆の種皮は不消化物で，ガラクトマンナン，酸性多糖類（ペクチンを含む），キシラン，マンナン，セルロースから成り，水浸するとほかの豆の種皮よりも膨潤しやすい．

大豆の子葉部には，グロブリン系のグリシニン 84% を含むタンパク質が含まれる．本来，グリシニンは水に不溶，塩類に可溶なタンパク質であるが，大豆中には可溶性無機塩類が多いため，水だけで抽出しても全タンパク質の約 86% が抽出できる．この点が大豆タンパク質の大きな特徴で，この性質を利用してタンパク質を抽出し，豆腐などの加工が行われる．グリシニンのアミノ酸組成はきわめて良好で，リジン，トリプトファンのような穀類タンパク質に不足しがちなものが比較的多い．すなわち，米や小麦などの穀類タンパク質の第 1 制限アミノ酸であるリジンを多く含むため，穀類タンパク質との補完性をもち，栄養的に優れている．また，グルタミン酸の含量も多いので，調味料の原料ともなる．ただし，メチオニン，シスチンなどの含硫アミノ酸は不足している．

子葉部には，また，リノール酸，リノレン酸など不飽和脂肪酸を多く含む中性脂質が含まれる．これらの脂質は，大豆中に含まれるリポキシゲナーゼにより酸化され，最終的に大豆の青臭さの原因になる．しかし，大豆の加工においては，加熱を行うことにより，リポキシナーゼを失活させ，この反応を防いでいる．

その他，植物性乳化剤として有用なレシチン，さらに，ラフィノース，スタキオースのようにビフィズス菌増殖作用をもつオリゴ糖など，食品の第三次機能（生体調節機能）を有する成分も含まれる．トリプシンインヒビターや赤血球凝集作用のあるレクチン（ヘマグルチニン）など，従来は有害物質と考えられていた成分も含まれているが，これらは加熱により失活するので問題はなく，逆に最近では，それぞれ糖尿病予防および治療効果，抗腫瘍効果などがあると報告されている．

大豆は，炭水化物としてデンプンを含まず，不消化な多糖類を多く含んでいるため，加工した方が消化されやすい．

大豆は乾物として流通しているので，調理加工のために，まず，加熱前に水浸し，膨張させる．この水浸により，発泡性を有するサポニンなどが除去される．水を吸収する速度は豆の種類，新古，保存状態，水温によって異なる．大豆は種

皮の吸水が大きいために初期吸水が著しい．吸水した大豆の見かけの容積は約3倍程度になるので，豆の容積の5倍くらいの水に常温で5時間以上浸すのがよい．水温が高い方が吸水率は高いが，浸漬時間が短くなるため，個々の豆の吸水量の差が大きく，たとえば煮豆にすると製品の硬さに差がみられる．

煮豆の場合，圧力鍋を用いて煮熟すると，加熱時間が短くなるため，煮豆中の糖やペクチンの煮汁への流出が少なく，ねっとりとした感触になる．煮熟途中で調味液の浸透圧が変化すると，種皮はのびるが，子葉は収縮するため，皮にしわが寄る．これを防ぐために，① ある程度加熱軟化させてから調味する，② あらかじめ調味液に浸漬してそのまま加熱する，③ 重曹を加えて加熱し，水洗後調味する，などの調味方法が一般的である．ただし，重曹を加えて加熱した場合，pHが変動することにより，ビタミンB_1が失われる可能性がある．

豆腐は，水浸大豆を水とともに磨砕し，共存する各種無機質の作用でタンパク質を可溶化，抽出し，こし布でろ過したろ液に凝固剤を加えてカード化したものである．凝固剤として，硫酸カルシウムおよび塩化マグネシウムなどの塩類や，また充填豆腐の場合はグルコノデルタラクトンが用いられる．豆腐を高温，長時間加熱すると残存する塩の影響で硬くなり，すだちする．

凍り豆腐は普通の豆腐より硬めにつくった豆腐を凍結し乾燥させたもので，タンパク質は変性してもとの水和性を失っているが，緻密な海綿状になっていて，湯戻しすることにより調味できる．市販品は重曹などの膨軟剤で戻し加工を行い，凍り豆腐のテクスチャーをよくしている．凍り豆腐の長期保存したものは，脂質の酸敗のため褐変，渋味を生じ，タンパク質の変性が進むため，湯戻ししてもテクスチャーはよくない．

湯葉は豆乳を加熱し，表面変性により生じた被膜をすくい上げたものである．生湯葉と乾燥品があり，生湯葉は変敗しやすいが滋味に富む．乾燥品は長期保存により油脂の酸敗などを生じる．

発酵食品としては，煮熟大豆に納豆菌を作用させた糸引納豆，また，豆麹菌を作用させた浜納豆，大徳寺納豆がある．糸引納豆の粘質物は，グルタミン酸ポリペプチドとフラクタンの混合物といわれる．

醤油は，蒸煮大豆に炒った小麦を加え，種麹を加えて麹をつくり，食塩水と混ぜて発酵させたものである．最近では，バイオリアクター方式で製造される場合もある．発酵により，タンパク質は低分子化し，主としてグルタミン酸によりう

ま味を生じる．味噌は，蒸煮大豆をつぶし，麹，食塩とともに発酵熟成させたものである．発酵により麹に含まれるプロテアーゼがタンパク質を分解し，ペプチド，アミノ酸が生じる．

その他の大豆の発酵食品としては，中国や台湾の乳腐，沖縄の豆腐漾(よう)，インドネシアのテンペなどがあげられる．

加工素材としての大豆タンパク質は，搾油後の脱脂大豆から製造される．当初は，動物性タンパク質の代替として，安価なタンパク質素材としての経済的効果が求められていたが，最近では大豆タンパク質のゲル形成性など加工特性をいかして品質改善効果を目的としたり，栄養的な効果が期待されている．大豆タンパク質は，粉末状，ペースト状，粒状，組織状など，用途によってさまざまな形状に加工され，保水性，保油性，乳化性，食感改良など，品質改良の目的で，畜肉ハム・ソーセージ，魚肉ハム・ソーセージ，冷凍食品，チルド惣菜など，大豆を主原料としない多種多様な食品に用いられている．

最近では，この大豆タンパク質に脂質，水を加えて混合乳化し，本来，丸大豆を主原料として製造されていたがんもどき，油揚げなどを製造している．丸大豆から製造するこれらの従来品は，いわゆる日配品であり，日持ちが悪かったが，大豆タンパク質からつくられた製品は，従来品と比較して，凍結貯蔵に対して高い安定性を示すため，長期保存が可能という利点がある．しかし，大豆タンパク質に限らず，植物性タンパク質は味覚が淡白であるため，調味などに対する考慮が必要である．

9. 油脂・油脂性食品の調理特性

　油脂は栄養的にエネルギー源として、重要な役割をもっている。また、脂溶性ビタミンの吸収を助けるだけでなく、必須脂肪酸をはじめ種々の脂肪酸が体内の生理作用に関与することが明らかになってきている。油脂はそのもの単独での摂取は少ないが、食品材料になめらかさ、あるいはパリッとした食感を与えることができるなど、多様な調理特性をもっている。

9.1　油脂の種類

　油脂はその原料となるものから植物性油脂と動物性油脂に分けられる。常温で液体のものを油（oil）、固体のものを脂（fat）という。融点の違いは油脂の脂肪酸組成の違いによる。不飽和脂肪酸が多いと融点は低く液体になる（表9.1）。

　植物油脂や魚油に水素を添加して脂肪酸の二重結合を減らすと固体または半固体の油脂が得られる。これを硬化油という。マーガリン、ショートニングの原料

表9.1　調理に使われる主な油脂

種類		融点（℃）	用途
動物油脂	豚脂（ラード）	33～46	揚げ物・炒め物
	牛脂（ヘッド）	40～50	揚げ物・炒め物
植物油脂	大豆油	-7～-8	揚げ物・炒め物・サラダ・油漬け
	ナタネ油	0～-12*	揚げ物・炒め物・サラダ
	トウモロコシ油	-18～-11	揚げ物・炒め物・サラダ
	ゴマ油	-3～-6	揚げ物・炒め物・サラダ・風味づけ
	オリーブ油	6～0	炒め物・サラダ・油漬け・製菓
	カカオ脂	30～36	製菓
加工油脂	バター	28～38	炒め物・風味づけ・食卓用・製菓
	マーガリン	30～38	炒め物・食卓用・製菓
	ショートニング	30～41	製菓

＊は凝固点。

として使われる．

9.2 高温加熱（揚げ物）

　油脂を加熱媒体にした揚げ物や炒め物では，油の温度が130～200℃になるため，短時間で食品の内部まで加熱できる．水が急激に蒸発して油と入れ替わるため，揚げ物においては油切れをよくして吸油量を少なくした方が，カラッとした食感が得られる．炒め物では材料の表面に油の膜をつくって材料から水分を出さないように，鍋と油を十分加熱し，高温で短時間に炒めなければならない．油脂を用いた調理では，脂溶性ビタミンの吸収を促すとともに，水溶性の栄養成分や呈味成分の流出を抑えることができる．中華料理の油通し（泡油〈パオイウ〉）はこのような目的と煮くずれ防止で行う調理法である．

9.3 クリーミング性とショートニング性

　固形油脂を攪拌すると油脂の中に空気を細かく分散させて抱き込む性質がある．これをクリーミング性という．バタークリームやホイップクリームはこの性質を利用したものである．ショートニングはクリーミング性が最も高い（図9.1）．

　マーガリンは原料の動植物油脂に硬化油，乳化剤，色素，ビタミン，食塩を混ぜて成型したものである．バターに比べて，低温でもなめらかにのびるソフトマーガリンは，液状の植物油脂を多く配合している．ショートニングは動植物油脂と硬化油に10～20％の窒素ガスを吹き込んだもので，乳化剤は添加していない．マーガリンやショートニングはクリーミング性，ショートニング性をもつため，製パンや製菓に利用される．

　小麦粉ドウに油脂を練り込むと，油脂が膜のように広がってグルテンの形成を阻害する．そのため焼き上がったクッキーやパイ生地はさくさくした，もろくて砕けやすいものになる．このような性質をショートニング性という．

9.4 疎 水 性

　油脂は水と混ざらない．焼き物の際，天板や金網に油脂を塗る，ゆでめんに油を絡める，あるいはプディングの型抜きなどで容器の内側に油脂を塗るのは，接着を防ぐためである．サンドイッチのパンの表面にバターを塗って油膜をつくり，

図9.1 油脂の種類とクリーミング性
小菅昭夫：食品と科学, **12** (2), 40, 1970

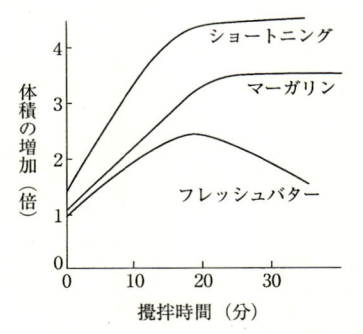

バター：牛乳より分離したクリームの脂肪球を攪拌操作により凝集させたもの．80%以上の乳脂肪と18%の水分を含む．W/O型乳化性油脂．

マーガリン：動植物性油脂および硬化油に15～17%の水，発酵乳と少量の乳製品，着香料，乳化剤などを加え，乳化工程を経て加工されたW/O型油脂．

ショートニング：マーガリンとほぼ同じ原料油脂に10～20%の窒素ガスを含ませて練り込んだ可塑性に富む水相のない純油脂．主に製菓，製パンに用いる．

具の水分がしみこまないようにするのもこの性質を利用している．また，パイの場合，ドウが薄い層になるのは，油脂が空気と一緒に練り込まれて，ドウの接着を防ぐためである．油脂の比重は水より小さく，フレンチドレッシングでは油は水の上層に分離する．

9.5 乳化性

マヨネーズは，卵黄の乳化力を利用して油と酢からつくられるソースである．卵黄1個に対して油の量は100～200 ml程度用いられる．マヨネーズは水中油滴型のエマルジョン（emulsion）で，酢の量は15～30 ml用いるが，酢が少ないと硬く，多いと軟らかくなる．食塩や香辛料は乳化を助け，安定性に役立っている．安定した乳化状態のマヨネーズをつくるには，卵黄に酢，油以外の調味料をよく混合した後，酢と油を少量ずつ数回に分けて交互に加えて攪拌する．はじめに加える油の量が多い，油の温度が低過ぎる，攪拌速度が均一でない，卵黄の鮮度が悪いなどの場合には，分離する原因になる．

フレンチドレッシングは，酢と油，食塩，香辛料をよく混合振とうして用いる．市販のドレッシングには，静置すると油層と水層に分離するものや，乳化剤を入れて酢と油が分離しないようにしてあるタイプのものがある．ドレッシングに用いる酢は，果実酢やワイン酢など風味のよいものが好まれる．

10. ビタミン・無機質性食品の調理特性

　野菜はビタミンと無機質（ミネラル）の給源として重要な食品であるが，ビタミンや無機質には水溶性のものが多く，調理による損失が大きい．機能性成分を効率よく摂取するためには調理方法に工夫が必要である．

表 10.1　無機質とビタミンの栄養機能表示[37]

(a) 無機質類

名　称	栄　養　機　能　表　示
カルシウム	骨や歯の形成に必要
鉄	赤血球をつくるのに必要

(b) ビタミン類

名　称	栄　養　機　能　表　示
ナイアシン	皮膚や粘膜の健康維持を助ける
パントテン酸	皮膚や粘膜の健康維持を助ける
ビオチン	皮膚や粘膜の健康維持を助ける
ビタミン A *	夜間の視力の維持を助ける，皮膚や粘膜の健康維持を助ける
ビタミン B_1	炭水化物からのエネルギー産生と皮膚や粘膜の健康維持を助ける
ビタミン B_2	皮膚や粘膜の健康維持を助ける
ビタミン B_6	タンパク質からのエネルギーの産生と皮膚や粘膜の健康維持を助ける
ビタミン B_{12}	赤血球の形成を助ける
ビタミン C	皮膚や粘膜の健康維持を助けるとともに，抗酸化作用をもつ
ビタミン D	腸管でのカルシウムの吸収を促進し，骨の形成を助ける
ビタミン E	抗酸化作用により，体内の脂質を酸化から守り，細胞の健康維持を助ける
葉酸	赤血球の形成を助ける，胎児の正常な発育に寄与する

*ビタミン A の前駆体である β-カロテンについては，ビタミン A と同様の栄養機能表示ができる．この場合，「妊娠 3 カ月以内または妊娠を希望する女性は過剰摂取にならないように注意する」旨の注意喚起表示は，不要である．

10.1　ビタミンの分類と性質

『五訂　日本食品標準成分表』[11)]に記載されている脂溶性ビタミンとして，ビタミンA（レチノール），ビタミンD，ビタミンE（トコフェロール），ビタミンKがあり，水溶性ビタミンとしてビタミンB_1（チアミン），ビタミンB_2（リボフラビン），ナイアシン，ビタミンB_6，ビタミンB_{12}（コバラミン），葉酸，パントテン酸，ビタミンC（アスコルビン酸）がある．

ビタミンAは主として動物性食品（レバー，ウナギ，卵黄）に含まれる．植物ではカロテノイド色素のα-カロテン，β-カロテン，クリプトキサンチンがプロビタミンAとしてはたらくが，レチノール当量はβ-カロテンが1/6，α-カロテンとクリプトキサンチンは1/12である．カロテノイドにはこのほか，抗がん作用や免疫賦活作用がある．

ビタミンB群はすべて，各種酵素の補酵素として作用する．ビタミンB_1は熱，アルカリに不安定である．煮汁に溶出するので煮汁ごと利用するとよい．

ビタミンC（アスコルビン酸）は水によく溶け，強い還元作用をもち，抗酸化剤となる．貯蔵中や調理による損失が大きい．切る，おろす，水に浸す操作によりかなり損失する．ゆで時間，ゆでた後の水浸，切り方の大小も影響する．ゆでるより蒸す方が損失が少なく，炒める，揚げるなどの高温短時間加熱では損失は少ない．ニンジン，キャベツ，カボチャ，キュウリなどはアスコルビン酸酸化酵素（アスコルビナーゼ）をもつため，ほかの野菜と一緒にすりおろすとビタミンCが酸化される（ただし，酸化型，還元型とも生理効果は同じ）．酢や食塩により酵素作用が抑制されるため，食べる直前にこれらで処理した後，混ぜ合わせるとよい．ビタミンCはアルカリ性では不安定で容易に酸化される．

ビタミンDはカルシウムとリンの代謝の調節に関与し，骨形成に重要なビタミンである．熱，アルカリに安定で，酸に不安定である．きのこ類はプロビタミンD_2のエルゴステロール（紫外線の作用でビタミンD_2になる）を多く含む．

ビタミンEは熱に安定であるが，酸化されやすく，抗酸化作用がある．植物油，マーガリン，アーモンドに多い．

ビタミンKは血液凝固や骨代謝に関与する．ノリ，ワカメなどの藻類やホウレンソウ，キャベツなどの野菜，糸引納豆などに多い．熱に安定で，アルカリや紫外線に不安定である．

10.2 無機質の分類と調理

『五訂 日本食品標準成分表』に記載されている無機質はナトリウム,カリウム,カルシウム,マグネシウム,リン,鉄,亜鉛,銅,マンガンである.ナトリウムは主に食塩として摂取されるが,成人10 g/日未満が望ましい.カリウムは野菜,果実,いも類に多く含まれる.ナトリウム/カリウムの摂取比は2以下が適当といわれている.カルシウムは小魚類,乳・乳製品,コマツナ,ホウレンソウに多く含まれる.カルシウムの吸収はフィチン酸,シュウ酸,リン,食物繊維により抑制されるため,穀類や野菜のカルシウムは吸収率が低く,乳類の吸収が最も高い.マグネシウムは海藻類や豆類に多い.リンは食品中に多く含まれるので欠乏症はなく,過剰摂取による骨代謝阻害などが起こりやすい.鉄は海藻類,貝類,レバー,緑色野菜に多く含まれる.吸収率は植物の非ヘム鉄で数%,動物のヘム鉄で20〜30%である.亜鉛は肉,魚,穀物に多く含まれる.欠乏すると味覚および嗅覚障害が起こる.

無機質は洗浄,浸漬,加熱により溶出する.水より食塩水に浸す方がカリウム,カルシウム,マグネシウムの溶出率が高くなる.

10.3 色・香り・あく・酵素的褐変

a. 野菜の色
1) クロロフィルと調理

緑色野菜の緑色は葉緑体に含まれるクロロフィル(葉緑素)の色である(表10.2).クロロフィルはポルフィリン環の中央にMg^{2+}があり,フィトール基の長い側鎖がついた構造をしているため,水に溶けず脂溶性である(図10.1).生野菜の細胞液は弱酸性であるが,クロロフィルはタンパク質とゆるく結合しているため,安定である.さっとゆでると緑色が鮮やかになるのは,クロロフィラーゼによりフィトール基が除かれクロロフィリドとなったり,組織中の空気が追い出され透明度がよくなるためである.長時間加熱したり(有機酸が溶出しゆで汁が酸性になる),酸性にするとMg^{2+}が水素と置換し,フェオフィチンとなり緑褐色となる.さらに熱,酸処理を続けるとフィトール基が除かれ黄褐色のフェオフォルバイドとなる.この反応は加熱することにより促進されるので,酢,醬油,味噌などのpHが低い溶液中で煮ると変色が著しい.酢の物は供す直前に和える

表 10.2　野菜や果物の色素

色素	主な色素名	所在食品
クロロフィル （青緑～黄緑色）	クロロフィル a クロロフィル b	日光を受けて育った葉の緑色部に多い 緑黄色野菜
カロテノイド系 　カロテン類 　　（橙赤色）	α-カロテン β-カロテン γ-カロテン リコピン	ニンジン，茶葉，柑橘類 緑茶，ニンジン，トウガラシ，柑橘類 ニンジン，アンズ，柑橘類 トマト，スイカ，カキ
キサントフィル類 　　（黄～赤色）	ルテイン ツアキサンチン クリプトキサンチン リコキサンチン カプサンチン フコキサンチン クロセチン	緑葉，オレンジ トウモロコシ，カボチャ，緑葉 ポンカン，トウモロコシ トマト トウガラシ コンブ，ワカメ クチナシ，サフラン
フラボノイド系 （無・淡黄色）	ケルセチン ルチン アピイン ヘスペリジン ノビレチン ナリンギン ダイジン	タマネギの黄褐色の皮 ソバ，トマト パセリの葉 ミカン，ダイダイ，レモン，ネーブル ミカンの皮 ナツミカンの皮，グレープフルーツ，ザボン（苦味物質） 大豆
アントシアン系 （赤・青・紫色）	ナスニン シアニジン シソニン オエニン フラガリン クリサンテミン	ナス 赤カブ，イチジク 赤ジソ 赤ブドウの皮 イチゴ 黒大豆の皮，クワの実

とよい．また，60℃以下では変色しにくいため，汁物の青菜はゆでたものを椀に盛り，熱い汁を注ぐとよい．

アルカリ性で加熱すると Mg^{2+} はそのままでフィトール基とメチル基が除かれ，水溶性のクロロフィリンとなり鮮やかな緑色になる．ワラビ，ヨモギのようなあくの強い山菜を重曹液中でゆでると緑色が鮮やかになり，早く軟化する．アルカリ性ではペクチンがトランスエリミネーション（β-脱離）により分解して軟化し過ぎるため，またビタミン B_1，B_2，C の破壊が大きいため，青菜類をゆでる際には重曹を用いない方がよい．

青菜を色よくゆでるには，約 5～10 倍重量の 1～2% 食塩水を沸騰させた中で

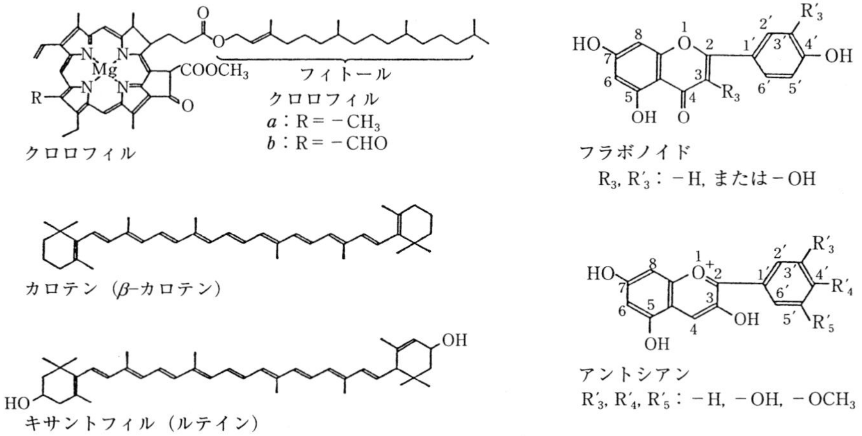

図10.1 植物性色素の化学構造[38]

短時間ゆでた後,急冷する.有機酸によるゆで汁のpH低下を防ぐため,鍋ぶたはしない(揮発させる).食塩水中でゆでると,Na^+の影響によりフェオフィチンになりにくいため,多少変色が抑えられる.

2) カロテノイドと調理

カロテノイドは赤〜黄色の脂溶性の色素で,緑黄色野菜にクロロフィルとともに多量に含まれている.青菜が鮮度低下すると黄色くなるのはクロロフィルが分解し,共存しているカロテンが現れるためである.熱,酸,アルカリに比較的安定なので,調理の際に変色しないが,二重結合が多いため光によって分解し退色する.また,ペルオキシダーゼやリポキシダーゼにより分解されるため,低温保蔵するか,ブランチングした後,冷凍してもよい.カロテノイドは水に溶けず脂溶性(サフランやクチナシのクロシン(クロセチンの配糖体)は例外的に水溶性)のため,油脂を用いた料理にすると吸収がよくなる.

3) フラボノイドと調理

広義のフラボノイドは$C_6-C_3-C_6$の構造をもつポリフェノール化合物で,アントシアンやカテキンも含む.狭義のフラボノイドは4位にケト基をもち,構造上フラボン,イソフラボン,フラボノール,フラバノンなどに分類される.無色〜淡黄色の水溶性の色素で,遊離型または配糖体として植物中に広く分布する.酸性で無色〜白,アルカリ性で加熱するとカルコンとなり黄〜褐色に変色する.

レンコン，ゴボウ，カリフラワーを食酢液中でゆでると白くなる．小麦粉にはフラボノイド色素があるため，重曹を入れた蒸しパンは黄色くなるが，ベーキングパウダー（中性付近）を使うと白いままである．鉄，アルミニウムとキレート化合物（錯塩）をつくり変色しやすい．Al^{3+}で黄色，Fe^{2+}で青・緑色となる．

4) アントシアンと調理

アントシアンは広義のフラボノイドで，アントシアニン（配糖体）とアントシアニジン（アグリコン：非糖成分）の総称で，植物中に存在する水溶性の色素である．加熱すると煮汁中に溶出し，イチゴジャムなどは酸化されて褐色になる．酸性では赤，中性では紫〜藍色，アルカリ性では青〜緑色に変色する．梅の紫しそ漬け，レモン汁を添加したイチゴジャム，赤カブや紫キャベツの酢漬けは鮮やかな赤色になる．また，Fe, Al, Ca, Mg, Na などの金属イオンと錯塩を形成し，色が安定化する．ナスのぬか漬けにミョウバンや鉄釘を入れたり，黒豆を煮るとき鉄鍋や古釘を利用して色止めすることがある．ナスのナスニンは100℃以下では変色，退色するが，油で揚げる，炒めるなど高温で加熱すると色が保たれる．

b. 野菜の香りと調理

野菜は特有の香りをもっている．香気成分はアルコール類，エステル類，含硫化合物などである．細胞が破壊されると香りが強く発生する．また，酵素の作用で香りが生成するものもある．香味野菜は風味を引き立てるのみならず，臭い消し，食欲増進，抗菌などの効果もある．日本料理では薬味，さしみのつま（シソ，ミョウガ，ネギ，タデ，ワサビ）や吸い口（木の芽，ユズの皮），天盛，前盛として用いて季節感を出す．西洋料理ではパセリ，セロリーや各種香草（ハーブ）をスープストック，煮込み料理，ソース，料理の添え物として利用する．中国料理ではネギ，ショウガを肉，魚の臭い消しとして下調理や湯（タン）（スープ）をとる際に用いる．ニンニクは細胞が破壊されるとアリインからアリイナーゼの作用によりアリシンが生成され，独特の臭いが生じる．

c. あくとその取り扱い

野菜にはえぐ味（ホモゲンチジン酸，シュウ酸，無機塩類），苦味（アルカロイド，配糖体，タンニン，サポニン，無機および有機塩類），渋味（タンニン，アルデヒド，無機塩類），辛味（イソチオシアネート）などの不味成分をもつも

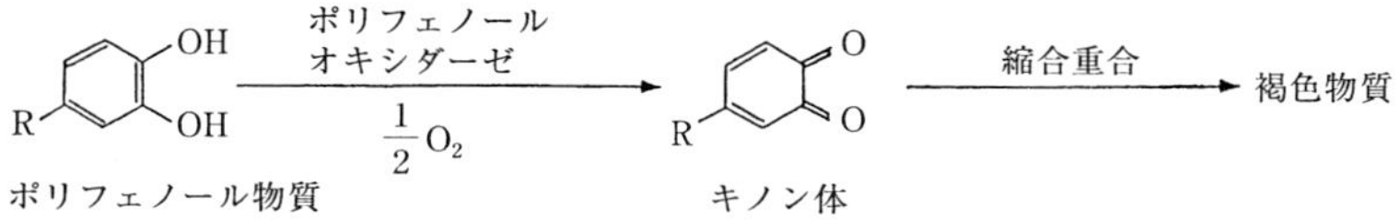

$$R\text{-}C_6H_3(OH)_2 \xrightarrow[\frac{1}{2}O_2]{\text{ポリフェノールオキシダーゼ}} R\text{-}C_6H_3O_2 \xrightarrow{\text{縮合重合}} \text{褐色物質}$$

ポリフェノール物質　　　　　　　　　　キノン体

図 10.2 酵素による褐変現象[39]

のがある．これらのあく成分は水溶性のため，水，1%食塩水，5〜10%酢水などへの浸漬，ゆで操作により溶出除去される．ワラビ，ゼンマイなどの山菜類は5%木灰汁や0.3%重曹水などのアルカリ溶液を利用すると軟化が促進され，緑色が鮮やかとなる．タケノコは10%ぬか液，ダイコンは米のとぎ汁，カリフラワーは小麦粉などのデンプン液であく成分を吸着させ，除去する．ただし，あく成分の中には生理活性物質も含まれているので，過度のあく抜きは避ける．

d. 酵素的褐変と調理

植物性食品には多種類のポリフェノール物質（フラボノイド類，タンニン類，リグナン類などフェノール性水酸基を2個以上もつ化合物の総称）が含まれる．無色であるが，酸化酵素により酸化されるとメラニン系の褐色物質となる（図10.2）．切ったり，ミキサーにかけると細胞が損傷され，空気にふれて褐変する．褐変防止には ① 水に漬ける（空気中の酸素と接触させない，基質，酵素を水に溶かす），② 酸で pH を下げ酵素の最適 pH から遠ざける，③ 食塩を加え酵素作用を抑制する，④ 還元剤（アスコルビン酸）を加え酸化を防止する，⑤ 加熱により酵素を失活させる，などの方法がある．

10.4 野　菜　類

野菜類は多彩な色，味，香り，歯ざわりをもち，副菜として重要な役割をもつのみならず，食卓に彩りや風味を添える食品として重要である．

a. 種　　類

野菜の種類は多く，食用部位により葉菜類，茎菜類，根菜類，花菜類，果菜類などに，カロテン含量により緑黄色野菜（可食部100 g中カロテンを600 μg以上含む野菜），その他の野菜（淡色野菜）に分類される．生食，ゆで物，和え物，煮物，炒め物，揚げ物など各種料理に利用される．1日に350 g以上の野菜，そ

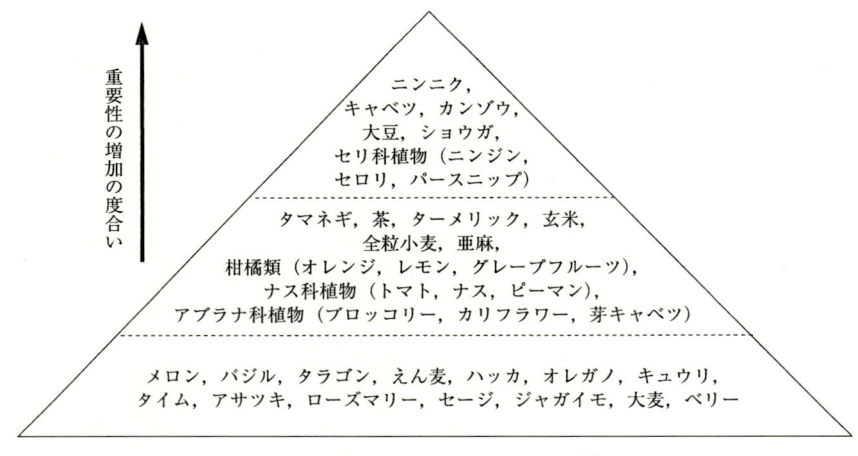

```
           ニンニク,
         キャベツ, カンゾウ,
          大豆, ショウガ,
        セリ科植物（ニンジン,
         セロリ, パースニップ）
       ─────────────────
      タマネギ, 茶, ターメリック, 玄米,
         全粒小麦, 亜麻,
    柑橘類（オレンジ, レモン, グレープフルーツ），
       ナス科植物（トマト, ナス, ピーマン），
  アブラナ科植物（ブロッコリー, カリフラワー, 芽キャベツ）
  ─────────────────────────
  メロン, バジル, タラゴン, えん麦, ハッカ, オレガノ, キュウリ,
  タイム, アサツキ, ローズマリー, セージ, ジャガイモ, 大麦, ベリー
```

（重要性の増加の度合い↑）

図10.3 デザイナーフーズの概念図[37]

のうち120 g以上の緑黄色野菜の摂取が推奨されている．

b. 成　分

野菜類はビタミン，無機質，食物繊維源として重要な役割をもつのみならず，カロテノイド，フラボノイド，イソチオシアネート，ポリフェノール，サポニンなどの抗酸化性（活性酸素消去作用），抗変異原性，抗発がん性，血圧降下作用などの生理活性物質が含まれることから，生活習慣病予防の点で注目されている．1990年より米国立がん研究所はデザイナーフーズ計画（がん予防食品の研究）を立て，がん予防が期待できる植物性食品を重要度別にピラミッド型に示している（図10.3）．また，がん予防効果をもつ食事因子が，がんの種類別に示されている（図10.4）．

c. 調理性

1) 植物の生物的性質と調理

i）拡散　水（溶媒）の中にショ糖（溶質）を静かに入れると，かき混ぜないでもショ糖分子は水全体に広がっていく．このような現象を拡散という．

ii）浸透　ショ糖と水をセロハン膜で仕切ると，水がセロハン膜を通してショ糖の方へ入ってくる．このような現象を浸透という．溶質は通しにくいが，

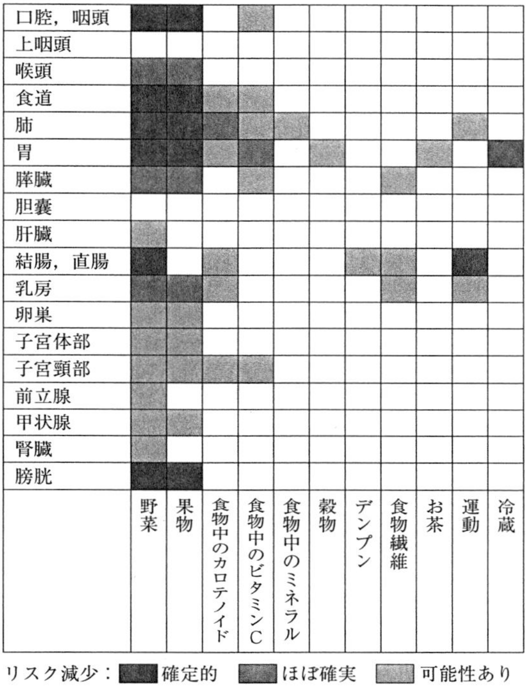

図10.4 がん予防効果をもつ食事因子
池上幸江ほか：栄養学雑誌, **61**(5), 275-288, 2003

溶媒は通るような性質を半透性といい，半透性の膜を半透膜という．細胞膜は半透性に近い性質をもっている．浸透によって生じた圧力を浸透圧といい，これは溶液のモル濃度に比例する．血液と等張（濃度の等しい）な食塩水を生理食塩水といい，ヒトの場合は0.9%である．野菜の浸透圧は約0.85%食塩，10%砂糖，0.2%酢酸溶液の浸透圧と等しい．

10.5 野菜の生食調理

野菜はサラダ，酢の物，和え物，付け合わせなどにして生のまま食べることがある．生食するときはとくに野菜を流水中でよく洗浄する．

植物細胞の原形質膜は半透性をもつため，冷水に浸すと吸水してパリッとした歯ざわりになりサラダに適する．低張液である水に浸すと細胞に水が浸透して体

積が増加し，細胞壁を押す膨圧が生じるためである．植物細胞には全透性で丈夫な細胞壁があるため，動物の赤血球のように破裂しない．モヤシなどは膨圧によって形を保っているが，膨圧がなくなると萎れる．よりうど，いかり防風，ラディッシュなどの飾り切りができるのは，野菜の表皮細胞が柔細胞より小さく，細胞壁が厚いため，細胞の吸水速度が異なり，柔細胞の方が多く吸水して表皮側にカールするためである．長時間浸漬はビタミンCや有効成分の流出が大きい．

一方，細胞液より高濃度の液（高張液）に浸すと原形質の体積が減り，細胞膜が細胞壁から離れ原形質分離が起こる．すなわち，生野菜に食塩をふったり食塩水に浸すと放水（脱水）してしんなりする．和え物の前処理に利用する．漬物はこの現象を利用したものである（図10.5）．

a. 漬　　　物

野菜に食塩を加え圧石をすると脱水し，原形質分離を起こし細胞が死滅する．細胞死により細胞内に含まれる酵素の作用が盛んになり，青臭さがなくなり漬物としての風味が生じる．また，乳酸菌や酵母などの作用により漬物特有の風味が増す．食塩や生成した乳酸，エタノールなどにより有害菌の増殖が抑制され貯蔵性が高まる（すぐき，しば漬け，たくあん漬け，ぬか味噌漬け，ザワークラウトなど）．米ぬか，酒粕，味噌，麹，もろみなどに漬けると，それらに含まれる酵素類も作用して独特の風味が生じる．また，細胞膜が半透性を失うと食塩や漬け液が細胞内に入り味がつく（即席漬け，醬油漬け，ラッキョウ漬け・ピクルスな

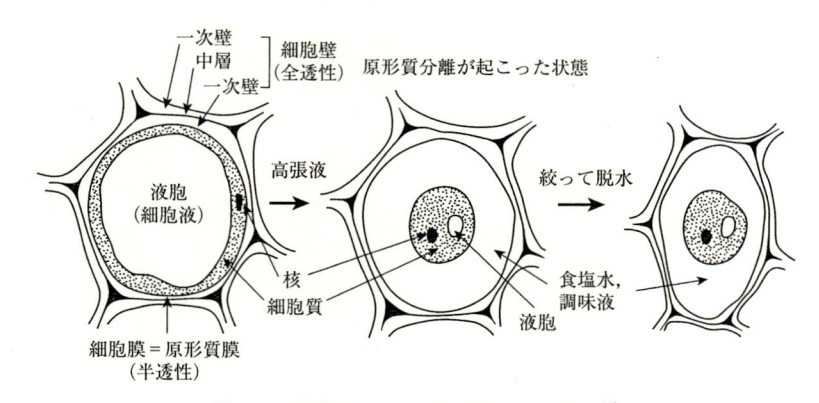

図10.5　漬物における野菜細胞の原形質分離[39]

どの酢漬け，砂糖漬けなど）．圧石は脱水の促進，発酵の調節，野菜と空気の接触を防いで変色を防止するなどの効果がある．産膜酵母（白い膜）は漬け液中の酸，アルコールを消費して漬物の風味を悪くしたり，ペクチン分解酵素を分泌して歯切れを悪くするため注意を要する．漬物の歯切れには Ca^{2+} や Mg^{2+} とペクチンの結合が関与するため，粗塩が適する．食塩濃度は漬物の種類，保存期間，温度により異なる．

10.6 野菜の加熱調理

　野菜の組織を軟化させ，あくを抜き，調味料を拡散させるために加熱調理する．加熱により「かさ」が減るので，生食するより多くの野菜を一度に摂取できる．野菜の軟化には細胞どうしを接着する役割をもつペクチンが重要な役割をする．

　ペクチン質はガラクツロン酸を主鎖とした複合多糖類であるが，ガラクツロン酸のカルボキシル基が，無視できない程度メトキシル基（$-OCH_3$）に置き替わった（エステル化された）ものをペクチンと呼ぶ．メトキシル基が約7％以上のものを高メトキシル（HM）ペクチン，それ以下のものを低メトキシル（LM）ペクチンという（後出図10.8参照）．

　野菜を中性またはアルカリ性溶液中で煮ると，ペクチンが β-脱離（トランスエリミネーション）により分解し，煮汁中に溶出するため，細胞間の接着力がなくなり軟化する．pHが5より高くなるほど β-脱離は促進されるので，重曹液で煮るとより軟らかくなる．一方，pHが3より低くなるほどペクチンの加水分解が促進されるため軟化が進む．生野菜中のペクチンは Ca^{2+} により不溶性になっているが，pH 2に野菜を浸漬すると Ca^{2+} が除かれるので，加熱しなくても軟化する．pH 4では β-脱離や加水分解，脱塩が起こらないため，酢レンコン，酢ゴボウは水煮したものと比べて歯ざわりがよい（図10.6，図10.7）．

　ペクチンはエステル化度が高いほど β-脱離しやすいため，エステル化度の高いペクチンを多く含む野菜ほど煮熟軟化しやすい．野菜を60℃で予加熱するとペクチンメチルエステラーゼが活性化しペクチンのエステル化度が低下するため，β-脱離しにくくなったり，Ca^{2+} によりペクチンが不溶化するため，100℃で再加熱しても軟化しにくくなる．

　Na^+，K^+ などはペクチンの溶出を促進するため食塩水中で煮ると軟化しやすくなり，Ca^{2+}，Al^{3+}（牛乳，ミョウバン液）などはペクチンの溶出を抑えるため

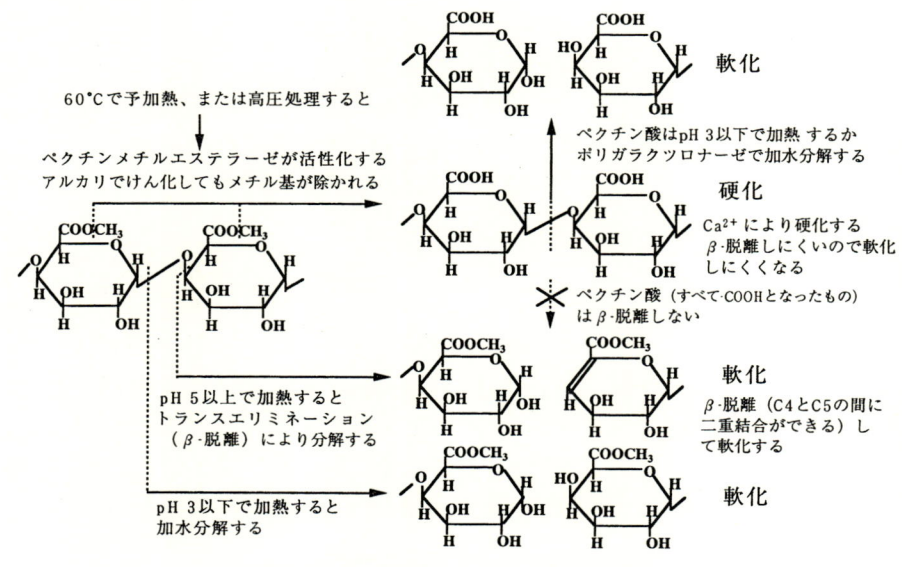

図10.6 野菜の軟化とペクチン質分解の関係

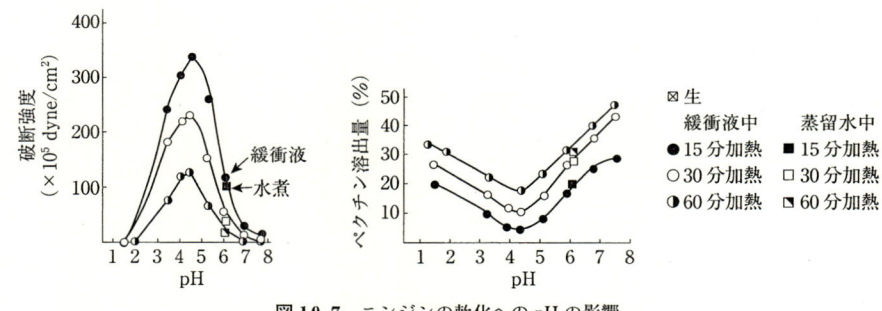

図10.7 ニンジンの軟化へのpHの影響
渕上倫子：日本栄養・食糧学会誌, **36** (4), 219-224, 1983

煮くずれ防止に役立つ．

10.7 果実類

a. 種　類

果実類（果樹に実る果物）は種類が多く，仁果類（リンゴ，ナシ，ビワ），核

果類（モモ，ウメ，アンズ，サクランボ），柑果類（柑橘類：ミカン，オレンジ，レモン），液果類（漿果類：ブドウ），堅果類（クリ，クルミ）などに分類される．果菜類に属す果物にイチゴ，スイカ，メロンなどがある．また，果樹を気候により温帯果樹（リンゴ），亜熱帯果樹（柑橘類，ビワ），熱帯果樹（マンゴー，アボカド，バナナ，パパイア，パインアップル）に分類することもある．

b. 成　分
　果実類は水分が多く，果糖（フラクトース），ブドウ糖（グルコース），ショ糖（スクロース）などの糖類やクエン酸，リンゴ酸，酒石酸などの有機酸を含むため，適度な甘味，酸味がある．また，ビタミン，無機質も豊富で，エステル類，テルペン類などの芳香があるので生食に適している．

c. ペクチンのゼリー化
　果実類に含まれる高メトキシル（HM）ペクチンは糖，酸とともに加熱後冷却するとゲル化するため，ゼリーやジャム，マーマレードをつくることができる．酸は HM ペクチンのカルボキシル基の解離を抑制し，砂糖は水分子を吸収してペクチン分子の水酸基どうしが水素結合するのを助ける働きがある．ジャムはペクチン濃度約 1％，糖濃度 60～65％，pH 3.2～3.5 が適当である．果実類によりペクチン，糖，酸の含量が異なるため，不足する場合はペクチンやレモン汁などで補う．
　低メトキシル（LM）ペクチンは Ca^{2+}（牛乳など）を添加することにより直ちにゲル化するため，牛乳でつくるゼリーの素材として市販されている．ペクチンのゲル化機構が HM ペクチンと異なり，LM ペクチンは解離したカルボキシル基が Ca^{2+} とイオン結合やエッグボックス状に配位結合してゲル化する（図 10.8）．糖，酸はなくてもよい．低糖度ジャム（50％糖度）は LM ペクチンがカルシウム添加でゲル化する性質を利用したもので，カラギーナン（ゲル化剤）やガム類（組織安定剤）を添加することもある．

d. 調理性
　果実類はジュース，サラダ，フルーツポンチ，カクテル，コンポート，ソースや焼きりんごなどに調理するほか，乾燥果実や砂糖煮（オレンジピールなど）に

(a) 高メトキシルペクチン（HMペクチン）

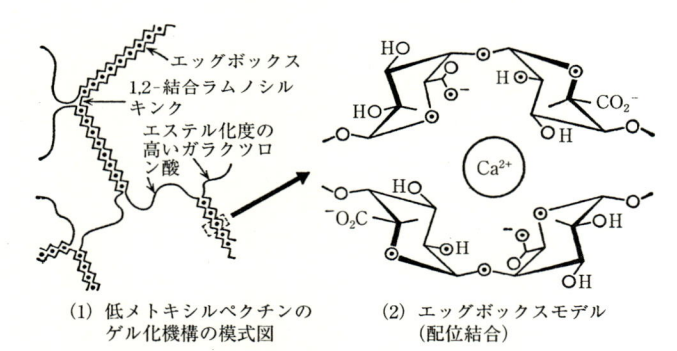

(1) 低メトキシルペクチンの
　　ゲル化機構の模式図
(2) エッグボックスモデル
　　（配位結合）

(注)・：Ca^{2+} のような2価の金属イオン，◉：O と Ca^{2+} との結合位置．
　　　〇：O の位置．

(b) 低メトキシルペクチン（LMペクチン）

図10.8　ペクチンのゲル化機構[40, 41]

してケーキ材料として用いる．

1) 生　食

　果糖は低温にするほど β 型（α 型の3倍甘い）が増えるため，果実類は冷やした方が甘くなる．ポリフェノール物質を含む果実類は切ったりジュースにすると褐変する．ナシ，リンゴなどは1％食塩水に浸し，バナナはレモン汁をかけたり，シロップに漬け褐変を防止する．

　パインアップル，パパイア，イチジク，キウイフルーツ，プリンスメロンなどはタンパク質分解酵素（プロテアーゼ）を含む．これらの生の果実は肉の軟化や消化には効果的であるが，ゼラチンゼリーに入れると凝固しない．

レモン，ライム，ユズ，スダチ，カボス，ダイダイなどの柑橘類の果皮はテルペン類のリモネンを含むため，芳香があり，果汁はクエン酸を含むため，風味づけ，酸味料，薬味，吸い口などに用いる．

渋ガキの脱渋はアルコール，炭酸ガス（ドライアイス），温湯処理などで行う．添加エタノール，または呼吸抑制により糖から生成したエタノールがアセトアルデヒドとなりタンニンを不溶性とするため，渋味を感じなくなる．

10.8 藻　　　類

日本人は古くから海藻などの藻類を食用としてきた．

a. 種　　　類

緑藻類（アオノリ，ヒトエグサ），褐藻類（ワカメ，ヒジキ，コンブ，モズク），紅藻類（アマノリ，オゴノリ），藍藻類（スイゼンジノリ）に分類され，その特有の色を料理の彩りとして利用するほか，粘質性などの独特の食感も味わえる．淡白な味をもち，生食のみならず，塩蔵，乾燥保存して多様な調理に利用される．

b. 成　　　分

海藻の主成分は難消化性の粘質多糖類（細胞間に存在するアルギン酸，フコイダン，アガロース，アガロペクチン，カラギーナン）やセルロース，ヘミセルロースであるため，エネルギー源としてでなく，食物繊維源として注目されている．

表 10.3　主な海藻の分類

分　類	色　素	色	種　類
緑藻類	クロロフィル カロテノイド	緑色 黄，橙，赤色	アオノリ，ヒトエグサ，アオサ
褐藻類	フコキサンチン クロロフィル	黄色 緑色	ワカメ，ヒジキ，モズク，マツモ，アラメ
紅藻類	フィコエリトリン フィコシアニン アロフィコシアニン クロロフィル カロテノイド	鮮紅色 青色 藍青色 緑色 黄，橙，赤色	アサクサノリ，オゴノリ，エゴノリ，トサカノリ，スギノリ，マツノリ
藍藻類	フィコシアニン	青色	スイゼンジノリ

各種ビタミン（カロテン，B群，C），無機質（Na，K，Ca，Mg，Fe，I，Zn）を多く含む．また，寒天，カラギーナン，アルギン酸などはゲル化材料，増粘剤，安定剤として利用されている．

c. 調理性
1）色
緑藻類はクロロフィルaを含み緑色を呈す．褐藻類はクロロフィルとフコキサンチン（カロテノイド系）により褐色を呈している．乾燥わかめの色がよいものにはクロロフィルaが多いが，悪いものにはフェオフィチンが多い．ワカメを加熱するとタンパク質と結合していたフコキサンチンが遊離するため緑色に変化する．そのため湯通し塩蔵わかめは緑色になる．湯通し後，乾燥・切断したものがカットわかめである．紅藻類はフィコエリトリン（鮮紅色），フィコシアニン（青色），アロフィコシアニン（藍青色）の3種類の水溶性のビリタンパク質色素（フィコビリン）を含む．乾のりを長く放置するとフィコエリトリンにより赤味をおびるが，火であぶると分解し退色するため青緑色（クロロフィル，カロテノイド，フィコシアニンは安定で変質しない）になり色が安定する．オゴノリ（紫褐色）は加熱したり，石灰水に漬けると緑色になる．トサカノリ（赤色）も石灰水に浸すと緑色，脱色すると白色になる．

2）香り
磯の香りは主にジメチルサルファイドであるが，アオノリの香りでもある．乾のりを焼くと有機酸，含硫化合物，アルデヒド類，テルペン類，アルコール類などの含有香気成分のほかに，アミノカルボニル反応による香りも加わり香りがよくなる．水分を5％以下に保ち，5℃で保管するか，窒素ガスを充塡して脱酸素剤とともに密封保存すれば色，香りが変質しない．

3）味
こんぶだしの主成分はグルタミン酸ナトリウムであるが，アスパラギン酸，アラニン，プロリンなどのアミノ酸やマンニトール（表面の白い粉）が複合されて独特の風味を呈する．ノリはヌクレオチド類（5′-イノシン酸，5′-グアニル酸）とアミノ酸（アラニン，タウリン，グルタミン酸）の相乗効果により固有の味を呈する．

10.9 きのこ類

a. 種類

きのこはカビの仲間で，担子菌，子嚢菌がある時期に大型の生殖器官（子実体＝きのこ）をつくったものである．人工栽培されたシイタケ，エノキタケ，ホンシメジ，ブナシメジ，ヒラタケ，ナメコ，マイタケ，エリンギ，キクラゲ，白キクラゲ，マッシュルームなどが年中出回っている．マツタケは年々収穫量が減り，人工栽培に成功していないため，香りが劣る輸入品が多く出回っている．トリュフはフランス料理の3大珍味の1つとされる．中国料理にはフクロタケ，キヌガサタケ，冬虫夏草なども利用される．

b. 成分

「香りマツタケ，味シメジ」といわれるマツタケの香りはマツタケオール，ケイ皮酸メチルである．シイタケの香気成分はレンチオニンである．きのこの主なうま味成分はヌクレオチド類（$5'$-グアニル酸）であるが，遊離アミノ酸（アラニン，グルタミン酸）の相乗効果により一層うま味が増す．トレハロースなどの糖や糖アルコールはまろやかな甘味を与える．きのこが乾燥後，水で戻しやすいのはトレハロースを含むためである．きのこを煮ることにより，$5'$-グアニル酸を含む$5'$-ヌクレオチド類が増加する．マッシュルームはグルタミン酸が多く濃厚な味をもつため，バター炒めに向き，西洋料理によく利用する．生でサラダにするときはポリフェノールオキシダーゼにより褐変しやすいため，レモン汁をかけるとよい．マイタケはプロテアーゼを含むため，茶わん蒸しに使うと卵液が凝固しない（卵白アルブミンが分解される）．きのこのβ-グルカンは免疫細胞を活性化することにより抗がん作用を有するといわれている．このほか，きのこにはコレステロール低下，抗腫瘍，血圧降下などの生理活性作用があるといわれている．

c. 調理性

きのこは独特の香り，味，食感（テクスチャー）を楽しむ料理に向く．直火焼き，煮物，鍋物，汁物，炊き込み飯，和え物，蒸し物，炒め物，揚げ物など幅広く用いられる．

11. 成分抽出素材の調理特性

11.1 デンプン

デンプンは穀類やいも類などの主成分で貯蔵炭水化物であり，植物資源から工業的に分離されるが，分離されたデンプンはコーンスターチ，片栗粉，くず粉などの形で調理に使用される．デンプン性食品はデンプンが細胞膜に包まれているままの状態で食用とされるのに対し，分離デンプンの調理における用途は少ないが，細胞膜による制約がないため，加熱によるデンプン粒の膨潤度が大で，ゲル化性が大きいなど独特の物理的性質を示し，調理加工において重要な役割をもつ．近年，各種のデンプン資源が開発され，その特性が調理に利用され，用途も拡大されてきている．

a. デンプンの種類と構造

デンプンの構造の基本骨格はアミロース（amylose）とアミロペクチン（amylopectin）であるが（7.2節a項参照），植物資源によりデンプンの構造や性質に差異がみられる．マイヤー（Meyer；1940年）によると，デンプンの構造はグルコースの重合体で，α-1,4結合のアミロースと，グルコース鎖の平均27個に1個の割合でα-1,6結合で枝分かれした房状構造をもつアミロペクチンの，2種類の多糖類で構成されている．アミロース鎖はグルコースが200～350個結合しているが，アミロペクチン分子はアミロース鎖の100～1000倍ものグルコースが連なり，グルコースの重合度は10万～100万と推定される高分子多糖である．

うるち米はアミロースが20～30％を占めているが，もち米やトウモロコシのデンプンはアミロペクチンのみから成る．エンドウマメや緑豆のデンプンはアミロースが35％で，ほかの種のデンプンの平均よりややアミロース含量が多い．

デンプン粒内のアミロースとアミロペクチン分子は，多数の分子が水素結合で放射状に結合している．図 11.1 のように房の部分が集まり小さな結晶ミセルをつくり，この結晶質部分が特有の X 線回折図を示す．生デンプン（β-デンプン）と α-デンプンは X 線回折図で区別され，米，トウモロコシなどは A 図形，サツマイモや豆類は B 図形，ジャガイモやゆり根は C 図形である．生デンプンは規則的な分子配列をもつ A, B, C 図形を示すが，α-デンプンはいずれも不規則でなだらかな V 図形となる．

調理に用いられているデンプンは植物学的に地下デンプンと地上デンプンに分けられ，地下デンプンにはジャガイモ，サツマイモ，クズ，キャッサバなどの根茎デンプン，地上デンプンには米，小麦，トウモロコシなどの種実デンプンなどがある．地上デンプンは水分が少なく，地下デンプン（平均粒度 70〜10 μm）であるジャガイモデンプンの形状が卵形で単粒，サツマイモ

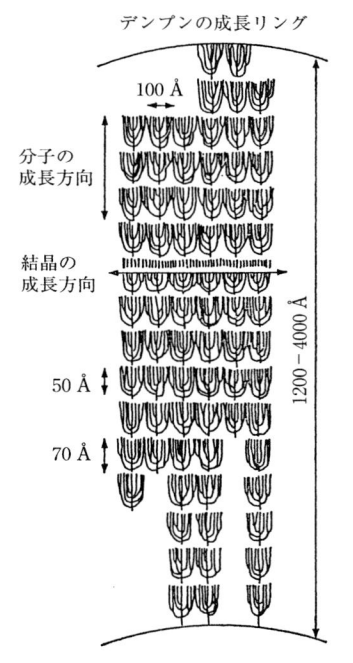

図 11.1 デンプンの成長リング
デンプン粒内におけるアミロペクチン分子の配列のモデル．
貝沼圭二：調理科学, **13**, 89, 1980

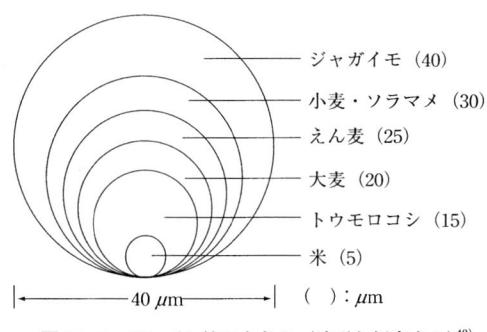

図 11.2 デンプン粒の大きさ（球形と仮定する）[42]

デンプンが楕円形で単粒，クズデンプンが多面形で複粒などであるのに比べ，地上デンプンの米デンプン（平均粒度が米 5 μm，小麦 21 μm）は多面形で複粒，小麦デンプンは凸レンズ形の単粒で粒径が小さく（図 11.2），形状は角ばっている，などの特徴がある．

b. デンプンの調理性

デンプンは生の状態（β-デンプン）では冷水に溶けないが，糊化温度以上の温度で膨潤，溶解し，コロイド状の糊となる（α-デンプン）．アミログラフィーを用いた研究（図 11.3）によると，いも類などの地下デンプンでは比較的低い温度で糊化が始まり，糊化したデンプンの粘度は高いが，加熱を続けるとデンプン粒は崩壊し，粘度が低下する．小麦デンプンやトウモロコシデンプンは比較的膨潤しにくく，加熱による粘度の低下は少なく安定している．ジャガイモやクズのような根茎デンプンは糊化すると透明度の高いゾルとなる．トウモロコシ，米，小麦のような種子の貯蔵デンプンは糊化により粘度や透明度の低いゾルとなる．ゲル強度はトウモロコシデンプンが高い．糊化デンプンは水分 10% 以下にすると老化しにくいが，水分が 30～60% で低温下におくと分子相互の水素結合を媒体とした再配列が生じ，速やかに老化する性質を有する．デンプンの種類による糊化特性および老化特性の違いがみられるので，調理目的によりデンプンの種類を選択することが大切である．

デンプンは用途に応じて種々の目的に利用されているが，調理に用いられてい

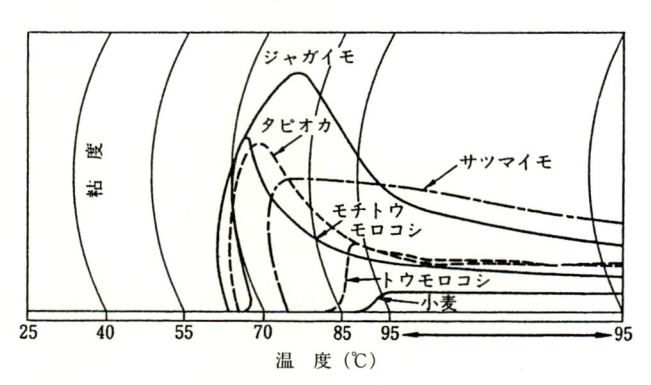

図 11.3 各種デンプンのアミログラム（ジャガイモデンプンは 4%，他は 6%，試料により若干変動がある）[43]

る例を表11.1に示した．糊化デンプンに調味料を加えると，いずれも粘度の変化が起こるが，ジャガイモデンプンでは食塩添加で粘性が低下する．デンプン液の粘りは砂糖を加えるとやや増加がみられるが，食酢・食塩添加により低下する

表11.1 デンプンの物性と調理

分類[*1]		物性	調理性	調理の例(デンプン濃度)	用いられるデンプン
S/G 粉末		粒度 吸湿性 付着性 水ぬれ性 保水性 膨潤性 ダイラタンシー[*2]	1. つなぎの材料として糊の役目をする 2. 吸湿性を利用して水分を吸着させる 3. 粘りつきを防止する 4. 糊化デンプンの膜で食品を覆い，成分の流出を防ぐ	肉だんご すり身(つみ入れ，魚そうめん，しんじょ) から揚げ，竜田揚げ 打ち粉 くずたたき タピオカパール	ジャガイモ トウモロコシ キャッサバ
S/L	ゾル	粘性 透明性 付着性 曳糸性 粘稠性 チクソトロピー[*3]	1. 汁にとろみをつける 2. なめらかな口あたりを与える 3. 温度低下を防ぐ 4. 粘性を与えるので，調味料が食品に絡まりやすい	薄くず汁 (0.5〜1%) くず湯 (3〜4%) くずあん (2〜6%) カスタードソース (4〜6%)	ジャガイモ トウモロコシ
	ゲル	硬さ 凝集性 付着性 粘弾性 粘稠性 伸展性	1. ゲル化して形を保つ 2. なめらかな口あたりと特有な歯ごたえを与える	プディング (8〜10%) ブラマンジェ (8〜10%) くずざくら (仕上げの目安：15〜20%) ごま豆腐 (仕上げの目安：20〜25%) くず切り 春雨	トウモロコシ クズ ジャガイモ サツマイモ 緑豆
G/S 個体泡		硬さ もろさ 破砕強度	1. 膨化性を利用する 2. クリスピーな食感を与える	衛生ボーロ せんべい	ジャガイモ

[*1] コロイドの相を示す．S：固体，G：気体，L：液体．
[*2] ダイラタンシー：液体を含んだ固体粉末塊が，急激な外力を受けたとき，流動体が減って固化し，破砕する性質．
[*3] チクソトロピー：振とう，攪拌によって流動性を増し，静置すると流動しにくくなる現象．回転粘度計を用いて粘度を測定するとき，上昇曲線と下降曲線の間で，ヒステリシスループを描くが，この面積でチクソトロピーの度合いを示す．

川端晶子：調理科学，26, 155, 1993

など，デンプンの種類により調味料の影響は異なる．砂糖は添加量が50％以上になると，親水作用がみられ，糊化が阻害されて透明感が低下するので，添加量には注意する．油脂はデンプンの膨潤・糊化を抑制するが，安定した粘性を与える．

c. デンプンの主な調理

デンプンの粘性をいかした調理にはくず汁，溜菜があり，ゲル化をいかした調理にはブラマンジェ（blanc-manger），くずざくら，ごま豆腐などがあげられる．その他にルウを調製する際にも各種のデンプンが使用される．デンプンの種類と調理に用いられる使用量を表11.2にあげた．

くず汁などに濃度をつけるために各種のデンプンが使用されているが，使用するデンプンには透明度となめらかさ，口あたりなどからジャガイモデンプン（片栗粉）が適している．かき卵汁では水で溶いたデンプンを1％濃度として粘度をつける．くず汁ではデンプン濃度0.5～1％，カスタードクリームでは小麦粉4～6％やコーンスターチが使用されるが，この場合は卵黄，牛乳，砂糖に粘度を付与するためデンプンが用いられている．卵黄の添加時の温度が高い場合は，粘度が高く，温度により粘度が異なる．ブラマンジェには透明度より熱安定性が高く，ゼリー強度の高いデンプンが用いられており，一般にコーンスターチが使われる．大きな泡が出始めてからさらに5分加熱すると，粘弾性の高いブラマンジェができる．くずざくらはクズデンプン（くず粉）を加熱により糊化させ，温かいうちにあんを包み込む．クズデンプンに片栗粉を加えて調理するが，これは粘度や付着性が高く，手につき，成形しにくいので，付着性が低く，破断伸張性の高いジャガイモデンプンと，透明度が高く，付着性や粘度の高いクズデンプンを1:3比で混合して使用し，調製しやすくしている．砂糖はこの濃度以下ではデンプンゲルの透明度を高め，保存中の透明度の低下も少なく，老化がやや遅延される．

ルウの調理には小麦粉が用いられる．デンプンはくずざくらには20％，ブラマ

表11.2 デンプンの種類と使用量

調理名	使用量(%)	種類
くず汁	0.5～1.5	片栗粉
吉野煮	4～6	片栗粉
豆腐あんかけ	4～5	片栗粉
野菜あんかけ	4～5	片栗粉
くず湯	4～5	くず粉
くず練り	6～7	くず粉
ブラマンジェ	8～12	コーンスターチ
くずざくら	15～20	くず粉＋片栗粉

ンジェには10%濃度で使用されている．その他，デンプンには種々の調理用途があり，調理目的により，すり身に加えると粘りを抑え，また，クッキーのもろさ，だんごの歯ざわりを出すなど，副材料として各種のデンプンが使われている．

11.2 寒　天

　寒天，ゼラチン，カラギーナンなどは水を加えて加熱すると流動性のあるゾルとなり，冷却するとゲル化するため，ゼリー用のゲル化剤として用いられる．ゲルの種類により透明度，硬さ，舌ざわりなどの性状が異なる．

　角（棒）寒天，糸（細）寒天はテングサ，オゴノリなどの紅藻類を煮溶かして寒天質を溶出し，ろ過し，冷却ゲル化したものを凍結後，融解，乾燥したものである．粉寒天は紅藻類を煮溶かした後，精密ろ過し，脱水，粉砕したもので，精密ろ過により濁りを除去してあるため透明感がよい．通常のゼリーの場合，角寒天は1%，糸寒天は0.8〜0.9%，粉寒天は0.5%使用すると，ほぼ同じ硬さになる．

　寒天はアガロース70〜80%，アガロペクチンより成り，アガロースは1,3-結

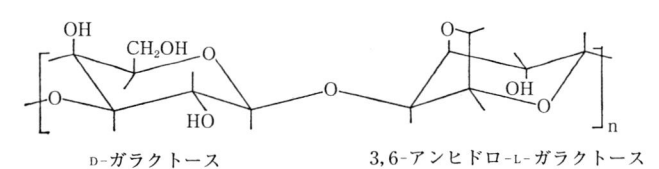

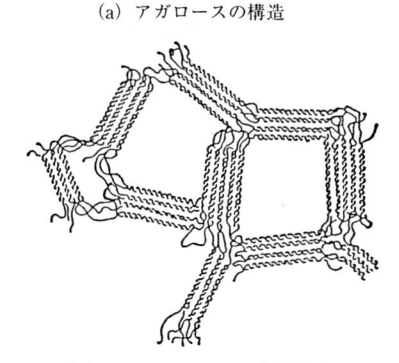

(a) アガロースの構造

(b) アガロースゲルの架橋構造

図11.4　アガロースの構造とゲル化機構[41]

合の β-D-ガラクトースと 1,4-結合の 3,6-アンヒドロ-α-L-ガラクトースの繰り返しから成り，ほとんど硫酸基を含まない（図 11.4 (a)）．アガロペクチンは硫酸基を含む．

寒天ゾルは高温ではランダムコイルになっているが，冷却すると水素結合により架橋し二重らせんを形成する．さらに二重らせんが凝集し三次元構造のゲルが形成される（図 11.4 (b)）．アガロースは多数の水酸基をもつため，分子間水素結合により強い網目構造を形成する．3,6-アンヒドロ-α-L-ガラクトース含量が多く，硫酸基が少ないほどゲルは硬くなる．

a. 膨潤，溶解，凝固，離漿

角・糸寒天は水に浸漬して膨潤後煮溶かす．粉寒天は水にふり入れてすぐ煮溶かしてもよい．寒天は 90℃ 以上で溶解するが，寒天濃度 2% 以上では溶けにくくなる．凝固温度は 0.5〜2% の寒天濃度で 28〜35℃ であり，寒天濃度が高いほど高温でゲル化する．ゲルを放置すると離水（離漿）する．寒天濃度が低く，保存温度が高く，放置時間が長いほど離漿が多い．ゲルは 80℃ 以上で加熱すると融解する．

b. 添加物の影響

1) 砂糖

砂糖濃度が高いほど凝固温度が高くなり，硬くて弾力のある透明なゲルとなり，離漿が少なくなる．砂糖が多いほど光の透過度が増すため，砂糖量の多い金玉かんは透明になるが，砂糖を添加しないみつ豆用の寒天ゲルは不透明である．

2) 果汁

寒天は多糖類であるので，酸性（果汁は有機酸を含むため酸性）下で加熱すると加水分解してゲルが軟化する．pH 4 以下で顕著である．ゾルを 50〜60℃ に冷却して果汁を加えるとよい．果汁に懸濁する果肉によりゼリー強度は低くなる．

3) 牛乳

寒天ゲル中の牛乳量が増えると，牛乳中の脂肪やタンパク質が寒天ゲルの構造を阻害するため軟化するが，離漿は少なくなる．

4) あん，卵白

比重が大きいあんや，比重の小さい卵白を加えると分離しやすい．混合寒天ゾ

ルを攪拌しながら40℃近くまで冷まして型に入れる．卵白に砂糖を加え，比重を大きくしたり，あんに加える砂糖を減らして寒天液に入れたりして，粘度を大きくすると分離しにくい．

11.3 ゼラチン

ゼラチンは動物の皮，骨などの結合組織のコラーゲンを酸，またはアルカリで加水分解して製造する（図11.5）．板状，粒状，粉状のものがある．

a. 膨潤，溶解，凝固，付着性

板・粒状ゼラチンは約10倍の水に膨潤した後煮溶かす．約40℃で溶解するので，50℃の湯煎で溶かす．ゼラチン濃度2～6%，3.2～14.5℃でゲル化する．凝固温度はゼラチン濃度が濃いほど高くなるが，寒天と比べるとかなり低く，通常使用量の3%濃度では氷水か冷蔵庫中で冷却しないと固まらない．融解温度（20～27℃）も低い．冷却温度が低いほど硬くなる．また，ゲルネットワークの形成速度が遅いため，冷却時間が長いほど硬くなる．ゼラチンゲルはなめらかで口どけがよく，透明で粘弾性があり，離漿しにくい．寒天より付着性が強いため2

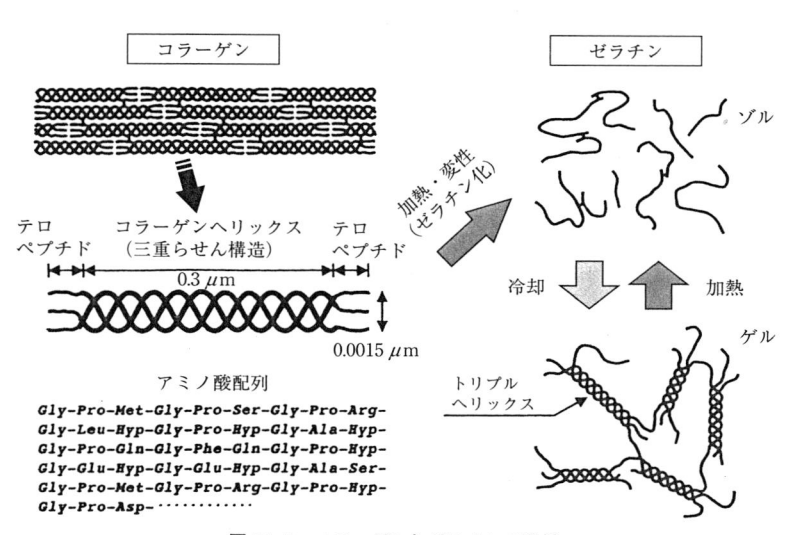

図11.5 コラーゲンとゼラチンの関係
古川　徹：食品加工技術, **21** (1), 28-33, 2001

色ゼリーに適している．下層を冷却凝固させた後，上層を凝固温度に近い温度で流すと接着する．型から出すには40℃温湯に3〜5秒漬ける．

b. 添加物の影響
1) 砂　糖
砂糖濃度が高くなるほどゲルは崩壊しにくい．
2) 果汁・果実
ゼラチンはタンパク質であるので，酸性下で加熱すると加水分解してゲルが軟化する．凝固温度付近まで冷ました後，果汁を添加するとよい．

パインアップル（ブロメライン），キウイフルーツ（アクチニジン），パパイア（パパイン），イチジク（フィシン），プリンスメロン（ククミン）などはタンパク質分解酵素を含むため，ゼラチンゼリーに入れると凝固しなくなる．果実を加熱して酵素を失活させた後，添加するとゲル化する．生果実を使いたいときは寒天，カラギーナンなどの多糖類のゲル化剤を使う方がよい．
3) 牛　乳
ゼラチンゲルに牛乳を加えると塩類の影響によりゲルが硬くなる．

11.4　カラギーナン（カラゲナン）

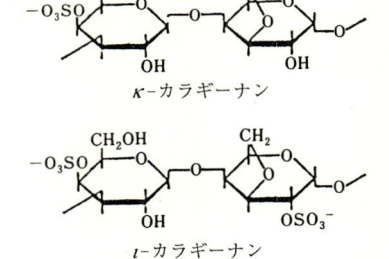

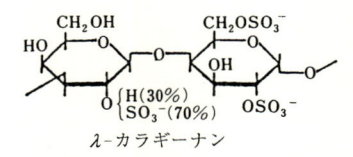

図11.6　κ-, ι-, λ-カラギーナンの構造[40]

カラギーナンはスギノリ，ツノマタ属などの紅藻類から抽出された多糖類で，分子中に含まれる硫酸基の位置や数，3,6-アンヒドロ架橋の有無により，κ（カッパ），ι（イオタ），λ（ラムダ）の3タイプに分けられる（図11.6）．硫酸基は静電的反発により二重らせんの形成や凝集を阻害するため，硫酸基が多いほどゲルは軟らかく透明となる．寒天より透明度がよく，ゲルの融解温度も低く，ゼラチンに近い口触りである．

κ-カラギーナンにK^+を添加すると，硫酸基間の静電的反発が遮へいされ，二重ら

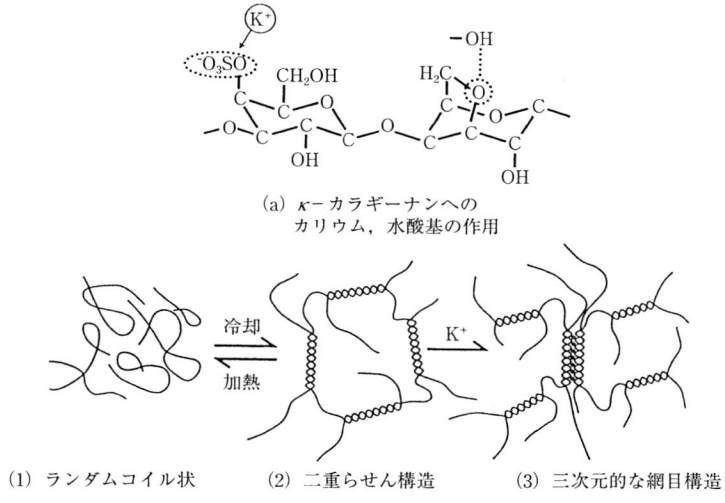

(a) κ-カラギーナンへの
カリウム，水酸基の作用

(1) ランダムコイル状　(2) 二重らせん構造　(3) 三次元的な網目構造

(b) κ-カラギーナンのゲル化

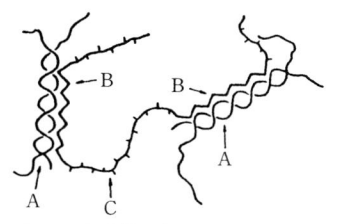

A：κ-カラギーナン
B：ローカストビンガムの直鎖部分
C：ローカストビンガムの側鎖部分

(c) ローカストビンガムとの相乗効果

図11.7　κ-カラギーナンのゲル化機構[40,44]

せんが強固になる．さらに分子鎖間にも結合が生じるため強くゲル化する．κ-カラギーナンはガラクトマンナンとの相乗作用により，硬く，弾性に富むゲルを形成し，離漿も減少する．そのため，市販ゲル化剤にはローカストビンガムやK^+，グルコース（溶けやすくするため）などが添加してある（図11.7 (a)(c)）．
ι-カラギーナンはκとλの中間的な性質を有する．κとι-カラギーナンは水に溶かし加熱すると分子がランダムコイルとなり，冷ますと二重らせん構造をとりゲル化する．K^+やCa^{2+}が三次元の網目構造を形成しゲル化する（図11.7 (b)）．

λ-カラギーナンは硫酸基が多いため,二重らせんを形成せずゲル化しない.粘性を示すので増粘剤として使われる.カラギーナンはあらかじめ砂糖と混ぜておくと溶けやすい.80℃で溶解し,約43℃でゲル化する.カラギーナンは牛乳カゼインとCa^{2+}による架橋や静電的相互作用などによりゲルを形成する.

その他のゲル化材として,カードランやジェランガムなどがある.

1) カードラン

微生物が産生する多糖類（β-1,3-グルカン）で,80℃以上に加熱すると弾力のある熱不可逆性のゲル（ハイセットゲル）となるため,うどん,もちの煮くずれ防止や温かい寄せ物に用いられる.冷凍耐性はよいが,離漿が多い.60℃で加熱し冷却すれば熱可逆性ゲル（ローセットゲル）となる.

2) ジェランガム

水草の微生物が産生する多糖類（グルコース2分子,グルクロン酸,ラムノース各1分子が直鎖状に結合）で,脱アシル型ジェランガムは0.4%以下の濃度でもゲル化する.Ca^{2+}やNa^{+}の存在でゲル化しやすい.市販のものはカリウム塩になっている.耐酸性,耐熱性で,透明なゲルを形成する.

11.5 食品タンパク質素材

近年,食糧資源の有効利用や植物タンパク質の高度利用を図る技術が開発されてきている.食品タンパク質は一般に加工・貯蔵・調理において,温度・pH・塩などのわずかな環境変化によって不溶化・凝固のような物理化学的性質が著し

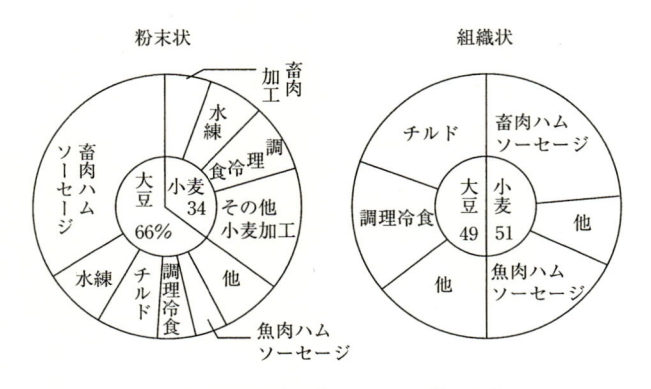

図11.8 小麦・大豆タンパク質の用途

く変化する．食品抽出素材としては，アミノ酸価の高い大豆タンパク質や調理機能の高い小麦タンパク質などがあり，食材として工業的に利用されている．小麦・大豆タンパク質の主な用途を図11.8に示した．植物タンパク質素材は水に戻すと結着性を増し，ひき肉に近い物性を示すので，魚肉加工品，ハンバーグ，水産練り製品に混ぜて調理加工されている．タンパク質素材により食味や栄養価が改善されるために，加工用として需要が増大している．

a. 大豆タンパク質

大豆の主要タンパク質であるグロブリンはゲル化性や乳化性などに優れた機能をもつ．大豆タンパク質はゲル状とした豆腐や膜状とした湯葉など，いろいろな形状に加工されており，これらの溶解性，吸水性，ゲル化形成性，乳化性，起泡性などの多くの加工特性が食品素材として広汎に利用されている．大豆タンパク質の等電点はpH 4.5付近で，等電点では凝集しやすいため，分離大豆タンパク質の製造にこの性質が利用されている．大豆タンパク質製品は脱脂大豆を原料とした加工品で，大きく分けると，大豆粉，濃縮大豆タンパク質，分離大豆タンパク質の3種類があり，それぞれのタンパク質含量は約56%，約71%，約96%で，分離タンパク質および粒状タンパク質の用途が多い．

大豆タンパク質の製造法を示した（図11.9）．脱脂大豆粉は脱脂大豆を粉にしたもので，大豆からヘキサンなどの溶剤で油を除去した残りである．米国では100メッシュ以下のものを粉（flour）と呼び，これより粗いものをグリッツ

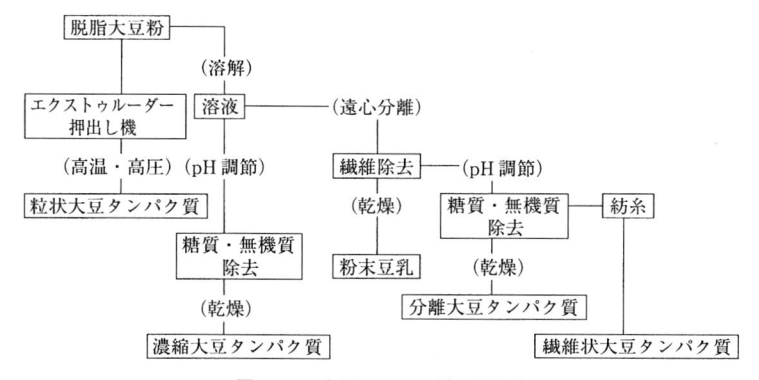

図11.9 大豆タンパク質の製造法

(grits) としている．濃縮大豆タンパク質製品は，酸やアルコールで洗浄した脱脂大豆を弱アルカリ抽出や熱水抽出することでおから部分を除き，蒸気噴霧で加熱変性して得られる．分離大豆タンパク質は脱脂大豆を使用して pH 7〜9 で水可溶性成分を抽出し，上澄液に酸を加えて pH 4.5 にして沈殿させ，これを噴霧乾燥したもので，脱脂大豆粉より色が薄く，タンパク質含量，大豆臭が少なく，獣肉や魚肉加工品，パンなどの添加剤としての用途があり，粉末や粒状に成型されている．分離大豆タンパク質は豆腐，凍り豆腐などの大豆加工品の製造においても重要である．濃縮大豆タンパク質を加圧して繊維状にした繊維状大豆タンパク質は色調，食感を改良したものである．

b. 小麦タンパク質

小麦タンパク質の種類は多く，その主成分であるグリアジンとグルテニンの 2 種類からグルテンが生成される．小麦タンパク質は小麦粉に水を加え，混ねつして得た麩を水で流出し，デンプンを洗浄し，これを原料にして化学処理，酵素処理などを施し，膨化あるいは繊維化して加工特性を変え，品質を改変したものである．小麦タンパク質の種類は非常に多く，粉末，ペースト状，粒状，繊維状タンパク質が用途に応じて開発されている．パンやめんをつくるときのグルテンの強化などの用途がある．

12. 嗜好飲料の調理特性

 嗜好飲料は，食事の際に食欲を高めたりするだけでなく水分の補給や疲労回復のためにも広く利用されている．人との交流の場においては雰囲気を和らげる働きもあり，団らんには欠くことのできない飲料でもある．これらの中には調理の材料として用いられるものもある．嗜好飲料品は，茶，コーヒー，ココアなどの非アルコール飲料と，清酒，ビール，ワインなどのアルコール飲料に分けられる．

12.1 茶

 茶はツバキ科，カメリア属の常緑樹の一種で，原産地は中国である．この茶葉を加工したものが茶であり，製造方法により，緑茶（不発酵茶），紅茶（発酵茶），ウーロン茶（半発酵茶）に大別される（図12.1）．

a. 緑　茶

 緑茶がわが国に伝えられたのは奈良時代の末期といわれ，当初は薬用として僧侶や貴族のみに飲料されていた．今日一般に飲用されている煎茶は江戸時代の初期に飲用が始まった．そのおいしさが次第に庶民にも広まって，今日の日本人の

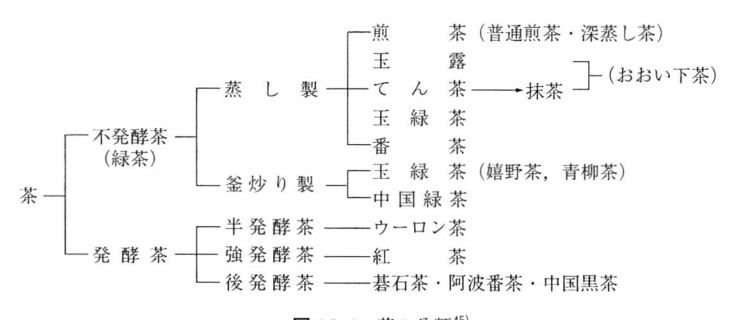

```
              ┌─ 煎　　茶（普通煎茶・深蒸し茶）
              │  玉　　露
        ┌蒸し製┤  て ん 茶 ─→ 抹茶 ┐（おおい下茶）
        │     │  玉　緑　茶        │
 ┌不発酵茶┤     └─ 番　　茶
 │(緑茶) │
茶┤     └釜炒り製┬─ 玉　緑　茶（嬉野茶，青柳茶）
 │              └─ 中 国 緑 茶
 │     ┌半発酵茶 ── ウーロン茶
 └発酵茶┤強発酵茶 ── 紅　　　茶
        └後発酵茶 ── 碁石茶・阿波番茶・中国黒茶
```

図 12.1 茶の分類[45]

表12.1 玉露, 煎茶, 抹茶および各種中国茶の一般化学成分含有量（乾物中）[45]

茶の種類	等級	全窒素 (%)	カフェイン (%)	全遊離アミノ酸 (mg/100 g)	テアニン (mg/100 g)	粗タンニン (%)
玉露	上級	6.31	4.04	5360	2650	10.78
	中級	5.48	3.10	2730	1480	13.40
	下級	5.18	2.90	2640	1340	14.10
煎茶	最上級	6.03	3.49	3530	1980	12.90
	上級	5.48	2.87	2700	1280	14.70
	中級	5.35	2.80	2180	1210	13.30
	下級	4.45	2.77	1460	612	14.50
番茶	中級	3.83	2.02	770	—	12.45
ほうじ茶	中級	3.46	1.93	200	—	10.37
抹茶	上級	6.36	3.85	5800	2260	6.50
	中級	5.85	3.51	4610	1790	6.20
	下級	5.38	3.23	3400	1170	6.50
中国茶						
白茶	上級	4.16	4.02	1830	838	12.62
黄茶	上級	5.70	4.01	3400	1580	18.96
ウーロン茶	上級	3.43	2.34	993	588	16.03
プアール茶	上級	4.41	3.40	48	8	5.91
プアール磚	上級	2.63	1.31	16	2	3.30

表12.2 茶, コーヒー, ココアの主要成分 (g/100 g)[11]

	水分	タンパク質	脂質	糖質	繊維	タンニン	カフェイン	ビタミンC (mg)	ビタミンE効率 (mg)
煎茶	4.9	24.0	4.6	35.2	10.6	13.0	2.3	250	65.4
浸出液[*1]	99.6	0.1	0	0.1	0	0.07	0.02	4	
抹茶	4.8	30.7	5.3	28.6	10.0	10.0	3.5	60	28.2
ウーロン茶	5.4	19.4	2.8	39.8	12.4	12.5	2.4	8	
浸出液[*2]	99.8	0	0	0	0	0.03	0.02	0	
紅茶	6.0	20.6	2.5	32.1	10.9	20.0	2.70	0	
浸出液[*3]	99.4	0.2	0	0.1	0	0.1	0.05	0	
コーヒー炒り豆	2.2	12.6	16.0	46.7	9.0	8.0	1.3	0	
浸出液[*4]	99.5	0.2	0.1	0	0	0.06	0.04	0	0
ピュアココア	4.0	18.9	21.6	42	4	—	1.8[*5]	0	0.5

浸出液：[*1] 煎茶10 gを430 mlの湯で1分間浸出，[*2] ウーロン茶15 gを90℃の湯650 mlで0.5分浸出，[*3] 紅茶2.5 gを90℃の湯100 mlで2分間浸出，[*4] ドリップ式で10 gの中挽きレギュラーコーヒーを150 mlの熱湯で浸出.
[*5] テオブロミン含量.

嗜好飲料の主流をなしている．

緑茶の製造には，蒸気を用いる方法と釜で炒る方法がある．わが国の緑茶の大半は蒸してつくられるものであり，九州地方の一部や中国では釜炒り法が用いられている．いずれも加熱することによって茶葉中の酵素（ポリフェノールオキシダーゼ）が失活して酸化が抑えられ，茶葉の緑色が保持される．

緑茶の成分については表 12.1，表 12.2 に示した．

緑茶の呈味成分としては渋味とやや弱い温和な苦味をもつタンニン類であるカテキンが最も多く，次に苦味を呈するカフェインが含まれている．緑茶のうま味，甘味成分を呈するのはアミノ酸類であり，テアニン，グルタミン酸，アルギニン，セリンなどが含まれているが，とくにテアニンは，上品なうま味と甘味をもつ．茶の種類によって含まれる成分の種類と量は異なり，テアニンは，新芽，新葉に多く，玉露や上級煎茶のような高級茶には多く含まれ，まろやかなうま味をもつ．並級の煎茶や番茶にはタンニンが多く含まれている．

緑茶には，呈味成分，香気成分として非常に多くの成分が含まれているため，茶のいれ方は，好ましい成分を多く浸出させ，好ましくない成分の溶出が多くならないようにすることがとくに大切である．茶の味や香りに最も影響を及ぼすのは，湯の温度と浸出時間である．また茶の種類や使用する水質によっても浸出成分とその浸出量は異なるため，茶のいれ方も種類や等級度により異なってくる．おいしい茶のいれ方を表 12.3 に示した．

良質の茶ほど，湯の温度が高いと渋味が強くなり，甘味が弱く，温度が低いと香りも味も乏しくなる．水質は軟水が適しており，水道水は沸騰させてカルキ臭を消してから用いる．最も上等な玉露や高級な煎茶では 50〜60℃の湯で約 2 分，煎茶では 80〜85℃の湯で約 1 分が目安である．番茶などにはうま味成分が少ないので，タンニンを多く浸出させるためには高温の湯で短時間浸出させる方法をとる．

表 12.3 茶のいれ方[27]

茶の種類	1人分の量 (g)	湯の量 (ml)	湯の温度 (℃)	浸出時間
番茶（ほうじ茶）	2	100	100	30 秒
煎茶	2〜3	80	80	約 1 分
玉露	2	50	50〜60	2〜3 分

緑茶には種類が多く，その目的によって使い分けるとよい．茶の味そのものを味わう場合は上質の茶を用いるが，玉露や煎茶を味わう前に甘い菓子などを食べると茶の味や香りが鮮やかに感じられる．食事時には味の淡白な番茶やほうじ茶が適する．

緑茶は，ほかの茶に比較してビタミン含量が多く，とくにビタミンC，ビタミンB_2，ビタミンEが多い．また，含まれているカテキンには酸化防止効果があり，種々の含有成分と抗がん性，抗菌性，利尿作用，血圧上昇抑制作用などの薬理効果が関係していると考えられている．浸出液を賞味するだけでなく，茶葉そのものを調理に利用することで，薬理効果を期待することもできる．

b. 紅　　茶

紅茶の産地はインド（アッサム，ダージリン），スリランカ，中国（キーモン）が代表的である[46]．歴史は比較的浅く，17世紀にはオランダ人によりヨーロッパに伝えられ飲用された．わが国では明治時代に入ってからである．紅茶は茶葉をしおらせてもみ，香りや味の成分の反応を起こしやすくする．さらに陰干しして揉捻機にかけて葉を細捻して形状を整える工程の中で，葉の細胞が破壊され，酸化酵素が作用しやすくなり，茶成分の酸化（発酵）を進めて芳香を生成させた黒色の茶である．

この発酵工程中に，茶葉中のタンニン類のカテキンはテアフラビンなどの物質に変化し，水色，成分に影響を与える．紅茶浸出液中のきれいな鮮紅色を呈する成分がテアフラビンで，酸化が進むとテアルビジンとなり，黒褐色になる．紅茶の品質の高いものほどテアフラビン含有量は多い．香気成分としては約350種が同定されているが，これらが複雑に混合し合って紅茶特有の香りとなる．産地により香気成分は特有であり，スリランカ紅茶のウバはテアフラビン量が多いため色が濃く，バラ様の香気をもち，インド産ダージリンはテアフラビン量は低く色は薄いが，ジャスミン様の香気をもつ．中国キーモン紅茶はスモーキーな香りを有している．紅茶の味を形成しているのはカテキン，カフェインである．良質の紅茶はタンパク質の少ない茶葉を用いるため，うま味は少ない．

紅茶は味よりも発酵により生じた芳香，水色の美しさを楽しむものであるので，高温の湯を用いて2～3分かけて浸出させる．上質の紅茶ほどタンニン量が多いので，苦味を和らげるためにミルクを入れると味にこくが出てうま味も増す．そ

のほか，レモン，砂糖，洋酒などを加える．冷めるとカフェインと結合し，白濁するクリームダウン現象がみられるが，砂糖の添加でこれを防ぐことができる．

c. ウーロン茶

ウーロン茶の主な生産地は台湾，中国である[46]．種類は包種茶，鉄観音，水仙などがあるが，最近は缶ドリンクの普及により消費量が伸びている．日光にあて，萎凋後，葉の周辺が褐色になり少し発酵して，芳香が出始めたら釜炒りを行う．ウーロン茶の呈味物質含量は緑茶と紅茶の中間にあり，緑茶と紅茶の両者の特別な香味をもっているのが特徴である．上級品は花の香りをもち，苦渋味のないまろやかな味をもっている．カテキンの含量が多いものが良質とされている．

12.2 コーヒー

コーヒーは，エチオピアの原産で，飲用されたのは11世紀頃といわれる．アラビアに伝えられ，アラビアでは乾燥した生豆を砕いて煎じたものを飲用したといわれる．17世紀のはじめにはヨーロッパ各地に，後半にはアメリカに伝わった．わが国には江戸時代初期にオランダ人により伝えられた．

コーヒー樹はアカネ科コーヒー属の植物で，代表的な品種はアラビア種である．生豆を200～250℃で焙煎することにより，特有の香りと風味が形成される．香気成分はカフェオールで，ピラジン類やフルフリルメルカプタンなどのフラン系化合物など500種以上の香気成分がコーヒーに微妙な香りを与えている．

タンパク質以外にグルタミン酸，アスパラギン酸などの遊離アミノ酸，脂質が含まれており，焙煎することにより褐色色素が形成され，香気成分にも関わっている．苦味成分はタンニンの一種のクロロゲン酸，カフェインであり，酸味には有機酸，甘味にはショ糖が関わっている．

コーヒー豆は種類や産地で香り，苦味，酸味が異なり，ブレンドすることにより一定の香味をもたせている．焙煎，ひき方，抽出方法などはコーヒーの風味に影響を与えている．焙煎度が低いほど酸味は多くなり，品質としては低い．

コーヒーには香気成分，呈味成分のほかに不味成分や微小な繊維も含まれているために，いれる場合は抽出温度と時間が大切である．沸騰水にコーヒー粉末を入れてこすボイル式，85～95℃の熱湯を回しかけてこすドリップ式がある．これら両者を組み合わせたのがサイホン式である．水はくみたての空気を多く含む

水を用い，沸騰させ過ぎないことが大切である．

12.3 ココア

ココアは西インド諸島に繁茂していたカカオ樹の種で，15世紀にコロンブスによりヨーロッパに伝えられ，19世紀には飲用のココアとして開発された．ココア（ココアパウダー）は，ココア豆を焙煎して，ココアバターを一部除去し粉砕したものである．脂質の含量によりブレックファーストココア（脂肪分22%以上），低脂肪ココア（脂肪分10%以下）と，これらの中間の中脂肪ココアに大別される．

飲用にはピュアココアと，ミルクを加えたミルクココア，これらに砂糖を加え，混濁しやすいように加工したインスタントココアがある．脂肪含量は茶，コーヒーに比べ多く22%である．特性成分として穏やかな刺激と興奮作用をもつテオブロミンと少量のカフェインを含む．

ココア豆の微紛を液状として飲用するため，あらかじめ少量の熱湯で十分に練ってから，砂糖を加え加熱しながら水または牛乳でのばし，香気を失わないように沸騰直前に火からおろす．

12.4 アルコール飲料

アルコール飲料はアルコール1度以上の飲料をいう．食欲を刺激し雰囲気を和らげリラックスさせてくれる．飲用だけではなく，各種の調理にも使われている．その種類を表12.4に示した．製造法により醸造酒，蒸留酒，再製酒に分類され，醸造酒には清酒，ビール，ワイン，老酒がある．

清酒は米，米麹および水を主原料として糖化発酵した「もろみ」をこしたものである．清酒の香り，味，こくが醸し出す風味には温度が最も影響する．ふつうの清酒では50〜60℃くらいで燗をすることにより芳醇なうまさが感じられる．調理の際は，コハク酸を中心としたうま味が強いので動物性の食品に用いられる．

ビールは麦芽，ホップを原料として発酵させたもので，ホップは爽快な苦味と芳香をもたらし，10〜13℃程度がおいしく飲む適温である．泡はビールの表面を覆って香りが逃げるのを防いでいる．アルコール分は約5度である．

ワインはブドウの果汁を発酵させたものである．赤ワインは赤ブドウまたは黒

表 12.4 アルコール飲料の種類[47]

種類	酒精度	備考
1. 醸造酒		汁物, 煮物, 煮込み
清酒	約 16	米
ビール	約 5	大麦
ワイン	約 12	ブドウ
老酒	約 9	米
2. 蒸留酒		果実酒原料や製菓材料, 料理のフランベ用
しょうちゅう	25～35	米, いも
ウイスキー	約 40	大麦
ブランデー	約 42	ブドウ
ウオッカ	40～50	ライ麦, 小麦, 大麦
ジン	37～47	ライ麦, トウモロコシ, (杜松の実)
ラム	約 45	サトウキビの糖みつ
白酒	約 60	コウリャン, 小麦 (茅台酒)
3. 再製酒 (調合酒, リキュール)		主に2に糖や果実, ハーブ類を浸漬またはほかの成分を添加して色や風味をつけた酒類. カクテルや食前, 食後酒に
梅酒		
チェリーブランデー		キルシュ, マラスキーノ
オレンジキュラソー		グランマニエ, コアントロー
ペパーミント他		

色ブドウの果肉, 果皮ともに発酵させ, 白ワインは果汁のみを発酵させたものである. ロゼワインは赤ワイン同様の工程をたどり, 短期間の発酵途中に果汁のみを発酵させたものである. 赤ワインのポリフェノールの抗酸化作用による動脈硬化抑制作用が注目されている.

12.5 その他の飲料

果実飲料には, 天然果汁 (果汁 100%), 濃縮した濃縮果汁, 果汁飲料 (果汁 50%以上), 果汁入り清涼飲料水 (果汁 10～15%) や, 果肉を5～30%加えた果粒入り果実飲料がある. 炭酸飲料は炭酸ガスを含ませた発泡性のものである. また, 各種ビタミン類, アミノ酸類, 無機質類, 有機酸類, 糖類を添加し, 体液に近い組成に調整したスポーツドリンクは運動時の水分, 塩分の補給に有効である.

13. 人間の環境と調理文化

　有史以来，人類は動物や植物を採取し，手を加えることによって，安全で，健康的でおいしい料理をつくることに惜しみない努力と工夫を重ねてきた．そうして培われた調理や加工の技術は，まさに人類最古の科学技術といえる．また，人々は自然の恵みに感謝し，食物を分かち合い，ともに楽しく食するための形をその土地その土地でつくり上げ，食文化として継承してきた．

　しかし，この数十年間の高度経済成長による大量生産，大量消費，大量廃棄型の生産・消費構造は食生活にも大きな変化をもたらした．とくにわが国では，飽食の中で，食は簡便化，省力化され，外食や中食といった食形態が増加し，栄養の過多や偏りを招き，生活習慣病が増加している（13.4 節参照）．また，欠食や孤食，個食という現象をも生み出している．これらの問題の解消を促すために，厚生省（現厚生労働省）は，1978（昭和 53）年に第一次国民健康づくり運動，1988 年に第二次国民健康づくり運動を始めるなど，国家レベルの努力を重ねてきた．第三次ともいえる国民健康づくり運動（健康日本 21）では，健康と生活の質（QOL）の向上を目指して 2000（平成 12）年をスタートとし，2010 年における目標を具体的に数値で示した．また 2000 年の「食生活指針」（表 13.1）では，農林水産省の「食料自給率の向上・食文化の推進」，厚生省の「健康増進・国民栄養の向上」，文部省（現文部科学省）の「学校給食を食教育の場に」を実行しやすいように，三省の連携で 10 項目にまとめて示している．

　今日のように，物が豊富で，食情報が氾濫し，価値観が多様化し，外食や中食などにより食の簡便化が容易にできる状況において，受身の食生活に流されていたのでは，まるで羅針盤のない舟のようなもので，健全な食生活を送ることは不可能であろう．

　本章では，わが国および世界の料理の特徴や，それが培われた背景を学び，文化観を深めて，健全な食生活のための食事計画の立て方，供食の方法を学ぶ．さ

表 13.1　食生活指針（2000）

<u>食事を楽しみましょう</u>
- 心とからだにおいしい食事を，味わって食べましょう
- 毎日の食事で，健康寿命を延ばしましょう
- 家族の団らんや人との交流を大切に，また，食事づくりに参加しましょう

<u>一日の食事のリズムから，健やかな生活リズムを</u>
- 朝食で，いきいきした一日を始めましょう
- 夜食や間食はとりすぎないようにしましょう
- 飲酒はほどほどにしましょう

<u>主食・主菜，副菜を基本に，食事のバランスを</u>
- 多様な食品を組み合わせましょう
- 調理方法が偏らないようにしましょう
- 手づくりと外食や加工食品を上手に組み合わせましょう

<u>ごはんなどの穀類をしっかりと</u>
- 穀類を毎日とって，糖質からのエネルギー摂取を適正に保ちましょう
- 日本の気候・風土に適している米などの穀類を利用しましょう

　野菜・果物，牛乳・乳製品，豆類，魚なども組み合わせて
- たっぷり野菜と毎日の果物で，ビタミン，ミネラル，食物繊維をとりましょう
- 牛乳・乳製品，緑黄色野菜，豆類，小魚などで，カルシウムを十分にとりましょう

<u>食塩や脂肪は控えめに</u>
- 塩辛い食品を控えめに，食塩は一日 10 g 未満にしましょう
- 脂肪のとりすぎをやめ，動物，植物，魚由来の脂肪をバランスよくとりましょう

<u>適正体重を知り，日々の活動に見合った食事量を</u>
- 太ってきたかなと感じたら，体重をはかりましょう
- 普段から意識して身体を動かすようにしましょう
- 美しさは健康から，無理な減量はやめましょう
- しっかりかんで，ゆっくり食べましょう

<u>食文化や地域の産物を活かし，ときには新しい料理も</u>
- 地域の産物や旬の素材を使うとともに，行事食を取り入れながら，自然の恵みや四季の変化を楽しみましょう
- 食文化を大切にして，日々の食生活に活かしましょう
- 食材に関する知識や料理技術を身につけましょう
- ときには新しい料理をつくってみましょう

<u>調理や保存を上手にして無駄や廃棄を少なく</u>
- 買いすぎ，つくりすぎに注意して，食べ残しのないよう適量を心がけましょう
- 賞味期限や消費期限を考えて利用しましょう
- 定期的に冷蔵庫の中身や家庭内の食材を点検し，献立を工夫して食べましょう

<u>自分の食生活を見直してみましょう</u>
- 自分の健康目標をつくり，食生活を点検する習慣をもちましょう
- 家庭や仲間と，食生活を点検する習慣をもちましょう
- 学校や家庭で食生活の正しい理解や望ましい習慣を身につけましょう
- 子どものころから，食生活を大切にしましょう

文部省（現文部科学省），厚生省（現厚生労働省），農林水産省により作成．

らに，近年のわが国の食の外部化に対する対応や，健康とライフステージ，ライフスタイルとの関連を学ぶ．また，地球レベルの課題である環境問題解決の一環として環境と調理について学ぶ．

13.1 日本の調理の発展と世界の料理

近年，庶民の日常の食生活は，社会情勢の変化により食の簡便化が進み，また生活のグローバル化などにより，伝統的な料理の継承は希薄になるなど，様変わりしてきている．しかし，料理や料理様式は，長い歴史の中で，その土地土地の自然環境に適したものとして生まれ，供食の様式もそれぞれ合理的で快適なものに形づくられてきた．また，料理献立は，栄養面からみても，味の取り合わせからみてもバランスのとれた見事なものである．ここでは日本，中国，西洋料理およびその他代表的な国々の料理の特徴を述べる．

a. 日本の調理の発展

農耕文化に根ざすわが国の調理文化は，祖先を神仏として崇め，収穫物を供え，ともに喜び，楽しむという流れが基礎となっている．飯（米飯）を主食とし，副菜には四季折々の魚介類，野菜類が多く用いられ，味は一般に淡白で，食品の持ち味がいかされている．日本料理は「目で食べる」といわれるが，包丁法や彩りを重視し，それぞれの料理に合った器に盛り付け，配膳される．

庶民の食事は，千年以上前から一汁三菜といわれ，すでに日本料理の基本型をとっていたと思われる．さらに仏教思想や中国料理，南蛮料理の影響を受けながら，日本独自のものとして，江戸時代に完成した．

本膳料理様式は，室町時代に完成し，礼儀作法を尊ぶ貴族や大名のものであり，伝統的な料理様式で，今日の日本料理の献立の原型となっている．

本膳料理様式の膳組み（図13.1）は，本膳，二の膳，三の膳，与の膳，五の膳であり，最高のものは七の膳までそろえられる．献立は呼び方が独特であり，汁，鱠（なます）（生魚などを用いない場合は膾の字をあてる），坪（つぼ）（汁の少ないあんかけなど），平（ひら）（煮物），猪口（ちょく）（和え物類）などと呼ぶ．この本膳料理様式は冠婚葬祭などの儀式の際の正式の様式であったが，今日では，ほとんど用いられなくなっている．しかし，本膳料理の骨子を知っておくことは大切で，献立作成時のみならず有用な場合が多くあり，継承してゆきたいものである．

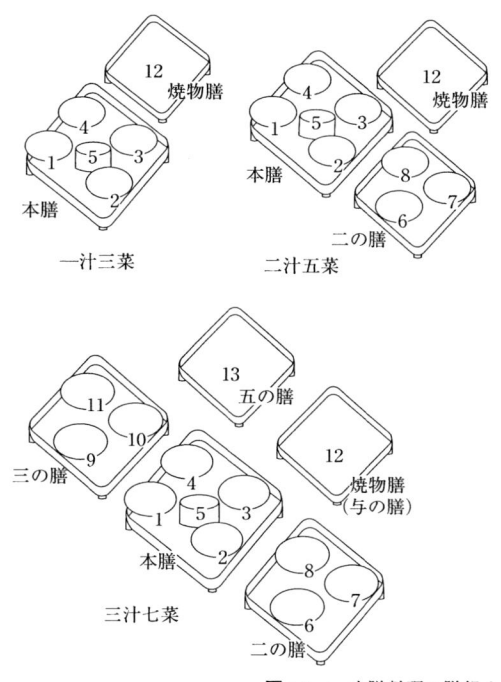

1. 飯　　8. 猪口
2. 汁　　9. 三の汁
3. 鱠　　10. 刺し身
4. 坪　　11. 子猪口
5. 香　　12. 焼物
6. 二の汁　13. 台引き
7. 平

図13.1　本膳料理の膳組み

　江戸時代のもてなし料理として，本膳料理を簡素化した二汁五菜の様式を袱紗(ふくさ)料理と呼ぶ．現在，格式ある冠婚葬祭で供される様式である．

　懐石（懐石料理，茶懐石）は茶をいただく前に供される料理で，安土桃山時代に千利休により完成した．懐石とは諸説あるが，禅僧が修行の際に飢えを癒すために温石(おんじゃく)（温めた石）を懐に入れたことに由来するといわれている．空腹を和らげる程度の，軽い，しかし，季節感あふれ，終始時間の流れに気配りされ，亭主の心のこもった料理でもてなされる．懐石の献立構成は，飯・汁・向の折敷(おしき)が運ばれ，煮物→焼物→強肴→箸洗い→八寸→香の物→湯桶の順に進む．温かい料理は温かく供し，客と亭主の間に得もいわれぬ交流を醸し出す．

　酒宴に伴う会席料理は，前菜・盃→向付け→椀（すまし汁）→口取り（口代り）→鉢肴→煮物→茶碗→小丼→止椀（味噌汁）・飯・香の物で構成されている．

　仏教との関わりで魚や肉類の動物性食品を用いず，大豆や野菜，海藻を材料と

した精進料理は本膳料理様式である．黄檗山万福寺に伝わる普茶料理は中国から渡来したため，4人分が大皿に盛られ供される．

明治時代に入り，西洋料理の影響を受け，洋風料理が取り入れられた．

b. 世界の料理

1) 中国料理

中国料理は，広大な国土と長い歴史の中で，「医食同源」の思想のもとに培われた．表13.2に示した献立は大皿に盛られ，銘々が小皿にとって食すという様式である（図13.2）．このような供食の形は，「食即医」の思想の現れともいえ，食卓を囲むメンバーが料理を通して，和気藹々（あいあい）となごやかな雰囲気となり，話し合ったり，楽しく食事をとることができる．したがって，食した料理を効率よく消化吸収することにつながる．

中国は国土が広大であるから，地域によって自然環境も異なり，料理も地方により特色がある．北方系，南方系，東方系，西方系の四系列に大きく分けると，北方系は，北京料理で代表されるが，政治経済の中心地であるため，他省の料理が集まっており，寒冷であるため，油を使った高カロリー料理である．米の生産が少なく包子，饅頭（まんとう），めんなどの粉食が多い．中でも北京烤鴨子（ベイヂンカオヤッ）（北京ダック）は有名である．南方系は広東，福建，広州料理で，年に3回米が収穫でき，野菜

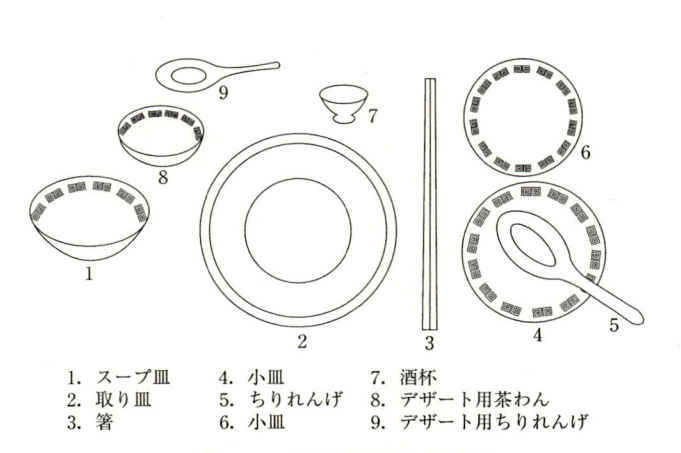

図13.2　中国料理銘々皿の配置図

1. スープ皿
2. 取り皿
3. 箸
4. 小皿
5. ちりれんげ
6. 小皿
7. 酒杯
8. デザート用茶わん
9. デザート用ちりれんげ

表13.2　中国料理の献立構成

献立	調理法
前菜（チェンツァイ）	冷葷（ロンホウェン） 熱葷（レイホウェン）
大菜（タイツァイ）	炒菜（チャオツァイ） 炸菜（チャヤツァイ） 蒸菜（チョンツァイ） 溜菜（リゥツァイ） 煨菜（ウェイツァイ） 烤菜（カオツァイ） 拌菜（パンツァイ） 湯菜（タンツァイ）
点心（テイエンシン）	鹹味 甘味

や果物も豊富で新鮮であるので味つけも淡白である．また，外国貿易の要地であったので西洋料理の手法が入っている．古老肉（クラオロ），八宝菜（パーポーツァイ），芙蓉蟹（フユンシェ）などの料理がある．台湾や香港の料理はこの系統を引いている．東方系は，長江流域でとれる米，北方の小麦，野菜，果物また海産物，淡水魚が豊富なことから変化に富んでいる．上海料理の紅焼鯉魚（ホンシャオリユイ）は日本でもよく知られている．西方系は四川，雲南料理で，山岳地帯なので山菜や野菜と川魚料理が多い．また，トウガラシを使う料理が多い．

　中国料理の特徴は，次のようなことがいえる．① 調理器具が簡素で1つの鍋でゆでる，煮る，蒸す，炒める，揚げるなど種々の料理をつくる，② 調理方法が巧みで材料の使い方に無駄が少ない，③ 油の用い方が巧みで，下処理は低温で油通しし，加熱は高温短時間で行うので栄養の損失が少ない，④ 特殊材料が多く燕窩（イエヌオ），魚翅（ユイチ），海参（ハイシェヌ），海蜇皮（ハイチェピ），鮑魚（パオユ），干貝（ガスペイ）などの乾物や，皮蛋（ピイタヌ），鹹蛋（イエンダヌ）などがある．また，香辛料として，薑（ショウガ），蒜（ニンニク），葱（ネギ），辣椒（ラアヂャオ）（トウガラシ），芥末（ヂェムオ）（カラシ），八角（パアヂャオ）（ウイキョウ），五香粉（ウシャンフェヌ）（八角，花椒，桂皮，陳皮，丁字）などがよく用いられる．

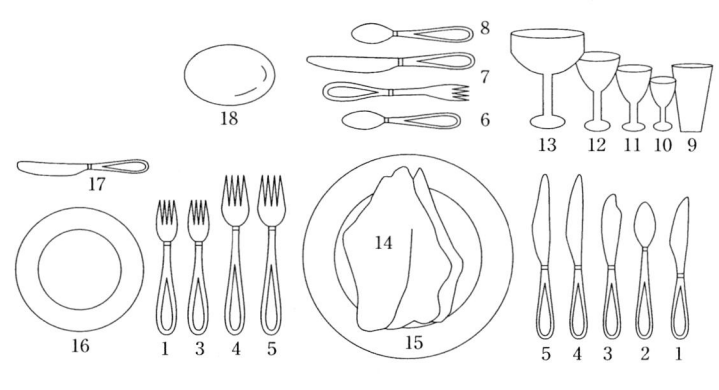

1. 前菜用ナイフ，フォーク
2. スープスプーン
3. 魚用ナイフ，フォーク
4. 肉用ナイフ，フォーク
5. 肉用ナイフ，フォーク
6. デザート用スプーン
7. フルーツナイフ，フォーク
8. コーヒースプーン
9. タンブラー
10. シェリー酒グラス
11. 白ワイングラス
12. 赤ワイングラス
13. シャンパングラス
14. ナプキン
15. 前菜用皿
16. パン皿
17. バターナイフ
18. バター入れ

図13.3 西洋料理のテーブルセッティング（正餐の場合）

表 13.3 西洋料理（正餐）の献立構成

順	構成		
1	前菜	仏	hors-d'oeuvre
		英	appetizer
2	スープ	仏	potage
		英	soup
3	魚料理	仏	poisson
		英	fish
4	アントレ	仏	entrée
5	氷酒（ソルベ）	仏	sorbet
		英	sherbet
6	蒸し焼き料理	仏	rôti
		英	roast
7	野菜料理	仏	légume
		英	vegetable
8	アントルメ	仏	entremets
		英	sweet
9	果物		fruit
10	コーヒー	仏	café
		英	coffee

2）西洋料理

欧米料理を総称して西洋料理という．中心はフランス料理である．肉類を主材料とし，その臭み消しなどのため香辛料が多く使われる．

図 13.3 に西洋料理の正餐の場合，図 13.4 に簡略にした場合のテーブルセッティング，表 13.3 に献立構成を示した．

3）韓国料理

儒教の影響が強く，五味（甘，酸，塩，苦，辛），五色（赤，緑，黄，白，黒）の思想が料理に反映されている．農産物，海産物の食材に恵まれ，さらに北方の遊牧民族との交流により肉食文化が定着した．種々の調味料・香辛料（醬油，味噌，コチュジャン，ごま油，ニンニク，ショウガ，トウガラシなど）により，独自の料理文化

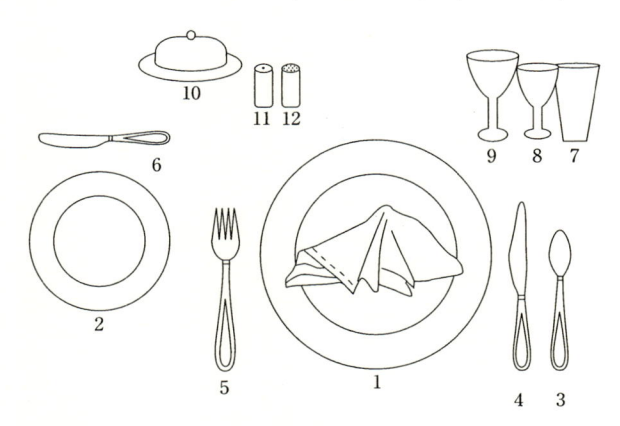

1. 位置皿
2. パン皿
3. スープスプーン
4. 肉用ナイフ
5. 肉用フォーク
6. バターナイフ
7. 水用タンブラー
8. 白ワイングラス
9. 赤ワイングラス
10. バター入れ
11. 塩
12. こしょう

図 13.4 西洋料理のテーブルセッティング（簡略にした場合）

を築いている．漬物のキムチはよく知られている．

4） 東南アジアの料理

東南アジアの料理を特徴づけている1つに，発酵調味料の魚醬がある．

たとえばタイ料理では，この魚醬をナム・プラーと呼び，香味菜，香辛料とよく調和している．香味菜のパクチータイ（香菜，コリアンダー），酸味にはタマリンド，種々のトウガラシが用いられる．ベトナムでは魚醬をニョク・マムと呼ぶ．

東南アジアの主食は，米である．

5） インドの料理

インドでは現在も手食が一般的で，料理は数種類のスパイスを配合したマサラを用いることが特徴である．広い国土に人口も多く，ヒンドゥー教（牛肉食禁忌），イスラム教（豚肉食禁忌），キリスト教，仏教などの宗教で多様な社会を形成しており，食習慣も複雑である．北部では小麦粉を用いたナンを，南部では米飯を主食とする．タンドーリーチキンや羊肉のロースト料理もよく知られている．牛肉食は禁忌であっても，乳製品のヨーグルトやバターはよく用いられる．

6） トルコ料理

小アジアと呼ばれる地域に位置するトルコは，東西文明が混交している．料理では東からの影響としてチャイ（紅茶）の習慣，マントウなどがある．遊牧民時代の文化として，乳製品と野菜や穀類，肉類などとの利用にはすばらしいものがある．

7） スカンディナビアの料理

北欧の厳しい寒さと自然環境の中で育まれた人々の相互扶助の考え方は，誰かが立ち寄ったときのために，いつでもパンやバター，肉，ソーセージなどを用意しておくというものである．暗い長い冬のため，優れた保存食である魚や肉のくん製，塩漬け，乾燥品がある．スモガスボード，オープンサンドイッチは有名である．

8） ラテンアメリカ諸国の料理

ラテンアメリカは植物の種類が多く，野菜類の原産地帯といわれている．料理では，メキシコのトルティーヤ（トウモロコシの粉のパン），タコス（具をタコスで巻いたもの），ブラジルのフェイジョアーダ（肉と豆の煮込み），ペルーのジャガイモ，トウモロコシ料理はよく知られている．

先住民インディオのトウモロコシの文化に，16世紀以降，ヨーロッパの肉やスパイスを用いる料理がうまく融合している．

9) 北アメリカの料理

16世紀，ヨーロッパからの移民により，ヨーロッパ各国の食文化がもち込まれた．新大陸の開拓時代の調理は，簡便で，しかも激しい労働を癒してくれる料理が特徴である．クラムチャウダー，オイスターカクテル，キャセロール料理，レモンパイ，ムラングケーキなどがある．

以上，世界三大料理といわれる日本料理，中国料理，西洋料理および主な世界各国料理の特徴を述べた．料理は歴史を物語り，古い伝統の文化遺産である．

13.2　食事計画・献立作成

a.　食事計画

食事計画とは，食事の目的（日常食，行事食，供応食）にかなった献立作成をし，それに伴う食品材料の購入計画，調理方法，供食の方法など総合的な計画を立てることをいう．すなわち，健康的で合理的で楽しい食生活を送るための前提となるのが食事計画である．食事計画は，食事の種類（日常食，行事食，供応食，特殊栄養食など）と目的を明確にし，喫食者に対する理解（年齢，性別，嗜好，身体活動レベル，妊産授乳婦，病人，集団）をし，経費，調理にかかる時間，調理技術，設備などに配慮して立てなければならない．

b.　食事の種類

食事の種類は，日常食，特別の日のための行事食，また，客人を招くときの供応食などがある．食事計画は，まず，これらの食事の種類と目的を把握することから始まる．

1) 日常食

日常食は，家族全員が，それぞれに社会の一員として，自己の責務を果たすための活力の源となる食事で，心身の健康維持・増進が目的である．したがって，家族のライフスタイルを把握し，ライフステージを考え，栄養管理を第一とし，嗜好性，経済性に配慮し，楽しい食卓づくりを心がけ食事計画を立てる．家族が日々ともに食事をすることは，家族の絆を深め，とくに子供にとっては正しい食習慣，社会性を身につける食教育の重要な場となることを忘れてはならない．心

表 13.4　行事と行事食

	行　事	月　日	供される料理
年中行事	正月	1月1日	雑煮，屠蘇，黒豆，数の子，田作り，たたきごぼう
	七草	1月7日	七草粥（セリ，ナズナ，ゴギョウ，ハコベラ，ホトケノザ，スズナ，スズシロ）
	鏡開き	1月11日	しるこ，もち
	小正月	1月15日	小豆粥，ぜんざい
	節分	2月3日か4日	煎り豆，鰯，巻きずし
	桃の節句	3月3日	菱もち，雛あられ，ちらしずし，蛤の潮汁，白酒
	春の彼岸	3月18日頃から1週間	おはぎ
	端午の節句	5月5日	ちまき，かしわもち，鯛のかぶと煮
	七夕	7月7日	そうめん
	お盆	8月15日	精進料理
	月見	9月15日	月見だんご，サトイモ（きぬかつぎ），栗
	秋の彼岸	9月20日頃から1週間	おはぎ，精進料理
	新嘗祭	11月23日	秋の収穫の米（勤労感謝の日）
	冬至	12月20日	カボチャ，ユズ
	正月餅	12月28日，30日	もち
	大晦日	12月31日	年越しそば
通過儀礼	出産，誕生日，お宮参り，お食い初め，七五三，入学，卒業，成人，結婚，還暦（60歳），喜寿（77歳），米寿（88歳），卒寿（90歳）葬式，通夜		

のこもった食事計画のもと，家族全員で食卓を囲めるよう，お互いに努力したいものである．

2）行事食

　行事食は，日常の食事ではなく，特別の日（年中行事や通過儀礼など）に供される食べ物や食事のことである．近年，年中行事は，私たちの生活の中から消えつつあるが，今もなお生きている代表的なものとして，正月，七草，鏡開き，節分，桃の節句，彼岸，端午の節句，七夕祭り，月見，冬至，大晦日などがある（表 13.4）．これらの年中行事は，わが国が農耕文化に根ざし，四季がはっきりした風土であることなどから生まれたもので，農作業の節目であったり，自然に感謝するなど特別の日として，特別の食事が供される．また，人が生涯で遭遇する特別の日，つまり通過儀礼（出産，お宮参り，七五三，入学，結婚，還暦，法事など）の際にも，それぞれふさわしい食事を用意する．

　特別の日の特別なご馳走をハレの食と呼ぶ．

　図 13.5 は岐阜県高山市の行事食の一例で[48]，本膳の料理様式をとっており，

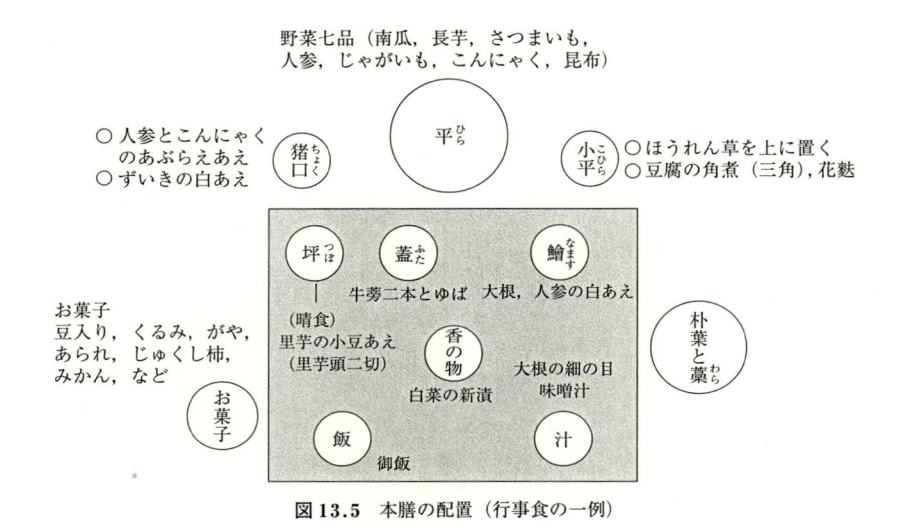

野菜七品（南瓜，長芋，さつまいも，
人参，じゃがいも，こんにゃく，昆布）

○人参とこんにゃく
　のあぶらえあえ
○ずいきの白あえ

猪口（ちょく）　平（ひら）

小平（こひら）
○ほうれん草を上に置く
○豆腐の角煮（三角），花麩

坪（つぼ）　蓋（ふた）　鱠（なます）
　　　牛蒡二本とゆば　大根，人参の白あえ
　（晴食）
里芋の小豆あえ　香の物　大根の細の目
（里芋頭二切）　白菜の新漬　味噌汁

お菓子
豆入り，くるみ，がや，
あられ，じゅくし柿，
みかん，など

お菓子

朴葉と藁（わら）

飯　　　汁
御飯

図13.5　本膳の配置（行事食の一例）

その土地の季節の食材が豊富に使われている．

3）供応食

供応食は，もてなしの料理のことで，集まった人々の親睦や社交，楽しさといったことに重点をおき，料理の形式や献立が立てられ，もてなす側の趣向をこらしたものとなる．日本料理でもてなす場合もあれば，ディナー形式，ブッフェ形式，ティーパーティ，カクテルパーティなどの形もある．

c. 献立作成

献立とは料理の種類と順序を定めたもので，献立表という．欧米では"menu"といい，中国では菜単（ツァイタン）という．献立作成は食事計画の中心で，日常食の場合は栄養摂取に重点をおき，対象となる喫食者の性別，年齢，身体活動レベル，嗜好などを把握しておく．行事食や供応食の場合は，とくにその目的を明確にし，ふさわしい献立が立てられるべきである．献立作成は，次のような事柄について留意する．

① 食事の目的（日常食，行事食，供応食か，特殊栄養食か）を把握する
② 料理様式（日本料理，中国料理，西洋料理，折衷料理様式など）を選ぶ
③ 喫食者の食事摂取基準を把握する（表13.5）

表13.5 エネルギーの食事摂取基準:推定エネルギー必要量(kcal/日)

身体活動レベル	男性			女性		
	Ⅰ	Ⅱ	Ⅲ	Ⅰ	Ⅱ	Ⅲ
0〜5(月)　母乳栄養児		600			550	
人工乳栄養児		650			600	
6〜11(月)		700			650	
1〜2(歳)		1050			950	
3〜5(歳)		1400			1250	
6〜7(歳)		1650			1450	
8〜9(歳)		1950	2200		1800	2000
10〜11(歳)		2300	2550		2150	2400
12〜14(歳)	2350	2650	2950	2050	2300	2600
15〜17(歳)	2350	2750	3150	1900	2200	2550
18〜29(歳)	2300	2650	3050	1750	2050	2350
30〜49(歳)	2250	2650	3050	1700	2000	2300
50〜69(歳)	2050	2400	2750	1650	1950	2200
70以上(歳)*	1600	1850	2100	1350	1550	1750
妊婦　初期　(付加量)				+50	+50	+50
妊婦　中期　(付加量)				+250	+250	+250
妊婦　末期　(付加量)				+500	+500	+500
授乳期　　　(付加量)				+450	+450	+450

* 成人では,推定エネルギー必要量=基礎代謝量(kcal/日)×身体活動レベルとして算定した.18〜69歳では,身体活動レベルはそれぞれⅠ=1.50,Ⅱ=1.75,Ⅲ=2.00としたが,70歳以上では,それぞれⅠ=1.30,Ⅱ=1.50,Ⅲ=1.70とした.50〜69歳と70歳以上で推定エネルギー必要量に乖離があるように見えるのはこの理由によるところが大きい.

④ 食品構成表(食品の種類と量)を作成する.主食(飯・パンなど)→主菜(魚・肉・卵・いも・野菜)→副菜(いも・野菜・その他)→副々菜(野菜・果物・その他)を決める
⑤ 調理法(生,煮る,蒸す,揚げる,炒める,焼くなど)を種々盛り込む
⑥ 食味構成(味のバランス,味の強弱,テクスチャーなど)の確認をする
⑦ 調理手順,食器,器具,設備,予算の確認をする

13.3　供食・食卓構成

a. 供　　食

供食とは，食べ物を供することをいう．

人にとって，食べることは最高の楽しみである．心をこめてつくられた料理がふさわしい食器に盛られ，快適な食空間でいただくことができれば，その喜びはさらに大きくなる．したがって，料理の供し方を工夫し，食事時間をいかに満足なものにするかの心配りが大切となる．現在は，高級志向のある一方，食の簡便化，省力化を余儀なくされ食空間への配慮を欠くこともあるが，快適さを整えることを忘れてはならない．

供食の際の一般的な配慮として，次のようなことがあげられる．

① 食空間（カーテン，照明，音楽（BGM）や花など）はふさわしいか
② テーブルウエア（食器，カトラリー，テーブルクロス，ナプキンなど）はふさわしいか
③ 食卓につく位置の決め方
④ 温かい料理は温かく，冷たい料理は冷たく供すること
⑤ 食事中の話題について
⑥ 衛生面に配慮されているか

日常食の供食は，家族への愛情や思いやりがあれば，おのずと楽しい食事時間となるであろう．供応食（もてなし）の場合であれば，お招きしたお客さまに対して，あふれる歓迎の気持ちで終始することが大切である．その一期一会は，供する側のみがつくり出すものではなく，供される側も役割を担っているわけで，お互いのマナーや心配りが大切となる．当然のことではあるが，食事に対する感謝「いただきます」「ごちそうさま」の心を忘れてはならない．また，食器の扱いや箸の使い方は，食卓を囲む人たちの快適さにも関係するので，正しくありたいものである（図 13.6）．

b. 食卓構成

食事の後の快さ，満足な気持ちは，料理のみならず食空間（食事室，照明，カーテン，食卓，テーブルクロス，ナプキン，食器，カトラリーなど）の影響が大きい．ここでは，食卓構成（テーブルコーディネート）を食器を中心に述べる．

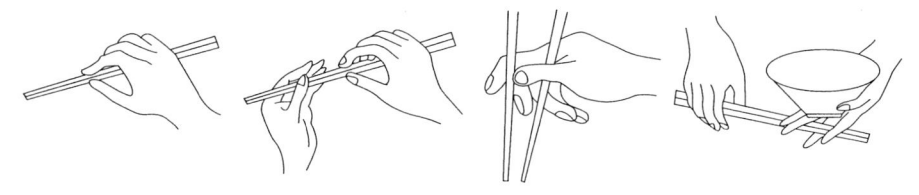

図13.6 箸の持ち方

　食器は，盛る料理にふさわしいこと，すなわち，形，大きさ，材質，色合いなどが，機能的で快さに満たされていることが望まれる．世界の国々にはそれぞれ独自の食器の文化が存在するが，とくに，わが国の料理は「目で食べる」といわれるように，料理のみならず器の役割も大きく，材質や形など非常に多彩である．

　漆器は，日本や中国，韓国，東南アジアなどで発達したが，わが国のものは，ジャパンという名称で世界に知られているほど品質が高く，津軽，会津，輪島，山中，若狭，紀州，琉球塗りなど全国に独特のものがある．本膳料理の膳および器は塗り物であり，懐石では折敷，四つ椀，湯桶などが漆器である．現在では，日常食では汁椀や箸に漆器が用いられ，正月のおせち料理は塗りの重箱に詰められる．漆器は木材の素地に漆の樹液を塗り，乾燥してつくられ，耐水性，防腐性に優れているが，傷つきやすいので，やわらかい布を使って，ぬるま湯で洗い，乾いた布でよく拭くなど，取り扱いに注意が必要である．

　日本の料理で用いるやきものは，形は変形のものなど多彩で大きさも大きいものから小さいものまで，さまざまである．土地土地で原料である土が異なり，製法も異なるので，それぞれ独特のものが生産される．炻器（stoneware）は，代表的な産地として備前，信楽，常滑，丹波焼などがあり，粘土を1200～1300℃で焼く．焔の状態により焼き上がりの色が異なる．陶器（chinaware）は美濃，瀬戸，萩，唐津焼などで，粘土を1100～1200℃で焼く．磁器（porcelain）は，有田，九谷，砥部焼などで，石を1200～1400℃で焼く．

　その他，竹を素材としたカゴやザル，箸やスプーンがある．夏にはガラス製の食器も使われ，涼しさを感じさせる効果がある．

　西洋料理で使用される食器は，主になるものは，形としては比較的単純で，種々のサイズ（サービス皿：27～32 cm，スープ皿：21～23 cm，ディナー皿：25～27 cm，デザート皿：18～21 cm，ケーキ皿：18 cm）の陶磁器の円形皿で

ある．イギリスのボーンチャイナは牛や羊の骨を焼き粉にし陶土や陶石に混ぜ焼き，強度の高いことで有名である．また，ヨーロッパ各国の陶磁器のブランド名をあげると，マイセン，ドレスデン，ローゼンタール，ベルナルド，セーブル，ウェジウッド，ロイヤルウースターなどがある．グラス類はシャンパングラス，ワイングラス，ゴブレット，タンブラーなどがある．銀器としては，カトラリー（ナイフ，フォーク，スプーン）やサービス用のレードル，サラダサーバー，カービングナイフ・フォーク（ロースト肉のサーバー用），ケーキサーバーがある．

英語でチャイナは磁器の意味で，中国が磁器のルーツであることがわかる．景徳鎮は世界的に有名である．中国では上等の酒宴などでは銀器を用いるが，一般には大皿と個人用の小皿，ちりれんげ，盃などで，磁器である．

中国には，「美食不如美器」（美しい器にこしたことはない）という言葉があり，料理とともに器を重視している．汁気のものは深めの皿に，揚げ物などは平皿，魚は楕円皿を使う．家庭の日常生活の中では，とり皿とちりれんげをのせる小皿とスープ碗ぐらいでよい．

13.4 食生活の変化と食の形態

a. 食の形態（外食，中食，内食）

この半世紀の間に日本人の生活は大きく変化し，食生活も様変わりした．1人1人の生活様式を見つめてみると，実にさまざまで，食の形態もまちまちである．そこで，近年，食の形態を表す用語として，「外食」，「中食」，「内食」という用語が用いられるようになった．これらの用語の定義は，的確とはいえないところもあるが，おおよそ次のようである．

「外食」とは，家庭外の人によって家庭外でつくられた料理を家庭外で食べる食の形態，「中食」とは，家庭外の人によって家庭外でつくられた料理を家庭や職場にもち帰り食べる食の形態，「内食」とは，家庭の人によって家庭内でつくられた料理を家庭内で食べる食の形態をいう．

わが国では，1960（昭和35）年頃の食生活が最もよい状態ではなかったかといわれている．主として主婦が家事を担っており，家計を考慮に入れて，家族の健康を考え，家庭内で献立を作成し，食材をそろえ，料理をつくり，食事時間は各家庭で大体決まっていて，家族そろって食事をするといういわゆる内食が普通であった．しかし，高度経済成長期に入り，食の省力化，簡便化，外部化が進み，

外食，中食が増加し内食が減少している．

b. 食の外部化と加工食品

近年，食品に対して高級化，多様化，健康志向が強い一方で，食の省力化，簡便化，外部化と関連して，加工食品への依存度が上昇し，すでに，家庭の食料費の半分を占めるまでになっている．今後，さらに進むと思われる食の外部化の中で，加工食品が食品材料の1つとして重要となるであろう．

加工食品は，一次加工食品（米，製粉，果汁，味噌，醬油，酒，油など），二次加工食品（製パン，製めん，マヨネーズ，ソースなど），三次加工食品（冷凍食品，調理済み食品，インスタント食品，レトルト食品など）と大別できる．食品業界では，殺菌，乾燥，冷蔵，冷却，包装などに先端技術を駆使して，おいしさ，安全・衛生性，保存性，簡便性，価格の安定性などに優れた加工が進められている．ここでは，食の省力化に関係の深い三次加工食品について述べる．

1) 冷凍食品

冷凍室つきの冷蔵庫が各家庭に普及し，各家庭で冷凍食品を貯蔵することが可能となった．また，冷凍食品の品質が向上したことで，利用率が上昇している．冷凍食品は，① 前処理を施し，② 急速冷凍を行い，③ 包装された規格品で，④ 簡単な調理で食膳に供され，⑤ 品温を$-18℃$以下に保持して流通すること，となっている．

一般消費者の利用は，水産，畜産，農産物の原料の冷凍食品より，冷凍調理食品（ハンバーグ，コロッケ，しゅうまい，ぎょうざ，ウナギの蒲焼き，焼き魚，茶わん蒸しなど）が多い．調理に際しては，食品に適した解凍，加熱方法に留意することが大切である．

2) インスタント食品

インスタント食品とは，調理にかなりの時間と労力を必要とする食品を，あらかじめある程度の加工処理を施すことにより，簡単な調理操作で食べられるようにした加工度の高い乾燥食品で，代表的なものとして即席めん，即席カレー，インスタントコーヒー，粉末ジュース，調理済み食品，即席味噌汁，α化米などがある．

3) レトルト食品

レトルト食品とは，「レトルト（高圧釜）を用いて100℃以上の湿熱加熱を行うことにより商業的無菌性を付与した容器食品のうち，プラスチックフィルムと

アルミ箔の積層フィルムを熱シールにより密封した容器を使用したもの」である[49]．これらのレトルト食品について，日本農林規格（JAS）では「レトルトパウチ食品」と名付け，食品衛生法では「容器包装詰加圧加熱殺菌食品」としている．包装の形態上，レトルトパウチ食品（カレー類，ハンバーグ，米飯，赤飯，もち，ぜんざい），レトルト容器食品（高級カレー，米飯類，卵豆腐など），レトルトパック食品（ハム・ソーセージ，かまぼこ，業務用カレー，ミートソースなど）に分類される．

常温流通可能で，安全食品として，外食産業の業務用，一般家庭用として便利に使用されている．

4) クックチル食品

クックチルシステムは加熱調理した食品を急速冷却し，細菌の繁殖しにくいチルド状態（0℃付近）で保存する方式である．急速冷却の方法には，ブラストチラー方式（冷風により冷却する）とタンブルチラー方式（冷水をドラムに満たして冷却する）がある．急速冷却するため衛生的で，また保存により味を損なうことが少ない．省力化，作業改善となる調理システムでもあるので，大量調理においては，とくに有効である．

以上のように，種々の三次加工食品が流通し，調理作業にかける時間が短縮され，合理化されているが，ここで消費者が留意しておかねばならないことは，加工工程での栄養価の変動について知り，適切な調理法を取り入れたり，そのまま食するのではなく，さらに手を加えることを心がけることであろう．

13.5 健康とライフステージ，ライフスタイル

人の一生は，胎児期，乳児期，幼児期，学童期，思春期を経て青年期，成人期，高齢期にいたる．各ステージはそれぞれ肉体的のみならず，社会的，文化的側面において顕著な特徴を示す．そして個々人が今あるステージは前のステージとつながっているし，次のステージに影響していく．したがって，それぞれのライフステージにおいて，適切に対応することが大切なのである．また，健全なライフスタイルを習慣づけておくことも重要である．

a. 健康とライフステージ

ライフステージの区分は種々あるが，成長・発達の特性から，1) 胎児期およ

び妊娠・授乳期，2）成長期，3）成人期，4）高齢期の4つのステージに区分して述べる．

1) 胎児期および妊娠・授乳期

胎児期は成長期の初期と考えることができる．また，妊娠・授乳期は成人期における特殊栄養時期である．しかし，胎児期は母体に依存して成長するので，妊娠・授乳期とする．胎児の順調な発育のためには，母体が心身ともに健康でなければならない．胎児の成長に従い，とくにタンパク質摂取量の増加など栄養面の配慮と同時に，健全なライフスタイルを心がけるなどの配慮が必要である．

2) 成長期（乳児期，幼児期，学童期，思春期，青年期）

乳児期は出生から満1歳までをいい，すべての機能が未熟ではあるが急激に発達する時期である．急激な発育のため高エネルギー，良質の栄養素を必要とするので，適正な栄養摂取が要求される．また，授乳によって母と子の絆が深まることや，食習慣の確立される大切な時期でもあることを考慮しなければならない．

離乳完了から小学校入学までを幼児期という．心身の発達はめざましく，個々人の発達速度の差を考慮しつつ栄養摂取に留意しなければならない．また，保育所や幼稚園に通う時期であり，食物の栄養，機能，調理，食卓などについて基礎知識を身につけさせる時期でもある．

学童期は6歳から11歳までをいう．前半は発達がゆるやかであるが，後半では著しい発達がみられ，個人差や男女差が大きくみられるようになる．食習慣の完成期である．

思春期には，第二次性徴が発現し，性差が顕著になり，個々の体格や身体活動レベルに見合った食事摂取基準や食品構成を理解することが必要である．

青年期には，身体のすべての発育が成人レベルに達し，生涯で最も健康度が高く，社会的にも自立のときである．青年期の食習慣が成人期，老年期の健康を左右することを認識するべきである．

成人期から高齢期へと生活の質を落とすことなく健康に生きていくには，若年期から食に重点をおいた健康・栄養教育を一貫して行い，それぞれのライフステージの身体特性を踏まえた食生活を積み重ねていくことが大切である．

3) 成人期

人生において一般的に最も活躍する時期であるといえる．社会的にも家庭的にも重要視されるため，ときとして過労や睡眠不足，運動不足，精神的・肉体的ス

トレス，食生活の不規則などにより健康を損ねることがある．肥満を招き，生活習慣病が増加する．成人期の栄養摂取は，生活習慣病予防のため総エネルギーに占めるタンパク質は12～15％，脂質は20～25％，炭水化物は60～65％の範囲にする．脂質は量と質が大切で，動物性脂肪：植物性脂肪：魚油＝4：5：1に，脂肪酸は飽和脂肪酸：一価不飽和脂肪酸：多価不飽和脂肪酸＝3：4：3とする．$n-6$系脂肪酸と$n-3$系脂肪酸の比率を4：1とする．タンパク質では必須アミノ酸を多く含む低脂肪の肉類，魚介類に，植物性タンパク質を多く含む大豆製品をとることを心がける．自らライフスタイルをチェックし，種々の制約の中で，健全なものとする努力が必要である．

4) 高齢期

高齢期は老化現象や身体上の衰退期である．加齢に伴って，生理機能，運動能力は衰えるが，言語数，情報量，理解力，計算力は低下がみられないという．生き生きとした社会生活が創造できるよう工夫したいものである．高齢期を迎えると個々人で生活活動の差が大きくなるので，栄養面ではとくにエネルギー摂取量に留意することが大切である．

b. ライフスタイル

ライフスタイルとは，個々人の毎日の生活のあり方，すなわち，食事，運動，休養，睡眠，喫煙，飲酒などの生活習慣を表す用語である．

わが国の高度経済成長期は，国民所得は上昇し，物質的に豊かになったが，不規則な生活を余儀なくされ，運動，休養，睡眠が不足しがちであったり，ある意味で異常にストレスの多い時代であった．食生活は省力化，簡便化され，食の外部化が進んだ．厚生環境白書によると，喫煙については若年層（とくに女性）の喫煙率が上昇し，アルコールの消費量は年々増加し，近年は未成年者の飲酒が増加しており，精神的・身体的両面における影響が危惧されている．また，21世紀を迎え，競争社会における社会生活環境の複雑化などにより，国民各層においてストレスが増大し，決して，健全なライフスタイルをとっているとはいえない．人間が，この地球上で幸せに生きるためには，1人1人のライフスタイルを健全なものにする必要がある．その第一は，核家族化や，女性の社会進出を含めた家族のあり方をもっと専門的に研究し，工夫することではないだろうか．各家庭で1人1人が生活習慣と食生活のあり方を健全なものに転換させてゆかねばならな

い．生活習慣病（life style related disease）も地球環境問題も1人1人のライフスタイルを健全な方向へ変えることで解決されてゆくのである．

13.6 エコ・クッキング

「エコ・クッキング」とはエコ（ecological；生態学，economical；経済的）とクッキング（cooking；料理）を合わせた造語で，「地球にやさしい料理」という意味である．日常生活のあらゆる場面からの環境負荷が地球規模での環境問題の原因になっており，とくに私たちの食生活のありようは環境問題と大きく関連している．省エネルギー，省資源を心がけ，日常生活の中で意識的に環境に配慮した行動をとっていくことが生活者1人1人に必要である．具体的には，表13.7のようなことに気をつける．

表13.7 エコ・クッキングのポイント

食材購入の際に	1. 本当に必要かどうか買う前に考える 2. 地元産の旬の露地ものを選ぶ 3. 買い物袋を携帯し，容器包装の少ないものを選ぶ 4. リデュース（減らす），リユース（再利用），リサイクル（再資源化）の3Rを心がける
調理の際に	1. 食材を使い切る（皮や芯，根，骨，だしがらなど） 2. 残りものや残った煮汁もリフォーム調理して食べ切る 3. 揚げ油は使い回し，炒め物などで使い切る 4. 炎は鍋底からはみ出さない火かげんにする 5. 湯をわかすときは鍋にふたをする 6. 保温調理鍋や圧力鍋の余熱調理で省エネ調理する
片付けの際に	1. 鍋や食器の汚れはゴムべらやいらない紙などで拭き取ってから洗う 2. 油汚れの食器を重ねない 3. 洗いおけを利用してため洗いする 4. とぎ汁，ゆで汁で鍋や食器の下洗いをする 5. 米のとぎ汁は植物の水やりに使う 6. 洗浄には，合成洗剤より生分解性のよい石けんを使う 7. 生ごみの水気はしっかり切る 8. 排水口に生ごみをためない 9. 生ごみの堆肥化に取り組む
その他	1. 使い捨てのラップやアルミ箔はなるべく使わない 2. 電気ジャーや電気ポットの保温をやめる 3. 冷蔵庫内は常に整理整頓し，食材のムダ，電気のムダをなくす

13.7　環境と調理

　平成14年度のわが国の一般廃棄物の排出量は，国民1人1日あたり1111gである．そのうち日常生活における生活系ごみは事業系ごみよりも多く，約67%を占めている．家庭ごみの内訳は，湿重量ベースで食料品（厨芥類）が約4割，容器包装類（多くが食料品関連）が約2割，使い捨て商品が約1割となっており，台所から出るごみが多い．また，供給される食料のうちカロリー計算で約1/4にあたる量は食べられずに廃棄されている．

　ごみ焼却は，CO_2の排出量を増やすことから地球の温暖化に拍車をかけ，最終処分場の問題もあり地球環境の負荷となっている．家庭から出る生ごみは，ごみの排出量を増やすだけでなく，水分が多くごみの焼却温度が下がるため，ダイオキシンの発生原因になるともいわれている．

　日常生活に伴う排水も環境への大きな負荷となっている．水の汚れの原因の7割近くは生活排水であり，生活排水のBOD（生物化学的酸素要求量：水質汚濁の程度を示す指標）負荷量を発生源別にみると，台所からの負荷が約4割，屎尿が3割，風呂が2割，洗濯が1割と，こちらも台所からの負荷がかなり大きい．

　食料自給率の低いわが国は，フード・マイレージ（輸入相手国別の食料輸入量×輸出国から輸入国までの輸送距離）が非常に高く，輸送に伴う環境汚染をも引き起こしている．また，野菜などを旬の時期をはずして加温栽培することは，ライフサイクルエネルギー（製造段階や廃棄段階での環境負荷も視野に入れた製品の一生涯で使用されるエネルギー量）を増大させる．これらを考え合わせると，地元産の旬の露地ものを食べることは，環境負荷の低減のために大変重要である．イタリアで始まった現代人の食生活を見直す「スローフード運動（① 消え行く恐れのある伝統的な食材や料理，質のよい食品を守る，② 質のよい素材を提供する小生産者を守る，③ 子どもたちを含めた消費者に味の教育を進める）」があるが，このような食文化を尊重し将来に伝えていこうとする取り組みは，環境負荷の低減にもつながると考えられる．

　このように，調理や食生活のありようは環境問題と密接に関連しており，私たちがどのように調理し，どのような食生活を営むかが環境負荷を大きく左右する．日常生活の中で意識的に環境に配慮した行動をとっていくことが生活者1人1人に必要であるゆえんである．

13.8 調理と健康

2000年,新しい「食生活指針」が策定され,また,健康日本21による栄養・食生活分野での種々の目標値が設定された.このことからもわかるように,国民1人1人が食生活を健全に保ち,健康を維持することが要求されている.その背景には,生活習慣病罹患者の著しい増加があるが,この生活習慣病は医学的治療だけでなく食生活の制限を伴う場合が少なくない.そこで,疾病の予防・治療といった健康に貢献しうる食事設計を,食事による満足感を損なうことなく,日常の食生活に取り入れなければならない.そのためには,単に食品選択に配慮するだけでなく,調理法をうまく活用することが必要である.

たとえば,食塩は,最も罹患者の多い生活習慣病の1つである高血圧症に密接に関連しており,とり過ぎに注意しなければならない.基本的には,食塩含量の少ない食材を選択し,各料理の低塩適応濃度にまで食塩濃度を低下させるが,人は塩味強度に対する執着が強いため,いったん塩味嗜好が形成された後の減塩は,食の満足感を著しく損なう.そこで,だしの主要成分であるグルタミン酸ナトリウムの塩味強調作用を利用して,減塩調理時にうま味調味料を使用したり,かけ醬油の代わりにだし割り醬油を用いると,まろやかでおいしく食べることができる.また,食材をあまり小さく切らず表面積の増加を抑え,さらに,塩味を中まで浸透させずに,外側に適度な塩味をつけることによって,塩味の不足感を軽減して摂取食塩量を減らすことができる.このような調理法の工夫は,エネルギーや脂質,タンパク質の摂取制御,また各種栄養素の積極的摂取を目的とした食事などの各目的に応じて考案されている[50].

また,近年,食品の生体調節機能への関心が高い.しかし,食品をそのまま摂取することは少なく,何らかの調理操作を施してから摂取するため,日常の食生活におけるこのような食の機能を計るには,食材の組み合わせや調理法を考慮して検討しなければならない.これまでに,野菜について,加熱調理を施すことによって,そのラジカル捕捉能[51]や抗プロモーター作用[52]が亢進することが報告されている.調理過程が食品の生体調節機能に及ぼす影響について,今後の知見に注目する必要があろう.

このように,より健康な生活の維持を目的とした食事設計に貢献しうる調理法を検討することは,今後ますます重要となると考えられる.

参 考 文 献

1) 島田淳子・下村道子編：調理科学講座1 調理とおいしさの科学，p. 110，朝倉書店，1993
2) 時実利彦：調理科学講座Ⅰ，p. 16，朝倉書店，1961
3) 松本仲子・松元文子：食べ物の味，調理科学，**10** (1)，97-104，1977
4) 吉川誠次・西丸震也・田代豊久・吉田正昭：品質管理，**19** (1)，66，1968
5) 吉川誠次・西丸震也・田代豊久・吉田正昭：品質管理，**19** (2)，147，1968
6) 山野善正・松本幸雄編：食品の物性 第2集，p. 191，食品資材研究会，1976
7) ISO 5492 Sensory Analysis - Vocabulary，1992
8) Jowitt, R.：The Terminology of Food Texture．*Texture Studies*，**5**，351，1974
9) 常用化学便覧編集委員会編：常用化学便覧，p. 545，p. 549，誠文堂新光社，1976
10) 松元文子：食べ物と水，p. 163，p. 175，家政教育社，1988
11) 科学技術庁資源調査会編：五訂 日本食品標準成分表，2000
12) 長谷川千鶴・梶田武俊・橋本慶子編著：奈良女子大学家政学シリーズ 調理学，p. 31，朝倉書店，1983
13) 浦上智子：新しい調理学テキスト，p. 79，理工学社，1988
14) 稗田福二：冷凍食品の科学，同文書院，1986
15) (社)日本冷凍食品協会：冷凍食品取扱マニュアル，p. 4，p. 21，1998
16) SHIBATA BOOKS：包丁と砥石，p. 25，柴田書店，1999
17) 島田淳子・中沢文子・畑江敬子編：調理科学講座2 調理の基礎と科学，p. 174，朝倉書店，1993
18) 調理学研究会編：レクチャー調理学，p. 28，建帛社，1997
19) 松元文子編著：新調理学，p. 40，光生館，1990
20) 東京都衛生局：食品関係施設における腸管出血性大腸菌 O157 汚染防止対策，pp. 25-26，1999
21) 日本調理科学会近畿支部焼く分科会：日本調理科学会誌，**32**，288-295，1999
22) 渋川祥子編著：調理科学，p. 34，p. 64，p. 71，同文書院，1985
23) 成瀬宇平編：食材図典Ⅱ，pp. 244-245，小学館，2001
24) 高師邦明編：調味料全書，p. 79，p. 183，柴田書店，2001
25) 日本調理科学会編：総合調理科学事典，p. 498，光生館，1997
26) 池田ひろ・木戸詔子編：食品・栄養科学シリーズ 調理学，p. 15，p. 18，化学同人，2000
27) 山崎清子・島田キミエ・渋川祥子・下村道子編：新版 調理と理論，p. 135，同文書院，2003
28) 岩井和夫・中谷延二編：香辛料成分の食品機能，光生館，1989

29) 小林彰夫・福場博保編：調味料・香辛料の事典，朝倉書店，1991
30) 陽川昌範：ハーブの科学，養賢堂，1998
31) 松尾孝嶺編：稲学大成　第1巻形態編，p.67，農山漁村文化協会，1990
32) 長尾精一編：シリーズ＜食品の科学＞ 小麦の科学，p.15，朝倉書店，1995
33) 実教出版第二編集部編：カラーグラフ五訂食品成分表，p.89，実教出版，2005
34) 川端晶子・大羽和子編：新しい調理学，p.160，学建書院，2000
35) 瀬口正晴・八田　一編：食品・栄養科学シリーズ　食品学各論，p.46，化学同人，2000
36) 川端晶子編：調理学，p.230，学建書院，1997
37) 寺尾純二・山西倫太郎・髙村仁知：食品機能学，p.11, p.16，光生館，2003
38) 鬼頭　誠・佐々木隆造編：食品化学，pp.148-150，文永堂出版，1995
39) 下村道子・和田淑子編著：新版調理学，pp.86-87，光生館，2003
40) 橋本慶子・島田淳子：調理科学講座6 食成分素材・調味料，p.89, p.98，朝倉書店，1993
41) 西成勝好・矢野俊正編：食品ハイドロコロイドの科学，p.116, p.124，朝倉書店，1990
42) 高宮和彦：食品材料ハンドブック，p.29，培風館，1993
43) 二国二郎監修：澱粉科学ハンドブック，p.37，朝倉書店，1977
44) ハウス食品：新・家庭料理ガイドブック③ ペクチンとカラギーナン，p.16，1998
45) 村松敬一郎編：シリーズ＜食品の科学＞ 茶の科学，p.52, p.86，朝倉書店，1991
46) 金子博道監修：成人病に効く　お茶料理，p.28，第一出版，1993
47) (社)東京都私立短期大学協会編：新版調理学，p.221，酒井書店育英堂，1988
48) 高山市教育委員会：伝えたい高山の味—ならわしとご馳走—，1994
49) 箕口重義編：要説食品学各論，p.253，建帛社，1996
50) 玉川和子・口羽章子・木地明子：臨床調理，医歯薬出版，1998
51) 髙村仁知・山口智子・林　恵里奈・藤本さつき・的場輝佳：家政誌，**50**(11)，1127-1132，1999
52) 藤巻正生：機能性食品と健康，pp.104-105，裳華房，1999

索　引

欧　文

α 化度　116
β-脱離　167
χ^2 検定　42
BOD　214
HLB　29
HM ペクチン　167
IH　80
IH 炊飯器　94
K 値　141
LM ペクチン　167
O/W 型　28
pH　21
SD 法　16
SI 単位　18
W/O 型　28
X 線回折図　175

ア　行

アガロース　171, 179
アガロペクチン　171, 179
あく　162
アクトミオシン　137
あく抜き　67
揚げ物　155
揚げる　71
(味の)基本味　3, 10
アスコルビナーゼ　158
アスコルビン酸酸化酵素　158
圧力鍋　70
油通し　74
アポ酵素　26
アミノカルボニル反応　76, 139, 144
あらい　141
アルギン酸　171
アルコール飲料　192
泡　31
合わせ酢　121
アントシアン　162
閾値　4

医食同源　198
イースト　40
イソチオシアネート　162
イソチオシアネート類　102
炒める　73
1：2 点試験法　15
イノシン酸　101
いも類　128
色止め　67
インスタント食品　209

ウーシャンフェン　107
うま味　111
うま味料　101
ウーロン茶　191
雲南料理　199

えぐ味　162
エコ・クッキング　213
エネルギー　42
エネルギー源　83
エマルジョン　28
遠赤外線　77, 81
塩味　110

おいしさ　8
　　──の構成要素　8
　　──の評価　11
落としぶた　70
オーバーラン　145
お櫃　120
オーブン　89
オーブン加熱　79
オーブンレンジ　80, 90
温石　197
温度　19
温度上昇前期　118

カ　行

加圧加熱　70
解硬　138
懐石　197
会席料理　197

拡散　23, 164
加工食品　209
火災防止機能　72
華氏温度　19
果実飲料　193
可食部　42
ガスグリル　77
ガスこんろ　83
ガスレンジ　83
カゼイン　143
褐変　48, 68
カテキン　189
カトラリー　208
カードラン　184
加熱　118
加熱調理　64
カビ　39
カフェイン　190
カフェオール　191
カプサイシン類　102
カラギーナン　171, 179
ガラクトマンナン　183
辛味香辛料　102
ガラム・マサラ　107
カラメル化　76
カロテノイド　161
カロリー　19
韓国料理　200
乾式加熱法　65
換水値　125
間接焼き　76
寒天　179
官能検査
　　──の手法　14
　　──の手順　13
官能評価　13
寒梅粉　122
甘味　110
感量　57

幾何学的特性　32
期待値　42
きのこ類　173

索引——219

起泡性　149
吸油率　72
供応食　202, 204
狭義の味　9
行事食　202, 203
強制対流式　89
強制対流式オーブン　79
凝乳酵素　145
強力粉　124

グアニル酸　101
空気加熱　74
クッキングヒーター　84
クックチルシステム　210
クリープ曲線　36
クリーミング性　155
クリームダウン現象　191
クール加熱　89
グルタミン酸　101
グルテン　123
クロロゲン酸　191
クロロフィリン　160
クロロフィル　159

蛍光顕微鏡　38
ゲル　31, 179
検鏡　39
原形質分離　166
健康日本21　194, 215
懸濁液　30
ケンドールの一致性　15

光学顕微鏡　38
硬化油　154
抗菌性　107
抗酸化剤　108
抗酸化作用　193
抗酸化性　108
高周波　82
香辛料　101
酵素　25
　――の基質特異性　25
　――の種類　27
香草　101
高速オーブン　88
紅茶　190
酵母　40
高メトキシルペクチン　267
糊化デンプン　177
五感　11
極味　4
穀類　114
ココア　192
　――の脂質含量　192
ココアバター　192
五香粉　107
コーヒー　191
小麦粉　123
小麦タンパク質　186
米　114
　――の化学成分　114
　――の種類と成分　114
コラーゲン　138
コロイド　30
コロイド粒子　30
衣　72
根茎デンプン　175
混合スパイス　106
献立　204
混ねつ　51
コンビネーションレンジ　80, 88, 90
コンベクションオーブン　79, 89

サ　行

細菌　40
細胞組織　37
細胞膜　165
サスペンション　30
サツマイモ　130
サトイモ　130
砂糖　99
サポニン　162
酸化酵素　190
酸化防止効果　190
酸味　110

シェッフェの対比較　16
ジェランガム　184
塩じめ　142
直火焼き　76
磁器　207
色素タンパク質　139
嗜好飲料　187
嗜好調査型パネル　14
嗜好要因　10
脂質　42
シーズヒーター　82
磁性体　86
漆器　207
湿式加熱法　65
実測値　42
脂肪の融点　137
霜降り肉　137
ジャガイモ　129

ジャム　169
上海料理　199
シュー　127
周波数　87
種実デンプン　175
ジュール熱　82
旬　140
順位法　15
消化の促進　107
精進料理　198
醤油　96
食塩　95
食塩相当量　42
食空間　206
食経験　10
食事計画　202
食酢　98
食生活指針　194, 195, 215
食卓構成　206
食肉の熟成　137
食の形態　208
食品成分表　41
食品タンパク質素材　184
食物繊維　42
食物の特性　9
ショートニング性　155
白玉粉　122
磁力線　85
新奇恐怖　8
ジンゲロール類　102
新粉　122
浸漬　118
浸透　164
浸透圧　24, 165

酢洗い　134
水系加熱　67
水中油滴型　28, 150
炊飯　115
炊飯器　93
水分活性　41
すし　120
酢じめ　134, 142
スチームコンベクションオーブン　89
ステンレス鋼　92
ステンレス多層鍋　91
スパイス　101
スピード加熱　89
スポンジケーキ　126
スローフード運動　214

清酒　192

生物顕微鏡 38
精油 106
西洋料理 200
赤外線 65, 81
赤飯 122
炻器 207
摂氏温度 19
ゼラチン 179
セラミクス 92
セラミック 77
ゼリー化 169
膳組み 196
センサー 87
全数調査 42
潜熱 68
洗米 116

相殺 6
相乗効果 6
藻類 171
組織 37
組織構造 38
咀嚼 36
塑性 35
ゾル 31, 179
ソレー効果 70

タ 行

大豆 150
大豆タンパク質 150, 153, 185
大豆粉 185
大腸菌O157 78
対比効果 6
炊き干し法 69
炊く 68
たたき 141
脱渋 171
多糖類 112
卵の比重 147
炭酸飲料 193
単純タンパク質 132
炭水化物 42, 112
弾性 35
単糖類 112
タンドーリーチキン 201
タンニン 162, 189
タンパク質 132
タンパク質分解酵素 170
タンブルチラー方式 210

血合肉 139
チタン 74
着色香辛料 102

チャーニング 144
調理 1
調理科学 1
調理操作 64
チリ・パウダー 107

菜単 204
通過儀礼 203
漬物 166

テアニン 189
テアフラビン 190
テアルビジン 190
低級脂肪酸 143
低メトキシルペクチン 167
テクスチャー 32
テクスチャープロファイル 32
テクスチュロメーター 32
添加物 67
電気こんろ 84
電磁調理器 80
電磁波 81
電子レンジ 66, 86
伝導 65
天ぷらの衣 127
デンプン 174
　——の種類と構造 174
　——の調理性 176
　——の物性と調理 177
デンプン細胞 38
電力半減深度 88

ドウ 125
陶器 207
統計 42
等電点 22, 132, 134
等電点沈殿 22
糖類の相対的甘味度 112
遠火の強火 76
都市ガス 83
トランスエリミネーション 167
ドリップ 53, 135
トリメチルアミン 141
トレハロース 173

ナ 行

ナチュラルチーズ 145
鍋 90
ナン 201

苦味 110
肉の軟化 135

二項型試験法 15
煮こごり 142
日常食 202
二糖類 112
乳化 28
乳化性 150, 156
乳清タンパク質 143
煮る 69

熱移動 65
熱効率 85
熱伝導率 92
粘性 34
粘弾性 35
年中行事 203
燃料 83

濃縮大豆タンパク質 185

ハ 行

ハイカロリーバーナー 83
廃棄部 42
廃棄率 42, 44
焙煎度 191
ハウユニット 147
鋼 92
バクテリア 40
薄力粉 124
パーシャルフリージング 56
破断特性 36
バター 125
ハーブ 101
判定の順序 17
半透性 165
半透膜 24

比重 19
ビタミン 42, 157
比熱 72, 92
評点法 16
秤量 57
ピラフ 121
ビール 192

ファジィ制御 94
フィーヌ・ゼルブ 106
複合タンパク質 132
複合調味料 101
袱紗料理 197
ブーケ・ガルニ 106
フコイダン 171
フコキサンチン 172

索引——221

普茶料理　198
フッ素樹脂加工　74, 78
沸騰期　118
フード・マイレージ　214
フライパン　69
ブラストチラー方式　210
フラボノイド　161
ブランチング　53
ふり水　122
フレッシュチーズ　146
プロセスチーズ　146
プロテアーゼ　135, 170
プロパンガス　84
分散　28
分散相　30
分散媒　30
分析型パネル　14
分離大豆タンパク質　185

米飯
　　——のうま味　120
　　——の評価　120
米粉の調理　122
米粒の形態　114
ベーキングパウダー　126
北京料理　198
ペクチン　129
ペクチン質　167
ペクチンメチルエステラーゼ
　　167
偏光顕微鏡　38
変性　133
変調効果　6

膨化調理　126
芳香香辛料　102
放射　81
飽和溶液　20
ホエー　143
ホームフリージング　53

ホモゲンチジン酸　162
ポリフェノールオキシダーゼ
　　189
ポリフェノール物質　163
ホロ酵素　26
本膳料理様式　196

マ　行

マイクロ波　65, 81
マイコン制御　94
マスキング　48
マッシュポテト　129
マヨネーズ　156
マンニトール　172

ミオグロビン　139
味覚嫌悪学習　8
味覚嗜好学習　8
味覚修飾物質　7
味覚
　　——の学習　8
　　——の順応　5
　　——の相互作用　6
　　——の疲労　5
水かげん　118
味噌　97
密度　18
ミネラル　157
味蕾　4
みりん　100
ミロシナーゼ　102

無機質　42, 157
蒸す　68
無洗米　116
蒸らし期　119

ヤ,ラ,ワ 行

焼く　74
ヤマノイモ　130

誘電加熱　80
誘電損失係数　88
誘導加熱　80
雪平鍋　69
油系加熱　71
油中水滴型　28
ゆでる　67
湯取り法　116

溶質　20
溶出固形物　120
溶媒　20
抑制効果　6
予備加熱　80

ライフサイクルエネルギー
　　214
ライフスタイル　196, 212
ライフステージ　196, 210
ラムゼン現象　143
卵黄係数　147

理化学的評価方法　11
緑茶　187

ルウ　128

冷凍食品　209
レオロジー　34
レクチン　151
レシチン　146, 151
レトルト食品　209
連続相　30
レンチオニン　173
レンネット　144, 145

ワイン　192

編著者略歴

丸山 悦子（まるやま えつこ）

- 1939年　大分県に生まれる
- 1962年　奈良女子大学家政学部食物学科卒業
- 2003年　奈良女子大学名誉教授
- 現　在　大阪成蹊短期大学講師（非常勤）
  　　　　医学博士

山本 友江（やまもと ともえ）

- 1954年　愛知県に生まれる
- 1979年　奈良女子大学大学院家政学研究科修了
- 現　在　大阪成蹊短期大学総合生活学科教授
  　　　　家政学修士

生活環境学ライブラリー5

調理科学概論

定価はカバーに表示

2005年4月5日　初版第1刷
2013年1月25日　　第8刷

編著者	丸　山　悦　子
	山　本　友　江
発行者	朝　倉　邦　造
発行所	株式会社 朝倉書店

東京都新宿区新小川町6-29
郵便番号　１６２-８７０７
電　話　03（3260）0141
FAX　03（3260）0180
http://www.asakura.co.jp

〈検印省略〉

© 2005〈無断複写・転載を禁ず〉

教文堂・渡辺製本

ISBN 978-4-254-60625-6　C 3377

Printed in Japan

JCOPY　<（社）出版者著作権管理機構　委託出版物>

本書の無断複写は著作権法上での例外を除き禁じられています．複写される場合は，そのつど事前に，（社）出版者著作権管理機構（電話 03-3513-6969，FAX 03-3513-6979，e-mail: info@jcopy.or.jp）の許諾を得てください．

好評の事典・辞典・ハンドブック

書名	編者	判型・頁数
感染症の事典	国立感染症研究所学友会 編	B5判 336頁
呼吸の事典	有田秀穂 編	A5判 744頁
咀嚼の事典	井出吉信 編	B5判 368頁
口と歯の事典	高戸 毅ほか 編	B5判 436頁
皮膚の事典	溝口昌子ほか 編	B5判 388頁
からだと水の事典	佐々木成ほか 編	B5判 372頁
からだと酸素の事典	酸素ダイナミクス研究会 編	B5判 596頁
炎症・再生医学事典	松島綱治ほか 編	B5判 584頁
からだと温度の事典	彼末一之 監修	B5判 640頁
からだと光の事典	太陽紫外線防御研究委員会 編	B5判 432頁
からだの年齢事典	鈴木隆雄ほか 編	B5判 528頁
看護・介護・福祉の百科事典	糸川嘉則 編	A5判 676頁
リハビリテーション医療事典	三上真弘ほか 編	B5判 336頁
食品工学ハンドブック	日本食品工学会 編	B5判 768頁
機能性食品の事典	荒井綜一ほか 編	B5判 480頁
食品安全の事典	日本食品衛生学会 編	B5判 660頁
食品技術総合事典	食品総合研究所 編	B5判 616頁
日本の伝統食品事典	日本伝統食品研究会 編	A5判 648頁
ミルクの事典	上野川修一ほか 編	B5判 580頁
新版 家政学事典	日本家政学会 編	B5判 984頁
育児の事典	平山宗宏ほか 編	A5判 528頁

価格・概要等は小社ホームページをご覧ください．